Le lien éducatif :
contre-jour psychanalytique

ÉDUCATION ET FORMATION

L'éducateur

COLLECTION FONDÉE ET DIRIGÉE PAR GASTON MIALARET

Le lien éducatif : contre-jour psychanalytique

MIREILLE CIFALI

PRESSES UNIVERSITAIRES DE FRANCE

DU MÊME AUTEUR

Freud pédagogue ? Psychanalyse et éducation, Paris, InterEditions, 1982.
Pédagogie et psychanalyse (avec J. Moll), Paris, Dunod, 1985.
Freud et la pédagogie (avec Francis Imbert), PUF, coll. Pédagogues et Pédagogies, 1998.

ISBN 2 13 055217 X

Dépôt légal — 1re édition : 1994
5e édition corrigée : 2005, août

6, avenue Reille, 75014 Paris

SOMMAIRE

TROISIÈME PARTIE

Conjugaisons

QUATRIÈME PARTIE

A l'ombre des théories

Avant-propos

De nombreux ouvrages ont été écrits sur l'éducation et l'enseignement. Je les ai collectionnés. On y trouve tant de conseils aux parents et aux enseignants, avec les diatribes annoncées contre les erreurs d'éducation. Le genre est difficile. Vingt ans de distance et nous sourions de leurs propos pédagogiques, nous lisons leur défaite. Derrière leur souci scrupuleux d'objectivité se débusquent aisément partis pris et préférences personnelles. Quel enseignement tirer d'une pareille confrontation ? D'abord la modestie. Ecrire dans le domaine de l'éducation, c'est œuvrer dans une époque et dans une culture qui marquent le propos au point que, presque assurément, il sera étrange au lecteur d'après-demain. Ceux qui nous ont précédés ont compté pour leur époque, la nôtre en a déjà perdu la trace. Nous mesurons leurs erreurs, nos errances seront repérées par nos successeurs. Nous sommes alors contraints d'accepter ce jeu de filiation, admettre cet éternel recommencement et continuer à écrire, pour aujourd'hui, assumant d'entrée notre subjectivité.

Cet ouvrage s'adresse en priorité à ceux qui œuvrent sur le terrain des métiers de l'humain : enseignants, parents, éducateurs, soignants... Les questions abordées, auxquelles ils sont quotidiennement confrontés, ne sont certes guère nouvelles — parole, agressivité, séduction, angoisse, violence, curiosité, sexualité, savoir, transfert, dépendance, institution, changement. Toutes sont épreuves et richesses d'enfance, épreuves et doutes d'adulte. Je n'appartiens pas à ces métiers, ma position est autre et nos savoirs, hétérogènes. Je prends cependant le risque, avec eux, de mettre des mots sur ce qu'ils savent parfois en silence. Je qualifie de psychanalytique cette position qui permet aux praticiens, sans céder sur la complexité de leurs actes, de construire un savoir de l'intérieur. Cet ouvrage est donc la mise à l'épreuve d'une théorisation propre à la psychanalyse en relation avec un domaine tiers : une pensée de l'entre-deux.

Malgré la vulgarisation des données de la psychanalyse et le vernis culturel qui s'y rattache, on aborde et interprète encore les faits humains selon une psychologie d'avant Freud. De nos jours, on parle toujours de méchanceté, on dénigre l'agressivité, on élude le symptôme entendu comme de la mauvaise volonté. Nous retrouvons les mêmes butées moïques et sans cesse nous avons à « remettre au travail » cette matière. La découverte freudienne, inscrite dans nos faits et gestes, a également produit certaines aberrations, périodiquement il lui incombe de subvertir sa propre banalisation.

Cet ouvrage ne serait pas sans le travail et l'écoute de celles et ceux, étudiants, qui désiraient comprendre. Qu'ils en soient remerciés, ainsi que Minette Lugon et Bernard Fillaire qui travaillèrent avec moi le matériau brut de mon écriture.

Paris, le 10 juillet 1993.

PREMIÈRE PARTIE

Espoirs déçus

CHAPITRE PREMIER

Au fil des explications et du temps

Parmi les nombreuses définitions de la pédagogie, Cornelius Castoriadis propose celle-ci : « La pédagogie commence à l'âge zéro et personne ne sait quand elle se termine. L'objectif de la pédagogie — d'un point de vue normatif évidemment — est d'aider le nouveau-né, ce *hopeful* et *dreadful monster,* à devenir un être humain. »[1] Une telle accession ne peut se faire en solitaire. Le couplage est forcé. L'enfant de l'homme a besoin des autres pour advenir. Constat embarrassant à plus d'un titre. En effet, éduquer ne se fait jamais sans souffrances, sans reproches, sans regrets de ne s'y être pris autrement.

Pour un adulte, c'est s'interroger sur ce qui aide à grandir sans accrocs, tout droit, comme il l'a rêvé pour lui-même. C'est également rechercher des coupables si difficulté il y a... Est-ce l'enfant et son entêtement à faire fausse route, les parents et leurs aberrations éducatives, la société et ses contraintes insensées ou ne serait-ce pas plutôt le fait des gènes ? Mais qu'est-ce qui se passe quand ça se grippe ? Qu'est-ce qui nous a rendus malades de notre vie ? Si l'on sait la cause, pense-t-on, alors on trouvera le remède. Cette

1. C. Castoriadis, Psychanalyse et politique, *Lettres internationales,* n° 21, 1989.

promesse est lourde de conséquences. Nous touchons à l'espoir de voir l'enfant échapper à toute souffrance, d'épargner sa détresse. Espoir qui a mobilisé des énergies, produit de beaux discours et créé bien des désillusions... Faire en sorte que l'enfant grandisse « droit » a été et demeure le vœu de toutes les générations ; les moyens déployés pour y réussir révèlent comment les adultes ont invariablement usé de leur pouvoir et à quelles explications ils se sont attachés.

Autour des difficultés de l'enfant, les échanges sont le plus souvent passionnés. S'y jouent les desseins de l'éducation ; la thérapie et son pouvoir de réparation. S'y inscrit aussi de la culpabilité. On dénonce, juge, met au ban. Et, si l'on veut redresser le mal, on souhaite surtout l'éviter à titre de prévention. Si l'on met tant de flamme dans le débat c'est que l'éducation des enfants est un enjeu de société, mais surtout de souffrance, de destruction et de mort. Une société ne peut se désintéresser de l'éducation de ses citoyens. Chacun est également concerné, en tant que vieil enfant. Chacun sait et s'aveugle. Chacun a sa théorie, ses exemples et sa manière de procéder. Chacun veut bien faire, et les rationalisations en la matière sont nombreuses.

1. DIFFICULTÉS AUSCULTÉES

Qui cause le mal ? Telle est l'inévitable question. Il existe une réponse immédiate : « Le mal serait dans l'enfant. » C'est la version toujours récurrente de l'enfant méchant. Mais c'est à la psychanalyse que l'on doit l'accent mis, aujourd'hui encore, sur l'éducation et l'enfance comme origine de nos difficultés psychiques. Nous vivons sur l'héritage des hypothèses qu'elle a avancées ; il en est trois, dont deux ont été émises par Sigmund Freud.

Education dénoncée

Freud découvre en effet que la névrose de ses patients adultes a une histoire qui concerne l'enfant qu'ils ont été. Quelle en est la cause ? Sa première hypothèse, reconstruite à partir du discours des hystériques, est connue : la séduction sexuelle d'un adulte sur un enfant. Dans les paroles de ses patientes, Freud découvre quelque chose qui le surprend terriblement : elles en viennent toujours à raconter à un moment donné que, petites filles, un adulte, un père, un frère plus âgé ou un oncle a abusé d'elles. L'adulte est formellement incriminé, il soumettrait l'enfant à des traumatismes pathogènes pour son devenir. L'éducation reçue, les actes des adultes joueraient un rôle non négligeable dans la pathologie ultérieure de chacun.

L'acte éducatif est fondé sur un discours qui s'égrène au nom d'un idéal, du bonheur et du bien de l'enfant ; mais pour que soient respectées ces « valeurs » on prescrit parfois des mesures qui ont pour résultat l'accomplissement d'un véritable « meurtre psychique » : d'un assassinat de l'âme. L'éducateur semble être abandonné à son désarroi, à son incompréhension, dans la solitude d'un activisme éducatif qui repose tour à tour sur tel ou tel principe. L'éducation serait constitutivement affectée par une compulsion de répétition, un enfant étant par excellence l'objet sur lequel un adulte abréagit ses pulsions inconscientes, même lorsqu'il s'efforce d'agir avec une grande objectivité. Ces quelques révélations apportées par les premiers psychanalystes ne manquèrent pas de surprendre.

Cinquante ans plus tard, Alice Miller continue à dénoncer les mêmes ravages de l'irrationnel et son cortège de haines et de vengeances inconscientes[1]. Elle montre, exemples à l'appui, que les rationalisations mensongères n'ont pas lâché

1. A. Miller, *C'est pour ton bien. Les racines de la violence en éducation*, Paris, Aubier, 1984 ; *L'enfant sous terreur*, Paris, Aubier, 1986.

leur emprise ; elle dénonce l'entreprise de destruction que revêt parfois l'éducation, les traumatismes causés, l'humiliation subie, l'amour perverti, l'usage abusif des enfants pour les pulsions des adultes ; elle relie les ratés du présent avec ce qui a été subi dans l'enfance ; elle vilipende le silence qui règne sur les forfaits des adultes. L'adulte a souvent peur de l'enfant. De sa force, de l'impossibilité où il est mis d'en faire façon. Peur d'être débordé. « C'est pour ton bien », lui dit-il. Miller reprend cette expression quand elle dénonce ce qu'elle appelle la « pédagogie noire » : ces mesures d'éducation qui se fondent sur l'humiliation, l'exploitation de la dépendance d'un enfant pour le manipuler, le violer, en faire un animal domestique.

Freud aurait dit à Marie Bonaparte, « parole mi-sérieuse, mi-plaisante » qu'en éducation, « de quelque façon qu'on s'y prenne, on s'y prend mal »[1]. L'éducation navigue entre proximité et distance, entre passion, amour et violence. De l'extérieur, il est simple de décréter qu'il faudrait s'y prendre autrement, mais lorsqu'on est pris dedans, c'est l'aveuglement qui prime, et les grands principes — pour ce qu'il en reste — volent en éclats. Autrefois, les règles en vigueur pour être moins controversées rendaient la tâche des parents moins angoissante. Mais quelle souffrance chez l'autre enfant ! Aujourd'hui, à chacun de s'y repérer, de faire pour le mieux, de s'accrocher à des bribes de savoir souvent contradictoires et d'être dérouté par les résultats. C'est que l'acte éducatif est des plus complexes. Personne ne peut en ressortir indemne. On peut regretter le temps des certitudes, de la sévérité et des règles communes ; espérer en vain qu'un jour ce temps reviendra. Cette nostalgie n'est guère profitable.

Un scientifique qui vit dans un monde où il est impossible d'ignorer une découverte formulée et reconnue serait assuré-

1. M. Bonaparte, De la prophylaxie infantile des névroses, *Revue française de psychanalyse*, n° 1, 1930-1931, p. 115 : « Wie man es macht, macht man es schlecht. »

ment choqué d'apprendre qu'à un demi-siècle de distance, des propos identiques puissent être répétés. L'historien, lui, ne sera pas étonné outre mesure. A chaque génération, tout paraît devoir être recommencé. Si, apparemment, les discours s'articulent sur d'autres principes, leur fondement demeure semblable, il exige de tout un chacun les mêmes efforts d'élucidation. Que savons-nous aujourd'hui de plus, sinon que la compulsion à éduquer avec ses fausses rationalisations est toujours susceptible de renaître ? L'acte d'éduquer ne peut être définitivement délivré de son imaginaire.

Epreuves psychiques obligatoires

Freud fut ensuite amené à renoncer à l'hypothèse générale d'une séduction réelle, lorsqu'il découvre le pouvoir du fantasme : la scène d'un enfant séduit par un adulte n'est pas forcément advenue dans la réalité ; elle peut appartenir au monde du désir. Un enfant, alors qu'il cherche à répondre avec difficulté à l'énigme de son sexe, est le théâtre d'un conflit qui survient et qui prend le pas sur les événements extérieurs. Son destin d'être humain implique qu'il se confronte en solitaire aux épreuves de sa croissance, à la maîtrise de ses pulsions. L'éducation, aussi bonne soit-elle, ne pourrait alors lui épargner certaines souffrances et le développement d'une névrose. Freud découvrit ainsi la puissance de la vie psychique et le théâtre des fantasmes, et les psychanalystes durent abandonner la croyance qu'en changeant les mesures concertées d'éducation, on arriverait à lever l'ensemble des souffrances d'un sujet. L'espoir avait en effet jailli qu'un jour on pourrait prévenir la névrose en transformant l'éducation. On a bien vite déchanté.

La confrontation à un tel démenti est bénéfique. Pourquoi donc ? Si on accepte en effet que l'illusion s'envole, on essaiera d'éviter tant bien que mal ce qu'on sait être préjudiciable pour un enfant, en gardant à l'esprit que grandir n'est pas de tout repos. On se tiendra alors prêts à l'accompagner, à faire face à ses réponses qui peuvent prendre des chemins de traverse, autrement que par le rejet. Voilà le bénéfice. En revanche, si on maintient que notre action est cause unique de son devenir, de notre déception naîtra de la violence : « Alors que je crois avoir évité toutes les erreurs éducatives, voici que mon enfant bute. » Et nous de proclamer le discours originaire : « J'ai fait tout ce qui était bon pour toi mais voilà que tu me déçois. C'est que tu es mauvais. Je vais donc m'éloigner, te laisser à toi-même. Ne compte plus sur moi pour te soutenir, puisque n'est pas récompensée la peine que je me suis donnée. » L'argument est caricatural, mais si vite énoncé.

Les deux hypothèses freudiennes structurent désormais le débat, divisent les psychanalystes. Rappelons l'enjeu : la difficulté de l'enfant vient, dans la première, des abus commis par les adultes : l'enfant est innocent, l'adulte le pervertit ; dans la deuxième, la difficulté de l'enfant vient de lui-même, de son psychisme et des fausses voies qu'il a empruntées pour résoudre certaines épreuves de son grandir : seul l'enfant serait en cause, l'adulte est innocenté. Il ne s'agit pas de choisir entre l'une ou l'autre. Les deux sont valides, et s'entremêlent. Un adulte a une influence certaine sur la façon dont un enfant traverse les épreuves de sa croissance ; il peut les accentuer, voire lui interdire d'en sortir victorieux. Mais nul concours extérieur n'a le pouvoir à lui seul de les adoucir véritablement. La difficulté psychique inhérente au grandir rend à jamais le processus éducatif extrêmement délicat.

Héritages inconscients

Il existe une troisième hypothèse. On pourrait la formuler ainsi : les difficultés d'un enfant ne seraient pas forcément les siennes. Il les aurait reçues en héritage ; légataire de nos dettes d'adultes, il réactualiserait ce qui est resté noué dans les générations qui l'ont précédé.

J'avais cru cette hypothèse issue de la théorie lacanienne, reprise par Françoise Dolto. Or à ma grande surprise, j'ai découvert qu'elle fut émise par Carl Gustav Jung en 1910[1] et reprise en 1924[2]. Pour lui, un enfant souffrirait avant tout de l'inconscient parental, de tout ce qui, chez ses ascendants, est resté dans l'ombre, et constitue ces « arrière-plans secrets » que l'on s'applique à camoufler. « Les problèmes refoulés, écrit-il, et la souffrance que l'on se donne l'illusion d'avoir écartés de sa vie distillent un poison secret qui, à travers les murs du silence les plus lourds, à travers le badigeonnage le plus sévère d'échappatoires intentionnellement trompeuses, finit toujours par pénétrer dans l'âme de l'enfant. » Jung parle de « contagion psychique », de « participation mystique » pour nommer ce qui lie un enfant à l'inconscient parental. Il évoque même une « folie à deux », une sorte d'hypnose. L'héritage est inconscient, affirme-t-il ; de génération en génération, il se transmet telle la malédiction des Atrides. Aussi conseille-t-il aux parents la plus grande prudence dans la thérapie d'un enfant. Partant de l'hypothèse qui « explique pourquoi tant de névroses chez l'enfant sont plutôt des symptômes du milieu parental que des maladies qui lui appartiennent en propre »[3], on s'abstiendra de systématiquement y recourir. Et il ne voit d'autre remède que d'encourager un adulte à ne plus s'aveugler.

Ce dont un enfant hérite inconsciemment serait aussi pernicieux que les mesures éducatives violentes et séductrices ou que les conflits intérieurs de son âme. Un enfant n'est jamais seul dans son grandir. Sans sa mère, son père ou leurs substituts, c'est la mort. Il naît à chaque fois de la conjonction de deux histoires inconscientes, à chaque fois il vient s'inscrire dans une filiation de désirs : une part de son psychisme s'en trouve scellée, dès avant qu'il ne parle. Son inconscient est d'abord celui de ceux qui le précèdent, avant qu'il ne se l'ap-

1. C. G. Jung, L'importance du père dans la destinée de l'individu, *Psychologie et éducation,* Paris, Buchet-Chastel, 1963.
2. Psychologie analytique et éducation, *ibid.*
3. *Ibid.*, p. 26, 33.

proprie. Actif et passif, c'est du tout qu'il hérite. C'est à partir de cela qu'il travaille, que sa position dans l'ordre du désir est singulière. Si nous suivons cette troisième hypothèse, il appert qu'un enfant serait souvent le symptôme d'un adulte. Chez un enfant-paratonnerre comme le baptise Dolto, sa difficulté a un sens dans l'économie familiale. Un enfant peut, par exemple, terrifier son monde pour maintenir en vie une mère dépressive : s'il ne commettait pas de bêtise, elle pourrait craquer. C'est par amour qu'il « se dévoue ». Son symptôme occupe chacun, met une sourdine à ce qui chez l'un ou l'autre membre de sa famille pourrait faire grand bruit. Il serait en réalité malade de tous.

Traumatismes et silence

Pour avoir constaté les séquelles indélébiles laissées par l'éducation, beaucoup en ont conçu la hantise de perturber un enfant dans son développement. Ils ont décidé de ne rien interdire, de tout accorder, d'écarter tout désagrément ou tout atermoiement de plaisir. Eviter tout traumatisme à un enfant : tels sont les maîtres mots d'une éducation libertaire. Mais sait-on bien ce qu'on entend par là ?

Le traumatisme est un événement de sa vie qui se définit par son intensité, et surtout par l'incapacité où un sujet est placé d'y répondre adéquatement et de lui trouver un sens. Plus l'état d'impuissance est grand et moins il y a de chance que des barrages aient pu être construits pour le protéger des intrusions de l'extérieur. Plus un événement dépasse sa possibilité de le recevoir et de le traiter et plus l'impact est important ; il y a littéralement effraction, violence, agression et production d'une angoisse inimaginable qu'il est seulement possible de contenir par ce qu'on appelle le « refoulement ». Pour chasser la souffrance, il faut faire comme si cela n'avait pas existé. Après l'avoir annulé, on entre dans une indifférence apparente, mais le traumatisme demeure comme « corps étranger ».

Le traumatisme opère toujours en deux temps et suppose l'existence d'au moins deux événements. Prenons l'exemple de la séduction. Première scène : un enfant subit un abus sexuel de la part d'un adulte à l'âge de trois ans, sans réagir, apparemment de manière pathologique. Plus tard, disons, à l'adolescence, deuxième scène pour le moins anodine : on veut l'embrasser. Entre le premier et le second temps se crée un lien associatif et la première scène restée inconsciente vient déclencher un afflux d'excitation qui l'entraîne, débordé, à réagir cette fois sans commune mesure avec la situation. C'est le pouvoir de « l'après-coup ». Il n'est ainsi de présent que réélaboré en fonction d'un passé dont on ne sait plus rien.

Pour le bébé, c'est la mère qui a pour rôle de filtrer ce que son psychisme ne peut accueillir sans dommages. La mère remplit l'office de pare-angoisse sans lequel le très jeune enfant peut être amené, pour éprouver un trop-plein d'angoisse, à se retirer du monde, à dresser des barrières infranchissables. Les traumatismes qu'imposent la vie — la mort, la séparation, l'abandon, l'éloignement, la venue d'un cadet, la maladie, les accidents, etc. — ne sauraient cependant être tous évités. Et leur nocivité, nous devons la mettre surtout au compte du silence qui entoure la souffrance. Lorsqu'un enfant ne peut exprimer ce qu'il ressent ou s'il n'est pas entendu quand il le fait, ce qu'il vit devient pathologique[1]. Dolto l'affirme également, ce sont les événements qui, privés des mots leur donnant du sens, créent l'angoisse. Si un adulte parle de ce qui arrive, s'il est permis à un enfant d'abréagir ce qu'il éprouve au moment où il l'éprouve, alors l'événement peut être affronté, et il saura le dépasser. L'épreuve remportée, il en ressortira aguerri, victorieux. Ce sont les émotions réprimées, muselées, les sujets tabous, le mutisme des adultes sur les épisodes douloureux, de peur de faire mal, qui rejailliront un jour en souffrance psychique. Ces épreuves peuvent

1. S. Ferenczi, Analyse d'enfants avec des adultes, *Psychanalyse*, vol. 4, Paris, Payot, 1993.

et doivent être mises en mots, avant s'il est possible ; ou après, si rien n'était prévisible.

Les parents veulent parfois protéger leur enfant à tout prix, au-delà de la période où il doit effectivement l'être ; ce faisant, ils le rendent inapte à la vie qui impose, elle, au psychisme que de telles épreuves soient surmontées sans qu'il ait à forger des défenses qui l'handicaperont à terme. Si certains traumas provoqués par des événements extérieurs peuvent être atténués, voire même prévenus, il reste que d'autres dangers, d'autres angoisses sourdent parfois de l'intérieur, dont on ne peut être avertis avant qu'ils ne se manifestent. Tout ceci démontre une fois encore la complexité d'un grandir, auquel il n'est pas de remèdes simples.

Et encore

Toujours à la recherche d'une cause qui expliquerait de quoi les difficultés d'un enfant sont faites, il existe encore un argument que ne propose pas la psychanalyse mais qui surgit plus souvent qu'il n'y paraît, celui de l'hérédité. « Pas étonnant qu'il ne travaille pas, c'est son grand-père tout craché. » Ce qui sous-entend que cela est inscrit « quelque part » dans ses gènes, comme la couleur de ses cheveux. Les ressemblances physiques semblent plaider pour cette hypothèse. Or, s'il est vrai qu'il a tout de son grand-père, n'est-ce pas plutôt les paroles qui ont entouré sa naissance, l'ont accompagné sa vie durant, qui les ont faits l'un et l'autre si semblables ? Il est difficile à un enfant de se dégager de ce réseau fantasmatique. Plus qu'état de nature, cela est fabriqué, tissé des désirs inconscients des proches qui opèrent comme des sorts jetés. L'hypothèse d'une hérédité de nature n'est pas la mienne. Elle transparaît cependant dans tant de propos, dans tant de jugements sur autrui que je ne pouvais la taire.

Pas plus que nous ne pouvons méconnaître que, pour certains, les difficultés découleraient d'une confrontation à la société et ses exigences. Suivant son milieu, l'individu aura à subir des pressions qui lui causeront des désordres psychiques. Les difficultés d'un enfant sont, selon ces vues, déterminées socialement. Le discours de la psychologie serait comme un leurre qui lui laisse accroire qu'elles lui appartiennent, qu'il est seul coupable, alors que c'est le Système qui serait fou. Ces hypothèses émanant de sociologues sont à prendre en considération. Freud l'a également montré, la réalité sociale a ses blessés. Il est incontestable que le social et sa structuration causent des dommages psychiques. Les heurts d'un individu avec le groupe dont il est membre provoquent des symptômes qui évoluent dans le temps et le contexte où il occupe une place. Nous sommes tous pétris des ingrédients d'une Histoire qui ne nous appartient pas.

Les difficultés d'un enfant peuvent provenir de circonstances qui le rendent fou. Les conditions de vie, d'habitat fabriquent des déviances[1]. La responsabilité en revient aux adultes. Inutile de rendre un enfant responsable des conditions pathogènes auxquelles il répond sainement, en apportant ses difficultés. Si nous sommes incapables de les changer, au moins faisons en sorte qu'il n'y trouve argument à alimenter son impuissance. Cela dit, la suspicion est toujours la même, il faut trouver un bouc émissaire. Les réfractaires avancent que ce n'est pas leur faute mais celle de la société. A elle de changer. A eux de crier leur révolte. Ils refusent l'explication par des difficultés psychiques. Ce refus comporte une vérité mais peut également se transformer en défense pour ne pas avoir, un instant, à s'arrêter sur soi.

Coupables recherchés

Les hypothèses courent, les coupables changent de nom. Si l'on est parent, le fautif sera l'enfant. Si l'on est enseignant, on montrera du doigt les parents, l'enfant ou la

1. T. C. Carreteiro, *Exclusion sociale et construction de l'identité*, Paris, L'Harmattan, 1994.

société. Et si l'on est enfant, on ne sait pas trop, mais habituellement on se sent coupable, puisque l'on vous a éduqué pour ça.

Charger l'autre de tous les maux délivre d'une réflexion où on serait inclus. « Si c'est l'autre, ce n'est pas moi », dit l'adage. Rien n'est plus vrai. Quelle que soit la difficulté, se décharger sur l'autre est le meilleur moyen de ne pas se remettre en question. Cette délégation est psychiquement intéressante, puisqu'elle vous épargne. Chacun cherche à sauver son statut, à se blanchir. Or aucun des partenaires ne peut être innocenté. Bien qu'il ne faille pas généraliser, reconnaissons qu'à quelque niveau que ce soit, il se trouve des procédés, des pratiques, des situations qui s'avèrent nocifs et où nous pouvons être pour quelque chose. C'est à cela qu'il convient de réfléchir. Nous pourrons alors consentir sans honte à nous interroger sur nos actes, avant de tourner nos regards vers les autres. Nul ne peut y échapper : « Je suis animé, quand j'éduque, par mon histoire inconsciente, par l'enfant demeuré en moi. Je n'ai pas à me rendre coupable de mes bricolages psychiques, de mes aveuglements. Mais si je les nie, alors je deviens irresponsable. » Il s'agit de travailler pour soi-même ce qui relève de son histoire. A chacun de faire sienne cette discipline, qui a un étonnant pouvoir pour qui en découvre le bien-fondé, mais qui peut être blessante lorsqu'elle est reçue de l'extérieur comme une sentence propre uniquement à fermer. Si on est en effet désignés par avance comme coupables, la seule défense sera de nier, de ne rien vouloir entendre.

Un enfant n'est jamais seul, ses difficultés sont parfois l'écho de ceux qui l'entourent : peut-on alors en inférer que ce sont eux et non lui qu'il faut traiter ? Parfois, oui. Une telle affirmation peut cependant entraîner des conséquences néfastes. Il n'est en effet pas rare d'entendre : « S'ils (les parents) ne veulent pas bouger, on ne peut rien faire. » Avec de tels propos, on s'épargne l'effort de chercher comment permettre à un enfant de se confronter à ce qui lui est donné, à ce qui est pour lui vital. Nous pouvons concevoir qu'un thérapeute ne veuille pas entreprendre la cure d'un enfant, s'il est le symptôme de ses parents. Mais que penser d'un enseignant qui baisserait les bras, parce que les parents sont « indécrottables » ou parce que les conditions de vie familiale sont inacceptables ? Sa démission signifierait qu'il tient un enfant pour non-acteur de sa vie et qu'il ne le croit pas capable de dégagements pour lui-même. Je préfère ici la position de Françoise Dolto. Tout enfant a en lui ses propres forces de vie, quelles que soient les catastrophes qui lui sont réservées, quels que soient les parents dont il est né. Il est capable d'affronter les pires obstacles si l'on fait confiance à ses potentialités. Est-ce par trop optimiste ? Chaque sujet peut, s'appropriant sa vie, en engendrer le meilleur s'il lui est accordée sa qualité d'être humain à part entière. Il a plus d'un atout en main pour emporter sa partie, on ne peut le mésestimer.

Les générations futures retiendront précisément de Dolto cette éthique au centre de laquelle un enfant est considéré comme le sujet d'une filiation de désir, qui a un nom et un prénom, et à qui est reconnu le droit de dire *non* au souhait des autres, par exemple, de le voir quitter son symptôme. Il peut vouloir payer le prix de son désir d'y comprendre quelque chose. Avec lui, on peut inventer, prévoir l'espace dans lequel il pourra déployer les instruments de son grandir, plutôt que d'en venir à démissionner et reporter sur d'autres la responsabilité de ce qui lui arrive. Le pire piège d'où nul ne peut sortir. « C'est la faute aux enseignants, aux parents, à la société. Victime je suis, impuissant à changer qui que ce soit, victime je reste. » S'il peut être aidé à se réapproprier l'intolérable, à exprimer ce qui n'a pu être vécu, à découvrir ce qui avait été tu, ce dont il a été dépossédé lui sera restitué et il pourra vivre son présent désencombré d'un passé. Un enseignant peut aussi œuvrer dans ce sens.

Depuis l'essor de la psychanalyse, l'éducation a donc été mise au pilori et son pouvoir pathogène dénoncé. Nous savons maintenant qu'au lieu de construire l'autre on peut participer à sa destruction. La gravité d'une telle éventualité engage à nous battre pour transformer une éducation souvent entachée de violence et de séduction ; pour que soient abolies les pratiques du dressage ordinaire ; pour que ne soit pas négligé dans un enfant l'être de désir et de symboles. Si nous devons irrémédiablement faire le deuil d'une éducation idéale, certaines erreurs peuvent, doivent même être évitées. L'évolution est difficile parce qu'elle touche des personnes. Cet évitement ne se fait pas uniquement à travers des conseils éducatifs de comment s'y prendre ; est opérante l'acceptation d'entendre, jour après jour, comment je m'y prends. L'éducation sera toujours et encore à transformer. Les plus généreux élans peuvent provoquer des dommages, l'enfant roi comme l'enfant humilié ont chacun à leur manière leur lot de souffrances psychiques. Françoise Dolto invite à s'interroger : « Sommes-nous prêts à considérer les enfants comme nos égaux en intelligence, sans les culpabiliser ni les bafouer à l'occasion de leurs ignorances ou de leurs impuissances, à chaque fois qu'ils se dérobent à notre vouloir autoritaire. »[1] La réponse est incertaine, car, il se pourrait que les enfants soient et demeurent encore longtemps un « gibier de colonisation »[2]. Le respect d'un sujet n'est jamais assuré et nul n'est garanti contre les exactions qui sont réitérées au titre du dévouement, de la préservation des souffrances, au nom même parfois d'une éducation qu'on dit « nouvelle ».

2. MÉTIERS CONFRONTÉS

Depuis le début du siècle, ce que l'on nomme « thérapie » s'est développé, regroupant les actions et pratiques visant à soigner et à guérir. « Psychothérapie » signifie que l'on

1. F. Dolto, L'enfant dans la ville, *La difficulté de vivre,* Paris, InterEditions, 1981, p. 335.
2. F. Dolto, *Solitudes,* Paris, Vertiges, 1985, p. 351.

recourt à des procédés psychiques. Eduquer, instruire sont des actes qui eux aussi visent une transformation. Eduquer, c'est permettre à un être en impuissance de devenir un homme et une femme inscrit dans la société qui l'a vu naître ; instruire c'est transformer par l'accès au savoir constitué par cette même société. A ces actes correspondent des métiers. Médecin, thérapeute pour l'un ; parent, éducateur pour le deuxième ; enseignant pour le troisième. Ils gravitent donc autour d'un enfant pour lui permettre de grandir sans trop de dommages.

Il ne faut pas être grand clerc pour deviner qu'entre ces actes, qu'entre ces métiers, une tension existe, une rivalité presque inévitable. Beaucoup de questions y sont attachées : ces mots — éduquer, soigner, instruire — recouvrent-ils des réalités totalement différentes ? Comment les percoivent ceux qui sont du côté de la thérapie ? Et *vice versa* ? Pourquoi donc une entente semble-t-elle si difficile et pourquoi cette tentation, pour les métiers d'instruire et d'éduquer, de se mimétiser sur le thérapeutique ? Même si on ne peut espérer aboutir à des réponses claires, ces questions ne peuvent être éludées, parce qu'en dépend la définition des repères d'un métier et finalement le sort d'un enfant.

L'hypnotiseur et l'enfant

Pour comprendre ce qui s'y passe, nous remonterons l'Histoire. Et interroger l'Histoire, c'est évoquer les hypnotiseurs, puis leurs successeurs les psychanalystes, avec cette question : comment se sont-ils situés face aux pédagogues ? C'est en effet d'abord l'hypnose qui songe à se mettre au service des professions de l'enfance. Le phénomène est surtout français, inauguré en 1887 par un inspecteur d'académie, Edgard Bérillon. On a recours, dit-on à l'époque, à l'hypnose, comme outil thérapeutique, face à ce que l'on appelle l'impuissance des pédagogues. Que l'on entende bien : c'est de l'échec des mesures éducatives avec certains enfants que surgit le recours au médical, c'est-à-dire, comme l'écrit Bérillon en 1887, « là où le pédagogue avoue sa complète impuissance ». Ecoutons un proche de Bérillon, Félix Hément, raconter l'histoire de l'intervention du médecin après celle de l'éducateur : « L'éducateur avait vainement essayé de dompter cette nature rebelle ; l'entreprise lui avait paru au-dessus des forces humaines ; il avait abdiqué à regret, douloureusement affecté de n'avoir pu sauver cette âme. Mais nous lui donnons une arme nouvelle pour le bon combat ; nous lui livrons l'ennemi à demi-terrassé, il peut alors continuer son œuvre, et du même coup, en arrachant un malheureux au despotisme du vice, il augmente la somme du bien et diminue celle du mal dans le monde. »[1] En cet instant de l'histoire, quelques hommes pensent effectivement avoir trouvé l'outil, le remède, qui devrait tout à la fois redresser, corriger et éduquer.

Il est temps alors, comme le réclame le docteur genevois Paul Ladame, pour la médecine de se préoccuper « de l'éducation morale des enfants et non pas seulement de leur hygiène physique et intellectuelle »[2]. Telle est l'affirmation qui soulève immédiatement le problème de la coopération des médecins et des pédagogues appelés de page en page à se compléter les uns les autres. La suite est prévisible. On en vient à se quereller pour savoir si les parents et les enseignants ont le droit d'user de l'instrument ; des résistances apparaissent chez les parents dont on veut hypnotiser les rejetons ; une plainte s'élève, celle des soignants devant l'ignorance qui entrave l'action qu'ils proposent au bénéfice des enfants. Les jeux sont faits et vont entrer dans une répétition dont nous ne sommes pas sortis. L'impuissance des pédagogues suscite la critique sur leur manière de s'y prendre. Il faut recourir à un outil qui permette de dépasser l'obstacle. Mais des rivalités s'installent autour de son usage, quand bien même il y a désir de coopération. Il faut d'autre part éviter que des territoires se chevauchent : le professeur de philosophie Eugène Blum, par exemple, propose de faire la distinction entre « l'enfant méchant et l'enfant malade », le dernier revenant « au médecin qui pourra l'hypnotiser s'il le juge utile »[3] ; le premier étant voué au pédagogue.

Le médecin et le parent

Poursuivons notre progression. En 1930, le Dr André Répond fonde dans le canton suisse du Valais son Centre médico-pédagogique. Il n'y est plus question d'hypnose sous couvert médical, mais de psy-

1. F. Hément, Hygiène et médecine morales, *Revue de l'hypnotisme*, 1887, p. 166.
2. P. Ladame, L'hypnotisme et la pédagogie, *Revue de l'hypnotisme*, 1887, p. 332.
3. *Ibid.*, p. 368.

chanalyse et de cette nouvelle science appelée « hygiène mentale ». Les hypnotiseurs parlaient eux d'orthopédie morale. On prétend maintenant instaurer une hygiène de l'esprit, comme on l'a fait pour le corps. Comment alors un dialogue s'installe-t-il entre les métiers ? Les nombreux articles de Répond permettent de l'entrevoir. Ce qui s'y trouve dénoncé, c'est d'abord « l'incompétence absolue de la plupart des parents pour le métier éducatif que personne ne leur a appris ». De ce fait, voit-on écrit, il n'est pas étonnant que « tant d'éducations soient manquées ou faussées ». Et il en va de même pour l'instituteur « qui ne s'acquitte que très insuffisamment et même pas du tout »[1] de la fonction qui lui permettrait de pallier l'éducation première déficiente.

Le constat est des plus pessimiste : parents et instituteurs s'y prennent mal, ils commettent des hérésies, et, constatation banale, ils ne s'occupent que « fort rarement de ce qui se passe dans le fond de l'âme de l'enfant ». Médecins et psychologues émettent dès lors « des réserves sérieuses sur le système scolaire »[2] de l'époque. Aussi Répond proclame-t-il l'état d'urgence : il faut que « tout un ensemble de mesures éducatives soient prises par ceux auxquels tiennent à cœur le bonheur et le développement harmonieux des individus et des sociétés humaines »[3]. L'école, insiste-t-il, « a pour but déclaré de faire l'éducation des enfants ». « C'est là, ajoute-t-il, une œuvre purement psychologique. » Mais l'instituteur n'a pas les « connaissances les plus élémentaires de la psychologie de l'enfant ». L'hygiène mentale réclame « une meilleure formation psychologique des maîtres »[4]. Insuffisance d'une Ecole vouée à l'Instruction, qui néglige l'éducation ; insuffisance des maîtres et de leur formation ; ignorance redoutable des parents : de cette stigmatisation naît l'espoir que les connaissances nouvelles apporteront le dégagement souhaité.

C'est dans un article publié en 1946 que le psychanalyste suisse Charles Odier cerne le dilemme et les difficultés de l'entreprise qui exige que l'on se batte sur plusieurs fronts. D'abord, et c'est possible, déclare-t-il, « nous pouvons réussir là où vous avez échoué » ; la psychanalyse est en mesure de réparer les erreurs commises. « Si la médecine doit intervenir, écrit-il, c'est que l'éducation a échoué sur tel ou tel point

1. A. Répond, *L'hygiène mentale de l'enfant pendant l'âge scolaire*, Sion, Imprimerie Berger, 1928, p. 9.

2. *Ibid.*, p. 15, 16.

3. A. Répond, La prophylaxie des troubles nerveux, *L'hygiène mentale*, n° 8, Paris, Droin, 1929, p. 231.

4. A. Répond, L'importance des facteurs psychologiques dans l'enseignement scolaire, *Revue suisse pour la protection de la jeunesse*, Zurich, Pro Juventute, 1932, p. 1, 2, 4.

essentiel. » Enfin, « les parents ou l'entourage n'ont qu'à s'incliner pour remettre la direction de leurs enfants aux mains du médecin ». Dans ces conditions, le « tout des éduquants est alors requis de faire amende honorable, c'est-à-dire de reconnaître et de tenir compte des difficultés et conflits psychiques qu'il a créés à l'éduqué ». Entre les deux mondes, il y a, souligne encore Odier, fatalement contradiction, à tout le moins divergence. Le langage se militarise même parfois pour décrire la situation : « Deux camps bien armés se disputent le terrain. Tous deux tiennent leurs principes respectifs pour absolus en tant qu'absolument antagonistes. Le choc entre deux absolus ne saurait être que mortel à l'un des deux au moins, si ce n'est à tous les deux. »[1] On voit se dresser dans la bataille, et selon ses propres termes, l'état-major et les troupes SMP (Service médico-pédagogique) contre « l'éducateur radical ».

« Vous accumulez bêtise sur bêtise ; nous, nous possédons la méthode qui nous permet de réussir ; vous devez changer, ne plus vous aveugler, dissiper votre ignorance. » C'est ainsi qu'en 1928 Répond exhorte les professions de l'enfance à s'atteler à la tâche nouvelle qui tiendrait compte des découvertes récentes : « Educateurs, clergé et médecins devraient, écrit-il, collaborer beaucoup plus étroitement. »[2] Pourtant huit ans plus tard, le Valaisan s'affole : « Pédagogues, pasteurs, anciens malades même (...), qui essayent de soulager les autres avec plus d'ardeur que de compétence »[3] se sont approprié l'outil avec lequel ils commettent des abus.

Le psychopédagogue de l'an 1946

Reprenons la démonstration une ultime fois. Revenons en France. En 1946, on assiste à la création d'un centre parisien fort connu, le Centre psychopédagogique Claude-Bernard, qui continue la tradition d'un essai de conjonction entre le psychologique et le pédagogique. Avec les propos de Georges Mauco, nous voyons reprendre un même discours, avec les mêmes espoirs dans une « coopération, par une action éducative élargie et plus efficace, des parents, des éducateurs et des médecins »[4]. C'est le même projet d'une éducation préventive. Ce sont

1. C. Odier, L'antinomie ou l'homonomie médico-pédagogique, *Revue suisse d'hygiène*, avril-mai 1946, p. 182, 184, 201.

2. A. Répond, *L'hygiène mentale de l'enfant pendant l'âge scolaire, op.cit.*, p. 18.

3. A. Répond, Les tendances actuelles de la psychiatrie en Suisse, *Annales médico-psychologiques*, n° 5, 1936, p. 7.

4. G. Mauco, Consultations psychopédagogiques, *Psyché*, n° 3, 1er janvier 1947, p. 49, 51.

les mêmes résistances du corps enseignant, des parents. Et c'est le même vœu d'une « révolution pédagogique » avec des réformes profondes et une formation professionnelle appropriée, par le biais de « conférences d'information » proposées aux maîtres, pour qu'ils comprennent mieux, pour qu'ils aident plus efficacement leurs élèves. Ce sont enfin les mêmes obstacles dressés devant l'action psychopédagogique, avec une seule solution : la « coopération » et la « formation ». Nous sommes en 1947, dans les tout premiers jours de janvier.

Onze mois plus tard, Mauco s'en prend à l'incompréhension des parents, à « l'incompréhension ou à la maladresse de certains professeurs » ; il est dans l'attente « de professeurs et éducateurs suffisamment instruits », qui pourraient « eux-mêmes intervenir efficacement sur le plan psychopédagogique »[1], avec le souci de « l'éducation affective et du caractère » jusque-là « négligée ou ignorée au profit presque exclusif de l'instruction ». En 1948, la coopération est déclarée prioritaire entre médecins et éducateurs. Il reste toujours à les y amener[2].

Le poids de la faute

De nombreux ouvrages ont été rédigés depuis le début du siècle par des psychanalystes qui s'adressent aux éducateurs et aux enseignants. A quelques années de distance, ils réclament les uns après les autres, une révolution pédagogique qu'ils soutiennent d'une critique virulente, et ils requièrent de tous un effort de compréhension. Qu'il s'agisse d'éducateurs naturels ou professionnels, c'est leur échec, leur ignorance ou leur faute, leur méconnaissance, leur aveuglement, leur emprise ou leur négligence que l'on invoque. C'est l'évidence, dit-on. Voyez cet enfant mal grandi, rebelle ou voleur, « empoté ou tannant ». La nocivité de l'acte éducatif est pointée. Ils font mal, ils n'y comprennent rien, les dégâts sont considérables, nul ne peut en douter. Pour les uns (les parents), ils s'en tiennent à l'autorité et à l'humiliation, et oublient l'impact de leur propre histoire inconsciente. Pour les autres (les enseignants), alors qu'ils seraient en mesure de rattraper le défaut de l'éducation familiale, ils s'accrochent à la seule instruction, ils ne veulent rien entendre du nouveau savoir, ils accumulent maladresse sur maladresse. Et qui plus est, non content d'échouer, ils ne supportent pas la

1. G. Mauco, Le centre psychopédagogiques de l'Académie de Paris au lycée Claude-Bernard, *Psyché,* n° 13-14, novembre-décembre 1947, p. 1387, 1393.
2. G. Mauco, Pédagogie curative, *Psyché,* n° 17, mars 1948, p. 269-277.

réussite du monde médical, ils s'acharnent, en refusant de coopérer, à la transformer en échec. Si au moins ils voulaient bien se rééduquer !

Cette situation contient une vérité qu'on ne saurait refouler. C'est le statut du savoir et de l'erreur qui y est mis en scène. Des psychanalystes, comme Charles Odier, sont par ailleurs obligés de constater qu'ils ne peuvent pas fournir de « recettes infaillibles », que l'erreur est en la matière inéluctable. Odier écrit, par exemple, que « l'éducation la plus authentique » consiste « dans la correction clairvoyante et courageuse d'une série indéfinie d'erreurs et de fautes psychologiques ». C'est, ajoute-t-il, par « ce redressement continu que se définit la rééducation de l'éducateur »[1]. Répond ne cesse, lui aussi, de proclamer qu'il n'y a pas de système mais des mesures toujours particulières ; que c'est « après coup seulement que l'on peut se rendre compte des erreurs, des omissions ou fautes commises »[2].

A partir de cela, comment comprendre que l'on continue à souligner les erreurs et l'impuissance de l'autre ? Il y a à l'œuvre de la part des thérapeutes ce que je n'hésite pas à nommer : un « contre-transfert négatif ». Il semble de génération en génération ne pas pouvoir être levé. Etrange phénomène. Le rapport à l'enfant est d'une complexité telle que, forcément, des erreurs sont commises. Devant cette constatation, l'on devrait suspendre tout jugement qui stigmatise l'impuissance de l'acte d'éducation. Face à un psychotique, un pervers ou un criminel, il n'y a pas de la part du psychanalyste, un tel contre-transfert négatif et c'est bien ce qui fait la différence épistémologique. Or, à demeurer figé dans le registre d'un « nous réussissons là où vous échouez », on n'en arrive qu'à perpétuer un espace de rivalité paranoïaque. Sur ce contre-transfert négatif, sur la critique incessante ou l'infantilisation de l'autre, sur le rappel constant des erreurs ou de la culpabilité, on est tenu de s'interroger. Comment vouloir encore travailler ensemble ? Comment ne pas comprendre les résistances engendrées ?

Des reproches sont faits à un enseignant. De quoi devrait alors être fait son métier ? On semble perpétuellement dans l'attente de la transformation de celui qui occupe cette place. On le souhaite mieux au fait des découvertes nouvelles de la psychologie : il réaliserait cette éducation préventive tant espérée et cesserait d'accumuler les fautes et les incompréhensions ; il n'userait plus des vieilles recettes, n'appliquerait plus, de manière abrupte, le même système à tous. On l'exige : qu'il aille au fond des choses, quitte les préjugés et la tradition, accepte les

1. Ch. Odier, L'antinomie ou l'homonomie médico-pédagogique, *op. cit.*, p. 200, 202.

2. A. Répond, A propos de la psychologie de l'enfant difficile, *Revue suisse pour la protection de la jeunesse*, Zurich, Pro Juventute, 1932, p. 12.

postulats nouveaux. Mais alors cet enseignant va-t-il être thérapeute ? C'est sur cette interrogation qu'immanquablement on débouche.

Le débat est épineux. Il reprend à peu près dans les mêmes termes que celui qui se tient autour de l'usage de l'hypnose. J'y perçois toutefois quelque chose de singulier. On estime parfois qu'un enseignant a sur tel ou tel enfant une bonne influence. En quels mots cela est-il décrit ? Ecoutons par exemple Répond évoquer le développement généralement fatal pour un enfant en proie à des difficultés, s'il ne rencontre pas le thérapeute approprié, « à moins aussi, écrit-il, qu'un éducateur doué d'une intuition peu ordinaire ne réussisse, en concentrant sur lui tout le potentiel affectif de l'enfant, à lui faire revivre la situation psychologique primitive pour l'en délivrer, autrement dit, fasse de la psychanalyse sans le savoir »[1]. Répond est prêt à consentir à un éducateur « doué » une action psychologiquement juste et appropriée, semblable, à s'y méprendre, à celle du thérapeute. Mais il la fait découler d'une « intuition » quasi naturelle : du bon sens. Si c'est « sans le savoir », cela est tolérable. Un enseignant peut obtenir, à son insu, des effets identiques à ceux du thérapeute. Mais très vite, certains ne manquent pas de l'incriminer ; très vite on lui impute l'appropriation de moyens qui ne sont pas de sa compétence. Surtout, on dénonce ses intrusions maladroites qui voudraient par trop ressembler à l'intervention du psychanalyste.

Pour d'autres, l'embûche réside dans la formation, dans l'accès à un savoir. Que de projets d'Instituts ou de diplômes, couchés sur papier, qui n'ont jamais pu aboutir. C'est qu'il y a trop d'enjeux, et bien des ambivalences, dont celle-ci : « Vous ne devez plus être ce que vous êtes ; cependant, vous ne pouvez devenir ce que nous sommes. Vous devez quitter votre ignorance, mais jamais vous n'en saurez assez, car le psychisme est d'une trop grande complexité. Vous devez vous occuper d'éducation — qui est psychologique —, mais, au fond, jamais nous ne pourrons vous former pour que vous deveniez ce que vous devriez être, sans pour autant vous prendre pour ce que nous sommes. »

Que se passe-t-il du côté des accusés ? La lecture des textes qui parlent des enseignants de métier, montre que ces derniers ont oscillé entre deux positions : la fascination et le rejet. Quand ils s'entendent répéter que leur action est mauvaise, et qu'il est d'autres manières, meilleures, de s'y prendre, comment pour eux ne pas être dans la fascination de cette autre position qui a le pouvoir de faire le bien là où ils font le mal ? Faut-il s'étonner que ceux à qui s'adresse ce discours veuillent s'emparer de la chose, qu'ils veuillent « être comme », en

1. A. Répond, *ibid.*, p. 12 (souligné par nous).

miroir. Le dilemme a bien été mis en place : éducation ou thérapie ? Si l'une est mauvaise et l'autre bénéfique, qui pourrait hésiter ?

L'autre position repérée, c'est évidemment le refus, le rejet et la résistance face au discours tenu. Ils font régulièrement leur apparition, dans les textes, ceux qui n'en veulent rien savoir et ne se rééduquent pas, ceux qui continuent à saboter le travail des thérapeutes, à ne rien vouloir comprendre, à s'en tenir, et encore, à l'instruction. On reproche à ceux-là, qui refusent d'entendre la nocivité de leurs actes, leur résistance coupable. Ils seront, d'année en année, accusés de faire obstacle, de rendre l'entente impossible et de donner à la coopération la couleur de l'illusion. Cette coopération n'est plus dès lors qu'un vœu pieux, toujours en souffrance de réalisation.

Métiers impossibles

Freud constate en 1925 que « de toutes les utilisations de la psychanalyse, aucune n'a rencontré autant d'intérêt, éveillé autant d'espoirs, et partant attiré autant de collaborateurs sérieux que son application à la théorie et à la pratique de l'éducation des enfants ». Pour préciser sa contribution à ces avancées, il écrit : « Personnellement, je n'ai eu qu'une participation très modeste à cette application de la psychanalyse. Il y a très longtemps déjà, j'ai fait mien le mot plaisant qui veut qu'il y ait trois métiers impossibles : éduquer, guérir, gouverner ; j'avais déjà largement de quoi faire avec le second des trois. Mais je ne méconnais pas pour autant la valeur sociale du travail de mes amis éducateurs. »[1] Il renouvellera ces propos en 1937, où il écrit : « Il me semble *presque*, cependant, que l'analyse soit le troisième de ces métiers "impossibles" dans lesquels on peut d'emblée être sûr d'un *succès insuffisant*. Les deux autres connus depuis beaucoup plus longtemps, sont éduquer et gouverner. »[2]

Freud associe trois métiers : qu'il s'agisse de psychanalyser, d'éduquer ou de gouverner, « on peut d'emblée être sûr

1. S. Freud, Préface, *in* A. Aichhorn, *Jeunesse à l'abandon*, Toulouse, Privat, 1973.
2. S. Freud, L'analyse avec fin et l'analyse sans fin, *Résultats, idées, problèmes*, t. II, Paris, PUF, 1985, p. 263.

d'un succès insuffisant ». Ce sont tous trois des métiers « impossibles » quant à leur finalité. Leur est commune l'absence de réussite au regard des objectifs. En chacun, quelque chose vient déjouer les plans. Se pose à lui une question : Le succès insuffisant de la psychanalyse est-il en corrélation avec sa jeunesse, ou doit-il être compris comme l'un de ses caractères intemporels ? Freud penche pour la première de ces deux hypothèses : peut-être, plus tard, lorsqu'on n'en sera plus aux balbutiements, lorsque la construction théorique sera plus avancée, le succès sera-t-il plus assuré. Cependant, en reliant les trois métiers impossibles, c'est comme s'il ne pouvait se défaire complètement de l'idée que l'insuffisance des résultats de la psychanalyse est une donnée incontournable, qu'elle est courue « d'emblée ». Le terme est fort. Si la fin est toujours incertaine, il faut s'attendre à être déçu. Toute psychanalyse est fondamentalement in-finie. Eduquer et gouverner participeraient de la même impuissance.

S'il fallait au succès insuffisant freudien trouver un exemple, l'éducation nous en fournit le plus flagrant. Si pour certains, c'est là tout son tragique, d'autres se félicitent de ses à peu près : sans eux point de liberté humaine. Ceux qui veulent forger un « autre » à leur mesure, selon un plan établi « pour son bien » s'aperçoivent un jour que, loin de leur en savoir gré, il fait fi de leurs mesures éducatives qu'ils avaient cru devoir être efficaces et qui se retournent en leur contraire. Ou bien, si d'aventure, il obtempère à leur vœu préalable, s'il s'incline et suit docilement leur route, il survient un moment où le pas se dérègle, où le symptôme apparaît. L'obéissance trop étroite a ses revers : le vivant est objectivé, brisé dans sa singularité, empêché d'accéder à sa position de sujet inaliénable. La vie se venge, elle se rit des meilleurs comme des pires.

Où est la réussite, où est l'échec ? On assure parfois que le succès d'une éducation résiderait précisément en ce que celui qui en est l'objet la contrecarre pour advenir en différence et en séparation. Cela est-il pour nous rassurer ? Si l'éducation est le lieu exemplaire de l'exercice du pouvoir, son succès insuffisant atteste que ce pouvoir est néanmoins limité. L'humain échappe toujours un peu aux prédéterminations ; il résiste aux tentatives normatives comme à l'entreprise totalisante qui, si elle s'actualise à ses dépens, atteint rarement son but ; il peut en venir même à fomenter sa propre destruction, pour se sauver comme sujet irréductible. C'est au prix le plus fort qu'il paie la garantie de sa liberté.

Eduquer, gouverner soigner, réunis par un même « impossible ». Et ce ne serait même pas un défaut, pas à vivre comme une blessure narcissique. Il n'est que de lire Maurice Blanchot, évoquant l'impossible de l'œuvre pour s'en convaincre. Lorsqu'il pense la « littérature et l'expérience originelle », lorsqu'il cerne les caractères de l'œuvre d'art, ses mots font irrésistiblement écho. L'écriture n'advient, selon l'auteur, que par une impossibilité qui « n'est plus privation mais affirmation », elle tire toute sa puissance de l'acceptation même de son impuissance à aboutir. « L'œuvre pour l'artiste est toujours infinie, non finie », affirme-t-il, reprenant la définition que donne Paul Valéry de la maîtrise dans l'art. L'œuvre est « cet événement singulier qui se dévoile comme n'appartenant pas à la maîtrise de l'accomplissement »[1]. Si la pensée de Blanchot rejoint la nôtre, ce n'est pas un hasard : il parle de l'œuvre d'écriture, nous parlons de l'œuvre de chair et de sang, de l'œuvre de vie. Comment aurions-nous la prétention d'atteindre une finitude, alors que tout artiste a depuis longtemps fait le deuil de tout achèvement ?

1. M. Blanchot, *L'espace littéraire,* Paris, coll. « Idées », 1968, p. 297, 300.

CHAPITRE II

L'enfant adjectivé

Une passion se développe : connaître l'enfant. Elle fait écho à une inquiétude du début du siècle qu'Edouard Claparède met en relief lorsqu'il rapporte cette remarque d'un instituteur : « Nous travaillons avec l'enfant sans le connaître », avant d'ajouter en bon protestant : « Telle est notre faute capitale. »[1] Partout on désigne cette lacune inadmissible, et partout on constate — pour regretter de n'y pas être encore — que tant que l'on n'aura pas éclairci les aléas du psychisme enfantin, les plus simples comme les plus complexes, on ne pourra pas parler d'une solution scientifique du problème. Et Claparède de prédire l'avènement d'une science de l'enfant, qu'on anticipe à l'époque en Allemagne par cette devise qui formule un devoir nouveau : « Réformons en nous appuyant sur la connaissance de l'enfant. »

Cette quête d'un savoir s'adresse naturellement aux théories des sciences humaines qui ont comme objectif d'expliquer, par des lois, le fonctionnement de l'humain. L'autre, en sa différence et son étrangeté, est dès lors conçu comme un « objet à connaître », dont on souhaite apprendre la normalité et l'a-normalité. Et on ne doute guère de le découvrir au détour d'une page. Parcours livresque, égrenage de statistiques et d'hypo-

1. E. Claparède, *Psychologie de l'enfant et pédagogie expérimentale*, Genève, Kundig, 1916, p. 38.

thèses, c'est la lecture obligée des résultats obtenus par les sciences humaines pour saisir enfin les morceaux de son corps, pour assembler les bribes de son âme, à la recherche « du sujet idéal et unique d'une théoria », de cette « intuition, voire contemplation dont on suppose que la connaissance exhaustive nous permettrait d'entendre aussi bien tout son passé que son avenir »[1]. Cette nouvelle passion surgie au début du siècle, qui pourrait mettre en doute qu'elle n'ait été soutenue pour le bénéfice d'un enfant ? Pourtant, à la voir s'actualiser aujourd'hui, il semble bien qu'il y serait davantage question du profit qu'un adulte pense en retirer pour lui-même : désir de gagner une légitimité, de dépasser l'amateurisme pour accéder à la maîtrise supposée du spécialiste ; volonté d'atténuer l'angoisse et de colmater le vide insupportable ; rêve de se garantir contre les erreurs dommageables pour le narcissisme ; acquisition de certitudes et bannissement du sentiment dérangeant de ne pas tout comprendre.

A chaque génération, un rapport particulier à la connaissance de l'enfant et la mise en pratique de cette connaissance ressurgissent. On pourrait dire que c'est la pente naturelle — mais éminemment problématique — d'un humain lorsqu'il en veut connaître un autre. Essayons d'en repérer les invariants, les « questions obsessionnelles »...

1. HABITUELLE DESCRIPTION

Lorsqu'on demande à un adulte de parler d'un enfant, son récit prend le plus fréquemment la forme d'une description : un enfant dans son attitude, ses faits et gestes, sa manière d'être et ses défauts. Là-dessus, il est intarissable.

1. J. Lacan, *Le moi dans la théorie de Freud et dans la technique de la psychanalyse,* Paris, Seuil, 1978, p. 260.

En défaut

Si on le décrit, c'est qu'il pose quelque difficulté, reconnaissons-le. De manière plus générale, les adjectifs fleurissent. Naturellement, on épingle en négatif. Il n'est pas, ne sait pas, ne peut pas, n'arrive pas. Le verdict est sans appel : il ment, vole, agresse, il est démotivé, inattentif, paresseux, inintelligent. Les adjectifs se succèdent : bavard, dissipé, distrait, rêveur, apathique, borné, méchant, sadique, sale, fuyant, agressif, violent, hystérique, agité, chahuteur, quand il n'est pas arrogant, insaisissable, imperméable. Ce sont les qualitatifs d'aujourd'hui, repris à peine dépoussiérés au vocabulaire d'antan.

Les adjectifs se bousculent pour cerner un enfant. Un enfant est muet ou bavard ; trop ou pas assez actif ; trop ou pas assez curieux ; mou ou agressif ; trop ou pas assez scolaire. L'empire de l'enfant adjectivé comporte d'étranges normes reconduites d'une époque à l'autre. La valse des défauts vient dessiner en pointillé l'enfant idéal. Au début du XIXe siècle, des livres désignaient explicitement dans leur titre les défauts[1], et invitaient à recourir à certaines stratégies pour les extirper. Tous ces livres, tels des entomologies, les ont collectionné pour dire le cauchemar des adultes et la souffrance d'un enfant définitivement épinglé en imperfection ou sommé de rejoindre l'idéal échafaudé. Aujourd'hui, le scénario a peu varié.

La description en négatif entraîne une volonté de transformer, de redresser, d'extirper, de remplacer l'insuffisance par la qualité. Quand il sera grand, que fera-t-il marqué de ce défaut-là ? L'argument est sans réplique, justifié par la peur

1. Par exemple, G. Robin, *L'enfant sans défauts*, Paris, Flammarion, 1930 ; *La guérison des défauts et des vices chez l'enfant. Traité pratique d'éducation*, Paris, P. Domat, 1948 ; R. Allendy, *L'enfance méconnue. Solutions pédagogiques*, Genève, Ed. Mont-Blanc, 1945.

de l'avenir, par la crainte des difficultés de demain lorsque le bambin oblitéré de ses défauts devra affronter le monde extérieur. A le vouloir transformer maintenant, on veut lui épargner bien des déboires futurs. Un adulte se souvient de l'enfant qu'il a été, et c'est souvent des souffrances qu'il a lui-même rencontrées qu'il tire ses certitudes. Et de mettre toute son énergie à combattre l'imperfection dans une perspective qu'il tient pour assurée. Il raisonne conformément à son expérience, à la sensibilité qu'a estampillée son enfance. Ainsi chacun de s'émouvoir d'un profil particulier, de s'achopper à telle ou telle tare. Notre souffrance, on veut la lui éviter. Et on provoque souvent sans s'en rendre compte, à le vouloir autre, une souffrance supplémentaire. L'enfant idéal dont le fantasme motive notre revendication n'est qu'une construction imaginaire, dont un enfant « réel » s'écarte toujours. « Est-ce l'idéal que je n'ai pas été dont je prolonge le rêve afin de le voir enfin réalisé ? »

Tu es

Un adulte décrit. Nul doute pour lui que la description colle alors au modèle cerné ; elle en trace irrémédiablement les contours ; elle atteint ce qui lui appartient en propre, son essence. L'adjectif scelle sa vérité, il n'en doute pas. Sa description a force de réalité : « Je l'ai vu, entendu, je fonde mon récit sur des faits, des informations ; il est "ainsi" puisque je le vois ainsi. » Connaître serait une pratique de l'extériorité : « Je le décris, je le connais, moi qui en ai le pouvoir, et je n'en suis en rien concerné. » Comme si la description relevait en elle-même de l'objectivité : « C'est avec mon intelligence que je l'appréhende. » Nulle incertitude, un adulte a raison, il ne parle que de l'autre. C'est aussi par une demande de connaissance extérieure que se manifeste son désir de savoir : lorsqu'un enfant lui échappe, qu'il est dans l'incompréhension, alors il pense se procurer la clé en acquérant une connaissance sur l'enfant, une connaissance qu'il va, par exemple, quêter dans les livres. Quand il aura ainsi appris qui est l'autre, tel ou tel ne pourra plus le surprendre. Pour se rassurer, il attend des théories qu'elles affinent son entendement.

La description comme mode de connaissance impose donc qu'on ait le plus d'informations possibles : sur lui, sa vie, ses parents, sur les événements qu'il a traversés. On récolte aussi les avis des différents adultes qui l'entourent. Ce n'est pas un roman, c'est une moisson de faits qu'on résume à la somme des éléments récoltés. L'intention est louable : « Plus j'aurai de renseignements sur lui, mieux je saurai guider mon action. » Dès lors, le récit de sa vie ne lui appartient plus : sait-il ce qu'on sait sur lui, ou même qu'on est dans le secret ? La propension à raconter son histoire rejoint parfois notre goût des « faits divers ». Dans la salle des maîtres, on ne cesse ainsi de parler de lui, porter des jugements, tracer des descriptions. Les langues se délient, des informations courent, des réputations se tissent, et des destins se scellent. Et on n'en finit pas de renouer avec une caractérologie lourde de conséquence.

Participation

Y aurait-il une autre version de l'histoire à raconter ? Dans la compréhension humaine de l'humain, la psychanalyse a provoqué plus d'un dégagement, qui sont périodiquement recouverts pour être ensuite redécouverts. D'abord, Freud disait aux pédagogues : « L'on ne peut être éducateur que si l'on est capable de participer à la vie psychique de l'enfance, et si nous ne comprenons pas les enfants, nous autres adultes, c'est que nous ne comprenons plus notre propre enfance. »[1] A l'écouter un peu, on s'aperçoit qu'il n'existe pas, dans la relation à l'autre, de connaissance purement exté-

1. S. Freud, L'intérêt de la psychanalyse, *Résultats, idées, problèmes,* Paris, PUF, 1984, t. 1, p. 212.

rieure où « Je » n'y serait pas : le rapport à un autre vivant nous renvoie immanquablement à nous-mêmes.

Qu'est-ce à dire ? Sinon que nous ne pouvons rêver d'une extériorité, notre connaissance passe toujours par ce qu'il en est de nous, qu'il convient de repérer pour ne pas nous abuser. « Dans la description que je donne de lui, je suis partie prenante. Je m'y décris autant que je l'y décris. » Le « Je » et le « Tu » se déterminent mutuellement. L'objectivité, sous le couvert du décrire, n'est qu'une subjectivité embusquée qui, comme telle, ne peut souvent pas être mise à la question. L'entendre est déjà un premier dégagement. « Ce que mon récit assure, je m'en méfie. Je m'y révèle autant que je l'y exprime. » Cette reconnaissance d'une intersubjectivité est essentielle. Elle relativise notre récit, le décolle de lui, et nous enjoint à travailler ce qui nous revient. Cela signifie aussi que dans toute tentative de compréhension, nous ne pouvons nous abstraire de nous-mêmes. C'est à le reconnaître que nous pouvons espérer faire sauter les verrous de nos présomptions et entreprendre un réel travail d'élucidation.

Normalités

Derrière la description se profile l'idée d'un normal que tout distinguerait du pathologique. Cette coupure fut remise en question par Freud. Il n'y a pas d'un côté les normaux et de l'autre les fous, comme deux « races » qui n'auraient rien à voir l'une avec l'autre ; les processus psychiques sont identiques de part et d'autre ; accentués, à découvert lorsqu'il y a « pathologie ». Ce qui constitue la folie de l'autre, c'est cette part en soi qui a été jugulée ou pondérée par différents mécanismes. Pour l'exprimer autrement : un « fou » écrit en pleins et un humain dit normal en déliés. C'est en vain qu'on essaie de se protéger en désignant l'autre comme étranger à soi-même et, s'il fait si peur, c'est qu'il réveille en soi quelque chose dont on ne veut rien savoir, dont on exclut que ça puisse vous appartenir aussi et qu'on ne peut supporter dans le miroir qu'il tend.

Diviser l'humanité en deux, en se mettant dans le clan des normaux est sécurisant, mais dangereux. Ce qu'on refuse de reconnaître comme sien risque de réapparaître un jour ou l'autre et de vous laisser totalement impuissants. Accompagner un autre en souffrance, exige qu'on travaille sans sacrifier en soi la partie malade et sans sacrifier en l'autre la partie saine. Adolf Guggenbühl-Craig[1] rappelle cette exigence au médecin, à l'éducateur, à l'assistant social qui, pour se croire « en santé » et tenir l'autre pour « affecté », mettent immanquablement en place des jeux caricaturaux de pouvoir. Que l'on entende bien, il ne s'agit pas, en soi, de privilégier le « fou » ou l'infantile, mais pour un adulte, d'être à l'écoute de l'enfant qu'il fut et qu'il est, sans nier les travers psychiques qui sont ceux de tous les humains ; de ne plus s'effrayer de son intériorité et des processus qui y règnent, c'est-à-dire d'intégrer son lot d'inacceptable. Ce serait d'ailleurs l'un des bénéfices à escompter d'une psychanalyse.

S'il est assez aisé de caractériser la santé du corps par l'absence de maladie, de douleurs, de souffrance, l'exercice est plus ardu pour le psychique. Affrontons la question : y a-t-il un normal psychique ? Oui. La réponse semble évidente pour celui qui décrit, pourtant rien ne l'est moins. En effet, dans une première acception, nous pourrions proposer qu'est normal celui ou celle qui est bien adapté. Or l'humain peut fort bien s'adapter à des situations aberrantes, tandis qu'un défaut d'adaptation à une situation aberrante peut être conçu très sérieusement comme signe de « bonne » santé. « L'adaptation » comme unique critère de la normalité, Dolto s'en écarte quand elle assure qu'un enfant déviant, en refus du système scolaire par exemple, est souvent plus sain psychiquement que celui qui obéit au doigt et à l'œil. La société

1. A. Guggenbühl-Craig, *Pouvoir et relation d'aide,* Bruxelles, P. Mardaga, 1986.

demande parfois des adaptations mortifères et nos inadaptations sont des créations salutaires. Répétons-le. La folie est réponse normale à l'insoutenable au-dehors, et de la normalité on peut dire parfois qu'elle est pure folie.

Normal ne serait-il pas alors synonyme de réussite scolaire ou sociale dans un contexte historique donné ? La reconnaissance d'une telle réussite serait gage de normalité. De l'extérieur on pourrait le croire. Certains hommes, pleins de talents, convertis en produits sociaux patents, paraissent appartenir à une normalité enviable. Tous les signes leur sont favorables et la culture ambiante les donne pour modèles d'identification. Beaucoup voudraient être comme eux. Or il suffit de les entendre[1] pour prendre la dimension du tribut payé à la souffrance vécue et découvrir que déprime et difficultés existentielles constituent souvent l'envers du décor.

Nous pourrions également penser qu'être normal signifie être bien dans sa peau, dans son corps, en harmonie avec soi-même, le monde et les autres. L'attrait de cette image d'Epinal ne cesse d'entretenir chacun dans la souffrance de n'y pas parvenir. Un nombre toujours plus grand de thérapies promettent l'harmonie retrouvée, la santé à tous les niveaux ; et tous les plans d'études scolaires de prétendre travailler à l'épanouissement de l'enfant. La psychanalyse s'est inscrite en faux contre cette conception : un être humain ne peut qu'être désadapté dans son rapport aux autres, à soi et au monde ; il n'existe que déplacé, jamais adéquat. C'est de là que naît sa capacité de penser, dc créer, dans une souffrance inéluctable. La vie du désir ne se confond pas avec le nirvâna ; elle est quête perpétuelle, issue d'un mal-être, d'une faille fondatrice de son destin. Son inadaptation première est inaugurée par sa confrontation aux réalités préexistantes, quand il se croit tout-puissant. Le monde ne sera jamais selon ses désirs et l'autre jamais à son entière disposition...

1. A. Miller, *Le drame de l'enfant doué*, Paris, PUF, 1973.

L'accepter c'est au moins ne plus courir après ce qui n'existe pas et se meurtrir de ne pas y arriver.

Dernier recours pour asseoir cette normalité : les sciences humaines. Elles ont peut-être défini la normalité d'un développement ou l'ont fait croire. Mais la vie n'est pas dans les livres et nul ne colle à l'image de la théorie. Que l'on se rassure : chacun bricole ses possibilités, chacun se bat avec ses forces destructrices, avec son histoire ; et chacun se résigne ou se stabilise sur des positions plus ou moins confortables. La souffrance parfois pour rien au monde, nous ne voudrions la perdre, quoiqu'on en dise.

Surprenant chez l'homme, ce besoin impérieux d'une norme à laquelle raccrocher l'autre, alors qu'il sait ne pas y souscrire pour lui-même. Il y a certes des seuils subtils au-delà desquels on bascule. Certes, il existe des déterminations historiques et sociales qui tracent les limites de l'acceptable ou de l'inacceptable. Mais le psychisme ne peut être normé et la prescription d'une norme présente le danger d'entraîner avec elle exclusion et volonté de transformation ou de manipulation. Lorsqu'on côtoie un enfant, ce danger est encore plus grand.

Intelligence du désir

Dans la description, l'adjectif est toujours défaut. Et s'il disait, par sa parole aberrante, quelque chose d'essentiel, de nécessaire, qui relève d'une intelligence non de la logique mais issue de l'intelligence de son être au monde et de sa souffrance ? Et si son « défaut » était une manière de parole qui exprimerait quelque chose de lui-même, qu'il ne peut manifester autrement : quelque chose qui est sa création, à entendre comme ce qu'il pourrait dire au mieux de ce qui fait son être de désir ? Et si ce qu'il énonce là, par de l'arrogance, par des gestes compulsifs, avait un sens qui lui échappe..., livré dans une sorte de langage codé. Derrière cette parole, il y aurait toute une élaboration du sujet. Derrière la simple description d'une « difficulté », il y aurait la singularité d'une construction, un entrelacs psychique aux motifs multiples[1].

Un sujet est obligé d'être ainsi, il ne peut faire autrement et langage de raison n'y peut rien. Il lance à la cantonade un signal dont il n'a pas le code. Il réunit ses énergies pour exprimer ce qui le dérange. Il réagit à quelque chose, sur quoi il n'a pas de prise, qui l'embarrasse à l'intérieur ou que le dehors lui impose et qui ne lui convient pas. Quelque chose se dit, à déchiffrer, non pas réduire, non pas contrer parce qu'on n'y verrait qu'un déficit mais accueillir comme une parole précieuse, absconse dans les discours cartésiens, mais éloquente dans la langue du désir. Un adulte pressent la plainte, mais ce qui la produit tient de l'énigme. Il peut simplement savoir que cette parole existe, qu'elle a une intelligence, qu'il y a du sens derrière un symptôme. La psychanalyse a opéré un singulier retournement, la difficulté éprouvée ne serait pas forcément négative.

C'est dire aussi que le symptôme se moque des limitations des sciences humaines, des frontières qu'elles ont érigées pour appréhender leur objet. Ni le corps, ni le psychique, ni l'affect, ni l'intelligence, ni le sujet psychique, ni le sujet social ne constituent des entités en soi. De l'un à l'autre, du sens passe. Le sens se loge souvent ailleurs qu'à l'endroit même où ça crie, dont la construction singulière infirme systématiquement les hypothèses trop vite appliquées. S'il a mal à l'orthographe, c'est qu'il a peut-être mal à son père. S'il a mal à son corps, c'est peut-être qu'il a mal à son âme. S'il fait pipi au lit, ce n'est pas forcément le fait d'une constitution déficiente, ce peut être... En lieu et place d'un enfant en négatif se tiendrait un être en intelligence de son désir.

Une chose encore. Dans l'acception commune, celle que nous avons vu opérer dans la description, la « qualification » semble appartenir à l'être d'un sujet. Le « cet enfant n'a pas

1. M. Mannoni, Le symptôme ou la parole, *L'enfant, sa maladie et les autres*, Paris, Seuil, 1967.

de volonté » définit un état — de nature ou pas — qui qualifie qui il est. A aucun moment on n'envisage que cet attribut pourrait être lié à une circonstance particulière ; que ce que l'on est avec lui le transforme. On a une conception monolithique de l'humain, qui voudrait que sa personnalité, une fois définie, ne varie plus.

C'est étrange, car nous savons pour nous-mêmes que nos attitudes sont labiles. « Que je suis changeant dans mes relations. Que je ne suis pas *un* mais multiple. » Cette mouvance est d'ailleurs notre richesse, nous en faisons l'expérience tous les jours. Et cet enfant peu disert dans l'espace de l'école, se montre fort bavard dans sa famille. Celui-là, agressif en classe, se révèle le plus doux des frères avec sa sœur. Cet autre encore, qui semble n'avoir pas d'imagination, brusquement, sur tel ou tel sujet, déborde de fantaisie et d'intuition. Il a certes « son caractère » : en toutes choses, en toutes circonstances, il peut paraître égal à lui-même. Peut-être parce qu'on ne lui laisse pas la possibilité de varier les gammes de l'instrument dont il joue. L'être est fluctuant, on n'a pas à l'enfermer dans la qualification que nous lui prêtons. « Il est ainsi » dans telle circonstance, avec moi, mais cela ne signifie pas qu'il le soit de nature en tout lieu ou toute occasion !

2. LIMITATIONS

Depuis l'essor des sciences humaines, depuis qu'a pris corps le souci de comprendre le grandir de l'enfant, l'idée d'un développement de l'être humain s'est imposée. Est apparue conjointement la notion de stades, de passages à ne pas manquer. Que se soit au plan intellectuel ou psychique, un parcours est décrit, des épreuves sont construites et des acquisitions sont supposées à tel ou tel âge de son existence. Je ne m'attarderai pas sur ces étapes, de nombreux livres les abordent. Je ne m'arrêterai ici que sur quelques-unes des dérives possibles consécutives à l'établissement de normes développementales, surtout sur le plan psychique.

Présent, passé et futur

Selon Jacques Lacan : « L'idée d'un développement individuel unilinéaire, préétabli, comportant des étapes apparaissant chacune à leur tour selon une typicité déterminée, est purement et simplement l'abandon, l'escamotage, le camouflage, à proprement parler la dénégation, voire même le refoulement de ce que l'analyse a apporté d'essentiel. »[1] Il importe en effet de nous défaire d'une première croyance : qu'une fois un stade dépassé, la chose acquise, il n'y aurait pas de retour. La chose n'est évidemment pas entendue ; le progrès n'est pas inéluctable. On transpose souvent au plan psychique ce qu'on connaît du développement cognitif : s'il se peut qu'on perde des acquisitions, c'est à la dégradation propre au vieillissement qu'il faudrait l'attribuer ; jusque-là les risques sont minimes, encore qu'ils existent. Or pour le développement que certains qualifient d'« affectif », les signifiants relatifs à un « stade » sont toujours susceptibles de réapparaître selon les épreuves ultérieures qu'on aura à traverser. Dans notre rapport à l'autre, en particulier, on ne cesse de se reporter à ce qu'il y a de plus primitif en soi. Ce dont il s'agit, ce n'est pas tant de régression au sens où on l'entend habituellement, mais d'une indestructibilité des signifiants de notre désir. Chacun peut en outre rester rivé à un registre, ne pas vouloir ni pouvoir le quitter, parce qu'abandonner une position confortable pour une autre dont on ne sait rien et qui comporte des risques, peut sembler bien peu avantageux. Dans l'aventure, il y a toujours quelque chose à perdre ; et cela est rendu d'autant moins tentant

1. J. Lacan, *Le moi dans la théorie de Freud et dans la technique psychanalytique*, *op. cit.*, p. 24.

quand ceux qui accompagnent promettent un avenir peu désirable.

On grandit en renonçant à des positions durement acquises, mais en gardant en soi toutes les potentialités qu'elles recelaient. Il ne faudrait donc pas imaginer un parcours uni-linéaire, comme pourraient le laisser supposer les échelles de développement. Nous faisons des percées ici, et reculons ailleurs. Avons de l'avance à tel endroit ; du retard en tel autre. Ce que l'on croyait acquis s'évanouit au premier affrontement. « Je pensais être sorti de la dépendance ; un jour elle se réinstalle, ramenant de vieilles reliques. »

En matière psychique, s'il n'y a pas de passé simple — c'est-à-dire que le passé ne cesse de travailler notre présent —, existe-t-il néanmoins une prédiction de l'avenir ? Cette question se fait souvent insistante. Certains n'hésitent pas à répondre oui. Je reste prudente. Là où un être est aujourd'hui en souffrance, il peut devenir créateur ; là où il était créateur, il peut en venir à stagner. Chacun a sa poétique, laquelle ne se mesure pas au profil d'un développement attendu. Il est parfois extrêmement difficile de déterminer si la position prise par un enfant menace de grever définitivement son sort, ou si elle est une étape nécessaire dans son parcours. Les chemins de traverse sont inéluctables dans le grandir.

D'autre part, non seulement la prédiction est souvent aléatoire, mais elle a aussi la caractéristique d'induire à sa réalisation. Dire grossièrement au quotidien de quelqu'un qu'il va devenir délinquant ou fou, c'est jouer les pythies et, comme dans toute prophétie du destin, nul ne saura jamais si un sujet ne s'est pas appliqué à lui donner raison. Les paroles prononcées scellent l'avenir, non parce qu'elles sont des vérités qui vont se vérifier à tous les coups, mais par leur pouvoir d'injonction. Même si ces paroles s'appuient sur des données « scientifiques », le doute demeure. Je trouve préférable de suspendre toute prédiction en matière psychique. Cette position préserve une liberté. Elle autorise l'essor d'une différence qui peut porter des fruits inestimables. On ne sait rien de ses futures rencontres, on ne sait pas si de ses incapacités et souffrances actuelles n'émergeront pas des compétences insoupçonnées. D'un handicap peuvent naître don et forces ultérieures, si évidemment lui a été ouverte la possibilité d'advenir. Cela dit, sans pour autant tomber dans un optimisme naïf : on doit en effet également prendre en compte les forces de répétition qui nous engluent, notre propension humaine à retourner vers les mêmes signifiants.

L'idée d'un développement nous a, d'autre part, fait concevoir un enfant comme différent de nous, elle a accentué l'écart. Un enfant de quatre ou cinq ans se distingue d'un adulte de quarante ans, cela tombe sous le sens, mais à se fixer sur un âge et ses modalités, on occulte bien des ressemblances. Elisabeth Roudinesco recourt à cette formule : « Il n'y a pas de layette pour inconscient »[1], pour dire la proximité des générations. Pour ce qui est du désir et du rapport à l'autre, nous serions semblables. A l'oublier, on néglige une précieuse possible source de compréhension.

Compréhension

Aujourd'hui connaître signifie pour beaucoup s'adresser aux sciences humaines et surtout demander pourquoi « ... il est muet, elle est agressive, il n'y arrive pas ». La demande d'explication, qui survient dans l'ombre de toute demande de savoir, il ne s'agit pas de l'évacuer mais bien de la déplacer. Dans l'explication, c'est le rapport à la théorie qui importe. Celui qui veut expliquer s'efface en quelque sorte derrière la théorie à laquelle il se réfère, son projet étant de s'en faire l'exact interprète, de la relier au fait particulier pour reconnaître la loi générale dans son émergence ponctuelle. L'objectif est donc de maîtriser suffisamment la théorie pour être

1. E. Roudinesco, *Pour une politique de la psychanalyse,* Paris, Maspero, 1977, p. 154.

en mesure, par un exercice logique rigoureux, de lire les signes particuliers et de les engager dans une explication conforme. Le « Je » se dissout dans le savoir, il s'inclut dans une théorie qui le dépasse puisque socialisée, publique, reconnue valide par un grand nombre. Le recours à l'explication devrait déboucher ensuite sur une adéquation de l'acte, un « savoir que faire ». Il donne l'espoir d'accéder à une maîtrise intellectuelle.

Or les sciences humaines ont comme caractéristique d'avoir pour enjeu non une explication, mais une compréhension. La différence est de taille. L'explication est nécessaire à une démarche théorique de « type laboratoire », mais l'est-elle dans la relation à l'autre ? Lacan l'a remarquablement formulé en écrivant que dans le rapport à l'autre, la question ne serait pas tant de « retrouver dans un cas le trait différentiel de la théorie et de croire expliquer pourquoi votre fille est muette — car ce dont il s'agit, c'est de la faire parler, et cet effet procède d'un type d'intervention qui n'a rien à faire avec la référence au trait différentiel »[1]. Pour que soit assurée une intelligence de l'action et de l'autre, il vaudrait en effet la peine d'abandonner l'explication pour venir s'aventurer sur la voie de la compréhension, où « Je » n'y est pas évacué, mais renvoyé à lui-même dans la singularité d'un rapport de lui à un autre. Cette voie est ardue. Elle excentre la théorie qui, tout au plus, favorise la possibilité de tisser des liens. L'acte de compréhension engage la pensée dans la dimension d'une intersubjectivité. Advenant dans la singularité, il n'est que la reconstruction partielle et parcellaire d'un sens qui faisait défaut.

La clinique psychanalytique a déjoué le pouvoir d'une explication causaliste et la maîtrise technicienne. Il n'est que d'écouter attentivement les conseils que Freud adresse aux psychanalystes : « Il convient que nous prêtions à tout la

1. J. Lacan, *Les quatre concepts fondamentaux de la psychanalyse*, Paris, Seuil, 1973, p. 15-16.

même attention “flottante” suivant l’expression que j’ai adoptée », faute de quoi on « court le risque de ne trouver que ce que l’on sait d’avance ». Il s’exprime en termes plus clairs encore lorsqu’il assure à ses lecteurs que : « Les meilleurs résultats thérapeutiques s’obtiennent lorsque l’analyste procède sans s’être préalablement tracé de plan, se laisse surprendre par tout fait inattendu, conserve une attitude détachée et évite toute idée préconçue. »[1] Le propos est étonnant. Imposer aux psychanalystes de faire table rase de leur savoir, de se défier de toute expectative, le succès dépendant de l’effet de surprise !

Le savoir théorique préalable de l’analyste, loin d’être négligeable, aurait cependant à être suspendu au moment de la rencontre, si l’on veut en attendre quelque pouvoir thérapeutique. Lacan l’affirme avec des mots simples : « Ce que le psychanalyste doit savoir : ignorer ce qu’il sait. » Il se plaît à le répéter : « Le fruit positif de la révélation de l’ignorance est le non-savoir qui n’est pas une négation du savoir, mais sa forme la plus élaborée. »[2] Dans l’espace de la clinique psychanalytique, on assure aussi que trop vouloir comprendre nuit. Ainsi Jacques Lacan : « Combien de fois ne l’ai-je pas fait observer à ceux que je contrôle quand ils me disent — j’ai cru comprendre qu’il voulait dire ceci, et cela —, une des choses dont nous devons le plus nous garder, c’est de comprendre trop, de comprendre plus que ce qu’il y a dans le discours du sujet. »[3]

Pour un enseignant aussi, il y a bénéfice à déplacer sa volonté d’expliquer. S’il cherche des explications dans les théories existantes, nul doute qu’il en trouvera ; elles le déplaceront de sa propre pensée, c’est déjà un gain. Il verra que ses causalités premières étaient bien pauvres, que la réa-

1. S. Freud, Conseils aux médecins, *La technique psychanalytique*, Paris, PUF, 1967, p. 62, 65.

2. J. Lacan, Variantes de la cure type, *Ecrits*, Paris, Seuil, 1966, p. 349, 358.

3. J. Lacan, *Les écrits techniques de Freud*, Paris, Seuil, 1975, p. 87.

lité est plus nuancée que ses argumentations. Mais, et c'est cela qu'il importe surtout d'entendre, il ne peut attendre de ces nouveaux « parce que » sociologique et psychologique qu'ils soient la clé de son action ; ils sont d'autre part trop souvent réducteurs et, l'explication venant prouver qu'on ne peut rien y faire, assigne en impuissance. Il serait, face à un enfant, plus sage de s'abstenir et accepter notre incompréhension chronique.

Sans garantie

Il est ainsi déçu celui qui s'aperçoit que face à un autre être vivant, les connaissances acquises sur les bancs de l'Université ne se traduisent pas automatiquement par une plus-value de « savoir que faire ». C'est dire, que le savoir théorique ne se mue pas forcément en pouvoir thérapeutique ; qu'apprendre de l'extérieur n'apporte pas une compréhension magique de ce qui se passe dans la singularité d'une rencontre ; que la vérité de la théorie n'est pas la vérité d'un sujet, qui toujours excède ce qui, préalablement, a été conçu.

Reprenons. L'enjeu se situe dans une éthique nécessaire de notre rapport à l'autre. Savoir de l'extérieur est une chose, et nous en savons chaque jour davantage. Personne ne le conteste. Mais dans le rapport à l'autre, où il s'agit pour lui de grandir et d'apprendre, ce qui importe est de l'autoriser à construire sa vie, sa connaissance ; de se confronter aux difficultés et de les dépasser. Notre savoir n'y est pas suffisant, il ne se mue pas automatiquement en pouvoir thérapeutique, telle est notre première limite. Ainsi nous sommes déchus de la place de toute-puissance que nous pensions pouvoir occuper ; et nous ne sommes jamais quitte d'œuvrer au jour le jour, sans garantie.

L'autre excède toujours la théorie, affirment les psychanalystes. Cela revient à dire que nous ne pouvons l'enfermer dans nos théories. Jamais il ne doit y être sacrifié. « Vient-il surgir là où je ne l'attendais pas ? Il a raison, j'ai à apprendre de lui. Il peut me faire avancer, si je suis capable de me laisser surprendre. Encore faut-il que je ne sois pas rivé à des théories ou des croyances érigées en systèmes. Encore faut-il que j'aie des attentes qu'il déjoue. » D'autre part, la vérité théorique n'est pas la vérité d'un sujet. La psychanalyse a introduit ici un déplacement : ce qui importe pour chacun, c'est son accès à *sa* vérité. Sa vérité, il ne sert à rien de la lui asséner de l'extérieur. Il peut certes exister un « savoir sur » un sujet, mais ce qui permet à chacun de progresser, c'est un « savoir de » : un savoir qu'il construit par lui-même. Celui-là seul a pouvoir de transformation[1].

Transposer les certitudes péniblement acquises par la psychanalyse à d'autres métiers de l'humain est nécessaire. Il importe en effet de souligner la différence qui existe entre le « savoir sur » accumulé par les sciences humaines et le savoir en jeu dans la relation à l'autre. Nulle garantie ne peut être donnée, nulle assurance fournie à l'avance par la connaissance des théories ; il ne suffit pas d'apprendre pour connaître l'autre. Ces certitudes, quand on les partage, renvoient chacun à soi-même dans son rapport au savoir. Et chacun de prendre conscience que si le passage par le Savoir est essentiel — il met en lumière nos lieux communs qui entravent le jugement —, il n'est plus besoin de se rêver en maîtrise, en rentabilité immédiate, en usage de la théorie transférée sans autre forme de procès sur l'autre de la rencontre.

Il existe un usage pervers du savoir dans la relation à l'autre. Il importe donc de tenter de retenir celui qui, croyant bien faire, rapporte l'enfant à ce qu'il en a appris et croit reconnaître en lui la théorie incarnée. Encore que heureux et rassuré sur sa propre intelligence, il s'arrête souvent aux « c'est parce que" ; fier de ce qu'il a, il pourrait aller jusqu'à prodiguer des conseils, ce qui reste souvent sans effet ou provoque rejet, fermeture et violences. Quand il ne finit pas, à

1. O. Mannoni, *Un commencement qui n'en finit pas*, Paris, Seuil, 1969.

force de se heurter au refus de changer, toutes ses explications en réserve étant épuisées, par renouer avec les vieilles assertions sur l'incurabilité, la méchanceté foncière, voire l'inintelligence définitive de celui qui résiste.

Ce parcours-là est au fond banal. S'il est un coupable, faut-il que ce soit l'usager du savoir ? Ne serait-ce pas plutôt celui qui lui a fait croire en un savoir tout-puissant et lui a tu les précautions d'un usage et les limites de la théorie ? La volonté de maîtrise ne rencontre que trop souvent sa validation sur la scène universitaire, ou tout au moins un silence qui la laisse en l'état. L'Université a certes pour fonction de transmettre le savoir acquis. Mais, lorsque s'adressant à des hommes et des femmes qui, dans leur métier, sont confrontés à l'autre humain, elle omet d'évoquer les abus possibles du savoir, n'est-ce pas de manque d'éthique qu'on devrait parler ? Un enseignant, plaide-t-on, dans la réalité contraignante de sa pratique quotidienne, quand il est pris dans l'urgence d'une action qui impose sa loi, en oublie « le savoir psy ». Pour quel résultat ? Voilà les théories d'un côté, la pratique de l'autre, partage schizophrénique qui n'apporte aucun dégagement : ni la science ni l'intelligence ne l'emportent, et un praticien est laissé à lui-même, sans repérage opérant, sans intelligibilité effective de son acte.

Dans son rapport au savoir, à sa construction et son usage, un enseignant est plus proche sur bien des facettes de son métier de la position d'un psychanalyste que d'un chercheur en sciences humaines. Mais, dira-t-on, n'est-il pas imprudent de demander à celui qui revendique la maîtrise dans un métier que l'on assure relever de l'orthopédie, de faire le deuil d'un savoir tout-puissant ? Paradoxalement, comme un enseignant refuse parfois toute confrontation aux sciences humaines parce qu'il se sent incapable d'en faire un usage immédiat, inscrire cette incapacité comme constitutive de sa pratique et démystifier le savoir, souvent lui en rend possible l'accès.

CHAPITRE III

Enjeu d'une transformation

Dans la profession d'enseignant, d'éducateur, ou dans toute profession en contact avec un enfant, la rencontre tourne autour d'une évolution souhaitée par l'adulte. Il s'agit de trouver les moyens pour que cet enfant évolue, qu'il quitte ce qui le handicape, qu'il consente à apprendre s'il s'y refuse, qu'il parle s'il est muet, qu'il se calme s'il est trop agressif ; qu'il ne vole plus, ne mente plus, que l'addition ne lui soit plus imperméable, qu'il change sa manière de s'y prendre. Qu'il sorte de sa position autodestructrice, qu'il soit envers lui-même plein de prévenances et accède au bonheur dont il se prive.

De l'extérieur, le scénario est simple : la transformation de l'autre dépend d'une rencontre médiatisée par une technique pédagogique ou autre. Un adulte est plein de bonne volonté : « L'image en déficit qu'un enfant présente, je me fais fort de la tourner en positif. Je souhaite qu'il change. C'est mon vœu le plus cher. Dès lors, je m'investis, m'engage dans une relation d'amour, je suis patient. Je comprends que l'enfant bute, alors je répète, sermonne gentiment et le punis quelquefois. Je lui parle, lui demande pourquoi, l'enjoins de recommencer. Ne suis pas chiche du temps que je lui consacre. Parfois, quand il s'entête à ne pas avancer, je me fâche et punis encore. J'en viens alors aux sarcasmes. Un rapport de forces s'instaure. La patience s'émousse, l'énervement grandit. »

1. MOYENS A DISPOSITION

Un enfant se dérobe, s'obstine. Rien de ce qu'il fait n'est cohérent. Il faudra bien qu'il change. Reste à trouver les moyens adéquats. La difficulté éprouvée appelle un remède, avec à chaque fois à l'œuvre une conception de comment permettre qu'elle cède. Trouver l'outil adéquat, tel est l'espoir.

« Miracles pour conte de fées »

L'hypnose avec la suggestion fut le premier de ces remèdes miraculeux. Un mouvement en faveur de l'enfance en perdition se développa voici quelque cent ans. Nous sommes à Nancy, en l'année 1886 exactement. Pour la première fois, Edgard Bérillon, inspecteur d'académie, fondateur de l'Ecole de psychologie à Paris et directeur de la *Revue de l'hypnotisme,* « soulève la grave question de l'emploi de la suggestion comme moyen d'éducation »[1]. C'est à cette pratique dont on n'hésite pas à faire une nouvelle science, que Bérillon propose de recourir, en cette année 1886, devant les participants d'un congrès d'hypnotisme. Le débat est ouvert. Marion pose la question : « ... Si le Dr Voisin a pu, par suggestion hypnotique, transformer une malade de vingt-deux ans, voleuse, prostituée, brutale, ordurière, paresseuse, malpropre et incorrigible, en une personne obéissante, soumise, honnête, laborieuse et propre ; si le Dr Liébault a pu avec un plein succès suggérer à un collégien de la pire espèce de devenir docile et ardent au travail, à un idiot de devenir attentif, etc., pourquoi n'essayerait-on pas d'appliquer, "sous la direction d'un médecin compétent et exercé", l'hypnotisme comme moyen pédagogique ? »[2]

C'est qu'en cette fin du XIXe siècle, ils sont déjà là, les énurétiques, les jaloux, les violents, les cruels, les menteurs, les dissimulateurs, les rusés, les indisciplinés, mais aussi les indociles, les paresseux, les impulsifs, les récalcitrants, les méchants, les tiqueurs, les encoprésiques, les habitués au vice, les masturbateurs, les mauvais élèves, les

1. E. Bérillon, *Revue de l'hypnotisme expérimental et thérapeutique,* Paris, 1886, p. 66.
2. M. Marion, Analyse de l'ouvrage de E. Bérillon, *La suggestion en pédagogie, Revue de philosophie,* Paris, 1887, p. 184.

rongeurs d'ongles, ceux qui ont peur la nuit comme le jour, les bégayeurs, les simulateurs, les idiots, les fous... Tous enfants difficiles, jeunes gredins, polissons dangereux, ou vicieux de l'âme et du corps. Ils sont là, ces enfants grandis de travers. Malgré les coups, ils résistent. Les adultes dénoncent leur amoralité, les enferment, les exilent. Quelque chose doit être tenté. La suggestion ne serait-elle pas un « moyen d'éducation » ? L'hypnose ne pourrait-elle être utilisée en tant qu' « agent moralisateur » ?

Les suggestionneurs proposent de renoncer au châtiment ; ils détiennent un outil plus efficace : « ... L'enfant est somnolent, son esprit vacille, sa volonté lui échappe. Nous le désarmons sans l'anéantir ; nous le privons de ses éléments de résistance. Nous ne voulons pas substituer notre volonté à la sienne, mais l'amener à penser comme nous, à partager nos idées. Loin de détruire en lui le sentiment de la responsabilité, nous rendons ce sentiment plus vif. »[1] Il devient pour eux évident que l'hypnose et la suggestion doivent être employées comme thérapeutique pour les enfants déjà déviés. Mais ces outils pourraient également être appliqués systématiquement à l'éducation, pour éviter tout viciation : « ... Nulle résistance de la part de cet esprit abattu qui écoute inconsciemment la voix douce, insinuante, caressante, paternelle, mais en même temps ferme et incisive. »[2] Le projet n'a rien de scandaleux, puisque les adultes reconnaissent que l'éducation naturelle, celle d'une mère en tout premier, recourt sans autre forme de procès à la suggestion et à l'hypnose. Le prototype en serait en effet le « couchage », avec toutes ses procédures d'endormissement dont une mère use sans le savoir. Puis viennent, après elle, le maître et le prêtre. Les suggestionneurs ne font que conseiller une plus grande systématique. Ils soulignent qu'un enfant a sur un adulte l'avantage d'être très facilement suggestible, extrêmement malléable.

Pour les suggestionneurs, il est moins question de comprendre que d'agir. A sa naissance, l'enfant a en lui des germes bons et mauvais. L'éducation doit développer les uns et déraciner les autres. C'est à l'enfant qu'incombent les désordres de son grandir. Le langage usité est sans fard. Il s'agit de « dresser », « redresser », « adapter » ; de transformer et de maîtriser. On parle d'orthopédie morale et intellectuelle. Nul

1. F. Hément, Intervention après l'exposé de E. Bérillon. Application de la suggestion à la pédiatrie et à l'éducation mentale des enfants vicieux ou dégénérés. Ier Congrès international de l'hypnotisme expérimental et thérapeutique, tenu à l'Hôtel-Dieu, du 8-12 avril 1889, *Revue de l'hypnotisme*, 1889, p. 179.

2. F. Hément, Hygiène et médecine morales, *Revue de l'hypnotisme*, 1887, p. 166.

ne semble vouloir cacher que le rapport à l'enfant est basé sur l'autorité, le pouvoir et l'influence. Il s'agit, avec l'hypnose et la suggestion, de forger un être moral, altruiste et équilibré. Les suggestions discutées avec les parents sont transparentes, par exemple, celle d'être « sage ».

L'aventure ne rencontra toutefois pas le succès escompté. Les parents résistent à laisser hypnotiser leurs enfants. Des oppositions philosophiques et scientifiques se font immédiatement jour au nom des droits de l'enfant et du respect de sa personnalité. « D'après le dire des pédagogues de l'hypnotisme, pour faire de ces enfants des hommes d'une excellente moralité, on réclamera dorénavant l'hypnotiseur. Il suggérera à l'enfant d'être à l'avenir bon et obéissant, jusqu'à ce que la qualité souhaitée soit suffisamment fixée dans son caractère. En cas de rechute, on reprendra la cure suggestive »[1], ironise le psychologue allemand Wilhelm Wundt, dénonçant les « fantômes d'une science devenue folie ».

Sandor Ferenczi, quant à lui, qualifie la thérapeutique par l'hypnose et la suggestion de « véritable miracle pour conte de fées », de « procédé merveilleux »[2] qu'à chaque génération éducateurs et thérapeutes reprennent pourtant à leur compte, espérant ainsi venir à bout des difficultés de l'enfance. Entre l'éducation et les procédés hypnotiques et suggestifs, il y aurait un lien naturel. Toute éducation convoquerait ces procédés « cosmétiques » — l'expression est de Freud —, pour engager un enfant dans la vie de la normalité et de la moralité. Ferenczi reprend le parallèle entre éducation et hypnose pour le dénoncer. Il écrit en 1931 : « Que les enfants soient influençables, qu'ils aient tendance à s'appuyer sans résistance sur un "grand" dans les moments de détresse, qu'il y ait un élément d'hypnose dans la relation entre enfants et adultes, c'est un fait indéniable dont il faut s'accommoder. »[3] Cela étant, il cherche à comprendre l'origine de cet élément : si un adulte y recourt, c'est qu'il aurait subi, enfant, une pression analogue qui a fait de lui un être docile, qui cède à la tendance universelle à l'obéissance aveugle et à la confiance inconditionnelle.

Comme l'hypnotiseur face à son patient, un adulte vis-à-vis d'un enfant aurait deux armes à sa disposition : l'intimidation et la tendresse[4].

1. Cité par E. Prévost, *L'enfance difficile ou coupable. Le traitement pédagogique. L'hypnotisme peut-il être un moyen d'éducation ou de rééducation ?*, Paris, Plon, 1911, p. 68.

2. S. Ferenczi, Suggestion et psychanalyse, *Psychanalyse*, vol. 1, Paris, Payot, 1990, p. 234.

3. S. Ferenczi, Analyse d'enfants avec des adultes, *Psychanalyse*, vol. 4, Paris, Payot, 1993, p. 105.

4. S. Ferenczi, Transfert et introjection, *Psychanalyse*, vol. 1, *op. cit.*

Pour Ferenczi, l'intimidation, c'est l'hypnose paternelle : usant de son autorité morale, on provoque la crainte, on prodigue ordres et conseils d'une voix qui impressionne, on exige une foi totale en son infaillibilité. Quant à la tendresse, c'est l'hypnose maternelle qui englobe séduction, bienveillance et infinie tendresse. Pour assujettir un adulte ou un enfant, il faudrait jouer sur les deux registres, alterner les paroles douces et caressantes, avec les paroles sévères et répressives. Par la suggestion directe d'une telle moralité extérieure, on contraint ainsi en dépendance, en obéissance. Les résultats sont affligeants, ils ont pour prix la souffrance et la détresse de l'être humain, souligne-t-il. La puissance de l'éducateur est grande. Ferenczi en décrit les nuisances, il refuse de se taire à propos des abus de pouvoir d'un homme sur son semblable. Il met en lumière l'empire d'un adulte et les couleurs de la relation qui le lie à un enfant ; l'aberration de certains actes d'éducation, la souffrance d'un enfant exposé à des traumatismes exacerbés par le silence ou les maladresses des adultes ; d'où le devoir, pour lui, d'imaginer une éducation et une thérapeutique qui évitent ou pansent les blessures.

Ferenczi ne cesse de l'écrire : hypnose et éducation s'attachent à corriger, dresser, maîtriser. Il le déplore, espérant de la psychanalyse qu'elle instaurera une autre éducation, une thérapeutique différente. La thérapie analytique pourrait-elle à son tour se substituer au procédé pédagogique nocif ? La perspective fut, un temps, elle aussi envisagée, avant que l'on ne renonce, avançant que la thérapie n'advient qu'*après* qu'une éducation a eu lieu et qu'elle ne la remplace en aucune façon. Même si éducation et thérapie sont confrontées à la même question — comment permettre à l'autre de poursuivre son chemin ? —, les moyens de l'un ne seraient pas forcément les moyens de l'autre.

Reste dénoncés les recettes ordinaires de la transformation. Hypnose, suggestion, séduction, violence, peut-on s'en priver pour permettre à un enfant de dépasser là où il est retenu ? Ces procédés ne sont nullement d'anciennes reliques. Nous les conjuguons à notre manière aujourd'hui encore.

Croyances familières

Les métiers qui n'ont pas comme objectif d'être thérapeutiques croient aussi détenir les moyens de transformations ; des outils, des véhicules, dont on pense qu'ils feraient effet, que l'on emploie instinctivement. On ne manque pas, un jour ou l'autre, d'éprouver le sentiment qu'une aide est nécessaire. Devant cet autre qui paraît blessé, angoissé, mal dans sa peau, délaissé, agité, passif ou abandonné, on ne peut rester indifférent. On se lance avec ce que l'on sait, en toute générosité. Amour, punition, explication, volonté sont épelés au présent.

La croyance en l'efficience de la relation « d'amour », nous la trouvons déjà formulée au XIXe siècle par tous ceux qui étaient en charge de rééducation. « Il faut faire en sorte, disaient-ils, que l'enfant s'attache à nous pour qu'il s'amende, pour qu'il devienne meilleur. » Alors on oscillait entre amour et sévérité, entre bonté et dureté. Aujourd'hui, quand les enseignants en formation sont interrogés sur ce qui permet, avant tout, à l'autre de se transformer, ils répondent spontanément qu' « il suffit de l'aimer ». L'amour sait réparer ; attention, gentillesse, générosité, disponibilité, élection, compréhension, présence soutenue, don de soi, il est ce qui entretient « une relation privilégiée » ou s'exemplifie dans la « relation duelle », image transposée au plan professionnel de l'amour d'un parent pour son enfant. Le processus espéré serait celui-ci : « Je m'attache à lui, parce que sa souffrance m'émeut, il s'attache à moi parce qu'il en a besoin. Je réponds à sa demande et il va mieux. Je l'investis, il m'investit, nous nous aimons. » Qu'y a-t-il là de répréhensible ? L'amour, l'investissement duel, même amendés, ne semblent pas poser, dans l'espace institutionnel, de problème. Ferment de la relation à l'autre, c'est de leur bon dosage qu'ils tiendraient leur pouvoir réparateur. Toucher à ce credo, c'est ébranler les fondements d'un métier, même si celui-ci s'est au fil du temps professionnalisé.

L'amour n'est cependant pas le seul secours. Pour mettre fin à un comportement déplaisant, on l'avoue, il n'y a parfois que la punition. Pendant longtemps, le châtiment corporel était, monnaie courante, un outil d'éducation et de transformation, légitimé par l'idéologie éducative. S'il passe de nos jours pour de la sauvagerie, il reste à l'adulte toute une panoplie de punitions, notamment verbales et psychiques : l'exclusion, le retrait d'amour, les paroles blessantes, la retenue, la menace de supprimer une distraction, etc. On y recourt toujours. C'est un mal nécessaire : « J'ai dû le punir et bien m'en a pris, le voilà assagi. Voyez, la leçon a servi ! » La justification de la punition a des couleurs comportementalistes : « Si tu as mal, tu éviteras de recommencer ; corrige-toi d'abord, si tu veux être à nouveau autorisé à t'amuser. » Ce raisonnement est parent du dressage animal. Ce qui avant était exprimé sans fard et sans honte, est aujourd'hui plus dissimulé, mais le mécanisme, en son fond, opère toujours tel que sommairement décrit. Si le discours de l'amour a pris le pas sur celui de la punition, certains regrettent amèrement de voir la sanction désavouée, et ne s'en privent pas.

De l'émergence de nos sciences humaines et de leur diffusion, l'explication rationnelle est un des autres moyens entrevus qui pourrait s'énoncer comme suit : « Il faut faire prendre conscience à un enfant pourquoi tel ou tel comportement est mauvais et doit être remplacé. » On l'interroge, lui fait comprendre le fondement de notre exigence. On le « conscientise », en appelle à son discernement. Sa paresse, son « je m'en foutisme », son inattention, son chapardage, sa violence et bien d'autres défauts répertoriés depuis la nuit des temps ne sont pas raisonnables. A la contrainte, on substitue l'explication. On espère que le fautif se ralliera à nos arguments, quittera sa position problématique. Un enfant en difficulté attire dès lors non seulement le regard des adultes mais il déclenche surtout leurs questions : la kyrielle de leurs « pourquoi »[1]. Pourquoi ce comportement, ce retard, ces mensonges, ces cachotteries, dis-moi pourquoi ? Il doit répondre, on l'y oblige. S'il se tait, c'est de l'arrogance. Il ne peut même pas dire qu'il ne sait pas puisque l'adulte, qui l'interroge, suppose qu'il connaît la réponse : il serait pris en faute de non-savoir. Alors il invente, il rationalise, il avance n'importe quoi. Il ne peut décevoir l'adulte qui exige un motif, une justification. L'interrogatoire

1. B. Bettelheim, *Dialogue avec les mères,* Paris, Laffont, 1976, p. 34.

vient à la place du dialogue. Il fait intrusion dans l'intimité de l'enfant. Si on inversait les rôles, on sait bien qu'on ne chercherait qu'à fuir et qu'on trouverait rarement pour soi-même d'explications à ses comportements bizarres.

Reste alors la volonté, inamovible support de la transformation. L'expérience psychanalytique a rendu caduque la représentation d'un sujet conscient, que son intelligence rendrait maître de ses actes. Pourtant cette image persiste lorsqu'on croit pouvoir obtenir de quiconque qu'il évolue, en faisant appel à sa volition, à sa bonne volonté, en l'y exhortant ou même en lui ordonnant : « Tu devrais, tu ne devrais pas, tu pourras, il te faut. » Le recours à la volonté — une relique de croyances thérapeutiques antérieures à la psychanalyse — a la vie dure. Aujourd'hui encore, c'est la ressource première lorsqu'on amorce une relation d'aide.

2. IMPÉRATIFS

La description de l'autre en souffrance est donc en corrélation étroite avec notre désir de transformer. Dans l'enfance, se transformer se conjugue avec grandir qui suppose une véritable mutation. Dès qu'il dévie de ce qu'on entend être la norme, notre acte vise à le réintroduire sur le chemin prévu, balisé pour lui. Cette volonté, les hypnotiseurs l'exemplifiaient, les tenants de la « pédagogie noire » également. Leurs agissements, leurs harangues nous font frémir. Nous condamnons leurs excès, leur idéologie plaquée sur l'enfant. Mais qu'en est-il de nous ?

Orgueil

Avant de vouloir transformer un autre, au lieu d'être agacé par ce qu'il est, qu'un adulte s'interroge d'abord sur l'origine de ses craintes, afin d'apprécier si elles le concernent, lui, ou l'enfant dont il prend soin. Nous ne voulons pas parler des appréhensions fondées mais des tracas que donne un enfant solitaire dont on voudrait qu'il soit sociable, ou un enfant dont on aimerait qu'il ait la langue plus déliée. Que le chahuteur se tienne tranquille, que le rêveur soit un peu plus remuant : on trouve toujours à redire. Pour être dupes de nos projections, nous ne percevons pas la vanité de nos doléances.

Il est cependant une prétention tenace chez l'adulte : réussir à « sortir » un enfant de là. Notre narcissisme et notre technique sont mis à l'épreuve, et lui devient l'objet d'un enjeu technico-personnel. C'est davantage notre réussite qui importe : orgueil pédagogique selon Freud, suscité par la présence, à l'arrière-plan, d'une rivalité. « Un autre adulte a échoué, je vais lui montrer de quoi. » Rivalité imaginaire où l'on se dispute un être en souffrance. Sa réussite — si réussite il y a — sera mise à notre actif. Son échec — c'est-à-dire sa désobéissance —, c'est à lui seul qu'il le devra. S'il s'avise de nous résister, ce sera le rejet, appuyé par des paroles qui le confondront en culpabilité. Psychologues, enseignants, thérapeutes connaissent tous ce mécanisme : aux autres la tare, la responsabilité de l'échec ; à eux la possibilité d'une réussite. Rares sont ceux qui n'y ont pas un jour ou l'autre cédé. Rares sont ceux qui ne sont pas entrés en concurrence, convaincus de leur omnipotence.

La psychanalyse enjoint de renoncer à vouloir transformer un autre. Mais ce renoncement n'est jamais au commencement. Animés d'un désir d'aider, on est toujours tentés de le mettre en acte. Il n'est personne qui ne se reconnaisse pour mission d'avoir à se porter, dans la rencontre, au secours d'un autre en détresse. L'aide et l'amour figurent parmi les attributs les plus plébiscités, en début de carrière. Aucune ambivalence. Pourtant, c'est bien à dévoiler les dessous de l'aide que l'on peut libérer la relation à l'autre de ses scories destructrices.

Ombre

Rien que de très banal dans cette constatation : on veut aider. Peut-on imaginer, de but en blanc, qu'on pourrait rester indifférent, qu'on pourrait se commettre à détruire quand ce qu'on cherche, c'est construire ? L'altruisme, la générosité dont on déborde, peuvent, pour paraître naïfs, prêter à sourire. Mais que dirions-nous de celui qui formulerait tout de go qu'il est là pour gagner son pain, que le principal c'est de ne pas s'en faire, surtout qu'on ne lui en demande pas trop ? Il serait mal venu d'ironiser sur le discours attendu, sur le manque de recul dont il témoigne. On aurait tort de s'échauffer lorsqu'on entend porter l'aide au pinacle de la relation à l'autre. Il importe cependant de penser cette générosité, entrevoir ses limites et ses perversités. Tout métier de l'humain est contraint à pareille démarche, à débusquer l'ombre derrière la lumière, l'intéressement derrière l'altruisme, l'égoïsme derrière la générosité, le narcissisme derrière le don.

Quand on est dans une démarche d'aide, on sert à quelque chose ; on ne doute plus de son utilité : « L'autre n'a-t-il pas besoin de moi ? Me dévouant, me sacrifiant, je me mets entre parenthèses. Je panse les plaies, alors que je pourrais égoïstement ne penser qu'à moi. Je suis tout à lui, et je me sens bien. » Comme on aime cette image de soi. « Mon aide, je l'adresse à un autre en détresse, je suis donc du bon côté de la barrière. Sa souffrance me détourne de mes soucis. Elle est une sorte de remède à la mienne. Elle m'aide à vivre, sans avoir à me confronter à moi-même. Au fond, il m'aide à m'aimer, l'assistance que je lui porte me rend meilleur. » Si bien qu'on ne sait plus vraiment qui de soi ou de lui en recueille le plus grand bénéfice. « Je donne, je me consacre à lui, je me surpasse. Je pourrais me contenter de remplir la tâche qui m'est demandée, mais non, pour lui que je sens malheureux, je vais au-delà de mes attributions. Je réclame alors sa reconnaissance, sa gratification, d'être payé en retour.

S'il ne m'obéit pas, s'il ne progresse pas, il n'est qu'un ingrat. » Notre générosité trouve sa récompense dans sa soumission à nos vœux. S'il fait le fier, s'il ne dit pas merci, s'il ne change pas, s'il vous tourne le dos, il a bien mérité qu'on se retire. On ne peut lui pardonner, après tout ce qu'on a fait pour lui. Après l'amour : le rejet. Place à la déception, au ressentiment. On le poursuit de son dépit.

« Puisqu'il est démuni et que je possède ce qu'il n'a pas, je le tiens en mon pouvoir, je pense à sa place, je sais mieux que lui ce qu'il doit faire et le lui ordonne. Il n'est plus qu'un objet entre mes mains, qui devrait devenir, pour son bien, très exactement ce que je veux. S'il s'incline, je suis pénétré de mon importance, une importance que j'asseois en allant au-devant de ses désirs. » Et pour garder par-devers soi la fierté de son influence, on le cloue en impuissance. Celui qui a pour fonction d'aider en acquiert ainsi un pouvoir discrétionnaire. Il peut, dans son métier, actualiser son désir de puissance. Son geste le protège, il masque son pouvoir derrière l'abnégation : « Voyez comme je m'occupe de lui qui est en si piètre position. » Dès lors, ce qui relève des abus, on ne veut rien en savoir. On veut ignorer qu'il peut en faire les frais, on peut toujours s'en justifier. On a pour lui la bonté, on fait le bien. Rien de plus pervers parfois quand on y trouve argument pour se laver de ses violences, pour se dispenser de s'interroger sur ses actes, pour ne pas mettre à la question ses mobiles, ses intentions. Pourquoi s'y résoudre quand il n'y a que le bon en soi ? Le mauvais, on s'en est déchargé sur l'autre. C'est ainsi qu'en toute innocence, on commet bien des méfaits, dont on ne voit même pas l'impact. Tant on est muré dans son bon droit ; tant on est convaincu d'être altruiste. Loin de soi l'idée d'être comme l'autre, ni bon ni mauvais.

Par notre aide on voudrait qu'il s'en sorte : « C'est ce que je clame, c'est ce qui oriente tous mes actes. Pourtant s'il va mieux, s'il vient à ne plus avoir besoin de moi, s'il donne le signal de la séparation, j'en prends ombrage, je ne vais plus très bien, je déprime. J'ai le regret du temps où il était démuni, où j'étais à ses côtés. Je continue de le souhaiter vaillant mais je ne peux faire taire le désarroi où m'a jeté son essor. Mon but est bien qu'il se passe de moi, mais son départ me met en danger. Que vais-je devenir s'il me quitte ? S'il me laisse au vide de moi-même, lui qui remplissait et mes heures et mon esprit. » On espère secrètement qu'il rechute : son impuissance et son attachement nous seraient-ils devenus indispensables ? Nous créons sa dépendance, mais parfois ne l'assumons pas : « Il a besoin de moi, et j'aime cela, car je me sens vivre pour quelque chose. Mais si sa dépendance devient trop lourde, s'il s'accroche, s'il veut encore, s'il multiplie ses exigences, alors je proteste, car je ne l'assume que dans la mesure où elle reste dans les limites que j'ai moi-même tracées. Si je m'aperçois qu'elle m'entrave, je m'enfuis, je romps. J'invoque moult rationalisations : il m'accapare, d'autres ont besoin de moi ; il dépasse les bornes (des bornes qu'on avait précisément tues). » Alors on s'en dessaisit en le remettant en d'autres mains, on passe le témoin à un relais préposé à son sauvetage.

Suivant la fonction qu'on occupe, on a un pouvoir immense sur lui, pouvoir que nous donnent la loi, les règlements de l'amener à faire ce qu'ils ont prévu sans lui. On ne comprend pas ses révoltes, ses faux-fuyants, ses défenses, ses résistances. On ne comprend pas ses échappatoires et ses mensonges. On veut l'aider, lui en personne, en oubliant que notre fonction l'assujettit à notre bon vouloir. Cet oubli nous aveugle sur notre désir de suppléer à ses incapacités : « Je veux établir avec lui une relation de personne à personne. Je veux qu'il me fasse confiance. Et il ne cesse de se défier, de se protéger, de me raconter des fables comme pour se couvrir. Ou, quand j'y ai réussi, quelque chose ressurgit tout à coup chez lui qui trahit mes efforts : il ne me fait plus crédit, il saccage notre entente. » En privilégiant la relation de personne à personne, on ne veut pas voir que l'aide institutionnalisée comporte des violences qu'il est vain de dénier.

J'ai, dans ce qui précède, noirci les traits cachés de l'aide, grossi les risques, accentué les zones d'ombre. J'avais déclaré mon intention : interroger, démonter la croyance selon laquelle la générosité serait sans ambivalence, qu'il est « naturel » de vouloir venir au secours de son prochain. Les doutes instillés « aideront » peut-être à déboucher sur une relation, non pas exempte de nos perversités humaines mais en recherche de fiabilité, de constance ; une relation allégée des éléments de projection de ce qui nous appartient et qui soit une présence où on trouve à continuer son chemin. A chacun d'agir avec la plus grande circonspection, pour ne pas se laisser emporter dans les travers de l'aide.

Guérir n'est pas la vie[1]

Sous la volonté de transformer, une certitude : l'autre ne veut rien tant que « guérir » ; ça serait facile, il suffit de peu. Il doit vouloir laisser tomber ce qui lui fait mal, et notre volonté qu'il s'en débarrasse devrait forcément l'aider. Il existe un présupposé tenace qui entraîne bien des incompréhensions : on serait « programmé » pour fuir sa douleur ; son symptôme, chacun n'aurait qu'un désir : le quitter. Cette certitude découle de l'image d'un humain préoccupé surtout de son bonheur, d' « être bien dans sa peau ». Qu'il puisse ainsi souffrir est inconcevable. Le clivage entre bon et mauvais, le malaise où plonge l'ambivalence font obstacle à la compréhension des raisons qui peuvent l'amener à s'accrocher à sa douleur, faire tourner sa vie autour d'elle, même s'il laisse croire aux quatre vents qu'il voudrait changer. Il lui serait si facile de s'en extraire, du moins c'est ce que l'on pense autour de lui. Il n'aurait qu'une seule envie : abandonner ce qui le fait souffrir ou fait souffrir les autres ; pour être tranquille, pour être conforme, pour être heureux, pour réussir là où il est en train d'échouer. De l'extérieur,

1. R. Gentis, *Guérir la vie*, Paris, Maspero, 1974.

on raisonne toujours de cette façon, oubliant que pour soi, il n'en est pas nécessairement ainsi. C'est un curieux malentendu. Chacun connaît pourtant combien une douleur peut structurer sa vie. Chacun sait qu'une souffrance n'est pas sans bénéfice secondaire. Nul n'ignore que la norme n'est pas la vie, qu'on peut tenir à sa maladie, qu'elle peut donner la seule identité qui vous soit reconnue, même si on s'en plaint. De la résistance à la « guérison », beaucoup de témoignages font foi. Freud s'y est heurté, la qualifiant de « réaction thérapeutique négative »[1]. Dans sa clinique, il a constaté, chez des patients sur le point de quitter le symptôme pour lequel ils avaient consulté, une recrudescence du mal, précédant alors la rupture de la relation thérapeutique. La psychanalyse, disaient ces patients, était bien incapable de les aider. Aussi avaient-ils décider d'aller chercher ailleurs. On peut sans peine imaginer la suite.

On ne « guérit » pas le psychisme comme on guérit le corps. En particulier, « soigner » des enfants dont nous avons vu que les maux prenaient place dans une dynamique familiale, requiert la plus grande prudence. La disparition du symptôme peut bouleverser un équilibre construit préventivement à de plus grandes catastrophes. Un équilibre que la guérison de la maladie psychique ou somatique vient menacer si bien qu'elle n'est pas accueillie comme une libération, mais comme quelque chose d'angoissant. Le symptôme protège. Son commerce le rend familier, on s'y réfugie pour esquiver une réalité inacceptable, pour fuir les contraintes. Il garantit parfois contre le pire. Il est fort utile également pour attirer l'attention, la sollicitude, pour coloniser toutes les énergies des proches. Aller mieux est hasardeux. Si on réussit à dépasser ses difficultés, l'intérêt dont on est entouré ne va-t-il pas se dissiper ? Quand on prend le risque de se rétablir, c'est l'instant le plus périlleux. Si vient à manquer une pré-

1. S. Freud, *La technique psychanalytique,* Paris, PUF, 1967.

sence sur laquelle pouvoir tabler jusqu'à ce qu'on puisse s'en aller de soi-même, on peut inconsciemment préférer...

Tout être humain est le principe de son évolution : une autre vérité d'évidence qui ne peut être contournée. On n'obtient rien de lui s'il n'y consent. Il ne peut guérir psychiquement contre son gré ou à son insu. S'il veut se débarrasser de son bouclier protecteur, il est tenu — avec toute l'ambivalence qu'inéluctablement cela comporte — d'être partie prenante de la démarche qui peut le lui faire espérer. La souffrance étant devenue trop présente, il souscrira au processus qui lui permettra peut-être de s'en délester. Par contre, s'il ne se sent pas mal, s'il ne voit pas en quoi il aurait à changer, il résistera à toute entreprise. Sans la participation active d'un sujet, il n'y a pas d'espoir quant à l'issue du travail dont l'ambition est de le dégager des conduites répétitives. Telle est le fondement de tout traitement psychique. Pour un adulte, ce n'est pas de tout repos. Et pour un enfant encore moins : ses symptômes importunent souvent davantage les adultes que lui-même. Lorsqu'on force un enfant à se soumettre à un traitement, alors qu'il n'en comprend pas la raison et qu'un thérapeute échoue à nouer avec lui la relation qui lui permettrait de découvrir que cette démarche le regarde, on lui fabrique des résistances si fortes qu'aucune approche de ce type ne sera plus jamais acceptée. Et ce sera évidemment à ses dépens.

On fait un geste, on utilise une technique, on prend un parti. Des effets qu'on observe, on déduit naturellement que c'est ce geste, cette technique, ce parti pris qui sont à l'origine de la transformation. On a découvert, croit-on, une thérapeutique. On l'éprouve en d'autres circonstances et, si ça ne marche plus, c'est que l'autre est « récalcitrant ». Mais notre méthode, nous continuons de nous y fier. Comme le Dr Paul Dubois, vivant à Berne à l'époque de Freud, n'a jamais cessé de se fier à la sienne. Le docteur imputait les symptômes des personnes malades à leur manque de volonté, à leur intelligence limitée. Pour les guérir, disait-il, il faut les entraîner à des exercices logiques, fortifier leur raison. Il eut un certain succès, ce qui le renforça dans son explication de la maladie et des causes de sa réussite. Claparède ne l'a pas suivi. Il écrivait : « Il faut, sans doute, mettre au compte de la croyance (non raisonnée) bien des résultats qu'il attribue à la logique. » Il concluait : « La confiance, voilà le véritable levier du psychothérapeute. »[1] Ce qui signifie que le mieux-être des patients de Dubois était davantage dû à leur croyance dans ses talents de guérisseur qu'aux exercices proposés, à l'appel de la raison.

L'épistémologie de la thérapeutique l'établit : les agents de la guérison, ce sont la personne du thérapeute et la foi du patient en sa capacité de le tirer de là. C'est ainsi que s'expliquent de nombreux succès. Nous comprenons mieux aussi pourquoi souvent des nouveautés thérapeutiques — du moins présentées comme telles — ont une efficacité plus grande, par l'attrait et la foi qu'elles suscitent. Nous le savons également, la transformation obtenue l'est dans la relation instaurée entre un patient et un thérapeute. Si cette relation vient à se troubler, à s'effriter, les symptômes réapparaissent. En matière psychique, il est toujours aventureux de désigner la cause d'une « transformation » à laquelle bien des facteurs insoupçonnés coopèrent. Ceci devrait engager à apporter plus de réserve dans nos raisonnements, à ne pas céder trop rapidement à la croyance d'avoir déniché l'outil miracle.

Thérapeute ? Pourquoi non

« Je » ne suis pas extérieur à lui ; lui n'est pas seulement en défaut ; il n'y a pas de coupable qu'on puisse désigner immédiatement. Une difficulté, ça dérange, ça grippe, ça angoisse, mais ça dit quelque chose. A cette difficulté, pas de causalité

1. E. Claparède, Compte rendu à propos de Dubois, *Les psychonévroses et leur traitement moral, Archives de psychologie,* Genève, 1906, p. 69.

simple. Reste à se demander s'il est du ressort d'un enseignant dans sa classe de se préoccuper de ce curieux grandir de tel ou tel de ses élèves ?

Aujourd'hui, où en sommes-nous ? Le contre-transfert négatif des thérapeutes à l'égard de l'éducateur ou de l'enseignant semble toujours de mise, avec la fascination et le rejet qu'il entraîne. On continue à leur dire, aux parents comme aux enseignants, qu'ils s'y prennent mal, qu'il faudrait qu'ils se préoccupent « des tréfonds de l'âme », qu'ils acceptent le savoir des autres. Rivalité, rejet, fascination, désir d'être comme, coopération difficile, agressivité, refus continuent à envahir les lieux, et des livres entiers se proposent de « faire comprendre ». Les plaintes semblent toujours courir et la formation être aussi mauvaise.

Face à l'école, la présence de « thérapeutes » peut aujourd'hui fonctionner comme un alibi, emplâtre sur un membre malade qui évite qu'il ne se soigne vraiment, puisque quelqu'un d'autre prend en charge. La division semble claire : l'enseignant enseigne ; si l'enfant éprouve une difficulté, quelqu'un d'autre s'en occupe, spécialiste en thérapeutique. De ce fait, le rapport entre le métier d'enseignement et ces métiers thérapeutiques est souvent ambivalent : « Ils me soulagent, mais ils sont également mes rivaux et mes juges ; je reste en jalousie de leur pouvoir et de leur savoir-y-faire. » Certains enseignants répondent toujours à la dévalorisation de leur fonction par une idéalisation des autres métiers et une fascination du thérapeutique : eux aussi aimeraient avoir — ce qu'il considère comme un privilège — des conditions plus favorables de rencontre avec un enfant, sans ces contraintes, ces déterminations supplémentaires qui leur semblent grever leur métier.

Nous ne changerons pas la présence de ces métiers thérapeutiques en bordure de l'école. Ce qui peut être en revanche transformé, c'est leur rapport avec elle : ils n'ont pas à fonctionner comme décharge commode. Leur présence n'est pas cet alibi qui épargne les métiers de l'école d'interroger leur pratique. Pour déjouer la fascination vis-à-vis du thérapeutique que je tiens pour en partie fabriquée, reconsidérons plutôt le métier d'enseignant dans ses possibles et également ses impossibles. Inutile par exemple de dénier au pédagogue qu'il puisse être, pour un enfant, bénéfique. La pédagogie peut avoir un effet thérapeutique, dans le sens où elle permet à l'un ou l'autre de devenir, là où quelque chose est resté « gelé ». Laisser entrevoir cela, en restant dans le cadre de l'acte pédagogique, autorise qu'on s'y attache, sans prétendre en sortir pour être « comme » le thérapeute. Il existe des dispositifs, des positions pédagogiques, qui rendent parfois possible que ça grandisse, que ça apprenne, et qui ne sont pas pour autant le fait de « réparateurs » ou de « thérapeutes ». Des procédures pédagogiques peuvent se révéler thérapeutiques, non par la volonté d'un enseignant mais parce qu'un enfant vous l'indique : il a pu utiliser quelque chose — dont on ne saura jamais exactement quoi — pour poursuivre son chemin. C'est lui qui rend thérapeutique le milieu ou le geste ou le savoir ou la parole, et non vous qui voulez qu'ils le soient à tout prix. La nuance est de taille. C'est ce que j'appelle « retrouver la dignité de ses actes ».

Se vouloir thérapeute est tout à fait redoutable. Rien n'est plus dangereux que le mélange des scènes. Des limites sont à trouver, en partant de la particularité d'une pratique. Nous pouvons permettre aux métiers de l'éducation et de l'enseignement de se penser afin qu'ils soient exercés avec toute la complexité qui est la leur, avec leur théorisation propre. C'est en parlant les différences — sans dévalorisation —, c'est en montrant les limites et les possibles, en travaillant le statut de l'erreur que l'on restitue à un enseignant la totalité de son action. Le risque de la fascination peut alors disparaître tandis que se développe la possibilité de ne pas s'en tenir à l'ordinaire.

DEUXIÈME PARTIE

Confrontations

CHAPITRE IV

Angoisse apprivoisée

Chacun — ou presque — côtoie l'angoisse ; chacun semble la reconnaître. « Elle ne trompe pas. » Il suffit de quelques mots pour indiquer de quoi il retourne : « Je suis angoissé. » Chacun — ou « presque » —, le presque est d'importance. Certains disent en effet ne pas l'éprouver, ils ont construit de quoi ne pas la ressentir. Les autres rêvent d'en être délivrés, ils se réveillent le matin avec, au creux de la gorge, le resserrement caractéristique qui signe pour eux au quotidien une faillite ; elle indique — croient-ils — leur indignité, leur non-assurance là où ils devraient être forts ; elle trahit leur doute où il leur faudrait être certain ; elle dévoile leurs incapacités où ils auraient à être compétents ; elle souligne leur inadéquation où d'autres semblent aisément s'y prendre. Ils la détestent, la cachent, tentent de faire qu'elle n'apparaisse pas aux yeux du quidam : elle est leur maladie. C'est du moins ainsi qu'elle se vit, par le milieu enseignant, par exemple. Alors que d'autres métiers ont reconnu en elle l'origine inéluctable de leur création ; alors que d'autres métiers ont tenté de tracer la limite où, de créatrice, elle devient destructrice, le métier d'enseignant ne s'est penché qu'à peu de reprises sur ce qui pourtant le colonise, allant jusqu'à — volontairement ? — ignorer que le monde de l'enfant est univers d'angoisse, de peurs et de cauchemars.

L'angoisse est une épreuve, pour un enfant comme pour un adulte. Faire l'éloge de l'angoisse, comme je me le propose, est souvent insupportable à entendre. Ne soyons pas naïf, ce n'est pas à un humain acceptant l'angoisse comme constitutive de son existence que la société actuelle donne sa préférence. Tout nous pousse à apparaître forts et sans faille. Face à ceux qui viennent après, quel modèle leur offrirons-nous : celui du héros sans peur, sans crainte et sans pitié ? Ou celui d'un sujet aux prises avec son humanité, acceptant l'inconfort de son état, toujours en recherche de création et de lucidité, pouvant affronter ses angoisses et ainsi ne pas chercher dans le social de quoi les recouvrir ?

1. LABYRINTHE

Pour une fois, ce n'est pas par l'enfance que je commencerai : par ses rêves qui sont peuplés de loups et d'ours effrayants et son quotidien marqué par les peurs et les phobies. Je ne débuterai pas non plus par les affaires d'un adulte professionnel, ses maux de ventre à chaque rentrée, ses tremblements de voix, je céderais à la dramatisation facile. A mon secours, il y a certains philosophes. L'angoisse n'est pas seulement l'objet des psychologues. Certains philosophes l'ont gravement estimée, puisqu'ils en font rien moins que l'apanage de l'humain, « l'écolage de l'cxistant », selon la belle formule de Jacques Schotte[1]. Elle serait éminemment révélatrice : « A travers l'angoisse se manifeste éloquemment l'essence même de l'être vivant : cette manière dont il a à se reconquérir sur les déséquilibres qu'induit le débat qu'il a avec le milieu. » Il y aurait en elle quelque chose de fonda-

1. J. Schotte, *Angoisse et existence. Approche d'une anthropologie clinique*, Notes de cours, Université catholique de Louvain, Faculté de psychologie et des sciences de l'éducation, 1979, p. 20.

mental où « l'être-dans-le-monde s'est révélé sur le mode de la défaillance »[1]. L'angoisse de l'humain lui viendrait ainsi de sa capacité d'être libre[2] et de son inadéquation avec le monde. Deux postulats qu'affirment haut et fort les philosophes de notre modernité et de notre Occident.

Nulle autre créature vivante ne connaîtrait l'angoisse, comme un être humain. Sa production individuelle est intimement dépendante de l'état de la société et de ses mythologies, liée aux conditions de notre Histoire. Dans une société qui ne laisse à un individu aucune plage de doute, où tout est déterminé et le sens indiqué, l'humain moins confronté à l'inconnu, moins laissé à éprouver sa liberté, sera probablement aussi moins aux prises avec l'angoisse. Lorsqu'une idéologie ou une religion arrive à tracer le futur, un sujet se sent rassuré. Il est alors des moments historiques où l'angoisse envahit ; d'autres où c'est la peur ; d'autres encore où une certaine tranquillité de l'âme semble possible ; d'autres où une société tente de juguler toute manifestation d'angoisse[3].

Avec ou sans objet

Il nous faut ensuite opérer des distinctions et poser des balises associant ou dissociant les mots et les sensations. La première distinction, avenue obligée, est celle qui fait la différence entre peur, angoisse, terreur, panique, effroi. Schotte le rappelle, ce n'est qu'avec Martin Luther le protestant qu'à *Furcht* (peur, crainte) s'adjoint *Angst* (angoisse). Les Grecs n'avaient pas de mots pour désigner l'angoisse, il n'y avait que de la crainte. Si, pour Emmanuel Kant, « l'angoisse est encore définie comme un degré de la peur », c'est à Soeren Kierkegaard que revient la distinction qu'il « y a dans la peur un objet

1. *Ibid.*, p. 46.

2. « L'angoisse est la réalité de la liberté parce qu'elle en est le possible » (S. Kierkegaard, *Le concept de l'angoisse*, Paris, « Idées », p. 46).

3. P. Ricœur, Vraie et fausse angoisse, *Histoire et vérité*, Paris, Seuil, 1984.

précis dont on a peur, alors que l'angoisse est sans objet et impose de ce fait l'idée d'un ébranlement du sujet lui-même »[1]. Freud reprendra cette distinction qui n'est pas aussi simple qu'il n'y paraît. La peur serait suscitée par un danger réel extérieur, qu'on a repéré et dont on doit se défendre, par l'attaque ou la fuite. Le danger est visible ; de son origine nul ne doute. Pour l'angoisse au contraire, on ne sait pas où est le danger. Elle n'aurait pas d'objet. Ce qui impose cette hypothèse : ce qui serait en danger, c'est le sujet lui-même ; le danger n'est donc pas forcément extérieur, il provient de l'intérieur. « Si, face à la peur, je peux agir ; face à l'angoisse, j'ai de la peine à fuir : elle reste attachée, collée à moi. »

La question s'est posée de savoir si c'est la peur qui fonde l'angoisse ou le contraire. Pour Kurt Golstein[2], c'est l'angoisse qui fonde la peur. « J'aurai peur avant tout pour ne pas connaître l'angoisse, avec ce qu'elle comporte de mise en déroute et incapacité de maîtrise. » Freud l'écrit autrement. Mieux vaut avoir peur de quelque chose que d'être angoissé sans objet. L'angoisse peut alors chercher un objet dont on a peur, et qu'on est capables surtout d'éviter, de fuir ou d'affronter. L'objet n'est plus alors qu'un substitut : il est là pour masquer une angoisse sans nom. Etre angoissé dans l'obscurité devient avoir peur de l'obscurité, c'est psychiquement plus commode. Donc la peur peut masquer l'angoisse et l'objet n'être qu'un alibi : « C'est bien moi-même qui suis en déroute. » La peur pour des objets est un substitut d'angoisse où c'est notre existence et nous qui sommes visés. Il s'agit d'une des manières dont le moi se débarrasse de ce qui l'incommode.

La peur et l'angoisse ont la particularité de nous mettre en alerte : « Je vais affronter un danger. Je ne suis donc pas surpris. » Si rien ne nous avertit, si rien ne vient nous prépa-

1. J. Schotte, *op. cit.*, p. 18.

2. K. Golstein, *La structure de l'organisme. Introduction à la biologie générale à partir de la pathologie humaine*, Paris, Gallimard, 1951, cité par J. Schotte, *op. cit.*, p. 24 et s.

rer au danger, alors on éprouve de l'effroi, de l'horreur ou de la terreur selon la soudaineté et le degré d'inconnu : « Si ce dont on a peur se manifeste par une approche soudaine et surprenante, la peur devient *effroi* ; si ce dont on a peur se présente comme tout à fait inconnu, la peur devient *horreur* ; si cet insolite surgit lui-même soudainement, la peur devient *terreur* »[1], écrit Schotte. Aussi angoisse et peur ont une fonction de protection non négligeable.

L'angoisse semble si omniprésente qu'on peut se demander quels sont ces dangers qui, en si grands nombres, nous assaillent et la font apparaître. Enumérons : serait-ce du taureau dans le champ, si nous sommes encore quelque peu bucoliques ? De la voiture au carrefour, si nous sommes citadins ? Ce sont là des peurs que nous éprouvons : peur du voleur, peur de l'atteinte corporelle... Mais l'angoisse, elle, semble quotidienne, jamais réductible à un événement. Parfois elle est là, flottante, prête à se confondre avec quelque objet. A la tombée du soir, lorsqu'il n'est pas rentré ; au milieu du jour lorsqu'il faut le rencontrer ; face à demain ou après-demain ; dans l'attente ou le voyage. Flottante, prompte à ressurgir, tenaillant le corps, elle nous indique par le malaise qu'elle provoque que quelque chose va arriver, que le pire nous attend encore. Avec cette question lancinante qui revient : « Est-elle normale ? », forme déguisée d'un « suis-je normal ? ».

Intensités

Freud[2] a décrite l'angoisse normale, celle qui nous protège de plus grand danger, celle qui convoque notre vigilance, met en alerte le moi qui peut faire face. Comment d'abord sait-elle que nous risquons d'affronter une situation qui présente pour nous des difficultés ? C'est qu'elle se sou-

1. J. Schotte, *op. cit.,* p. 45. Voir aussi P.-H. Jeudy, *La panique,* Paris, Galilée, 1981.
2. S. Freud, *Inhibition, symptôme et angoisse,* Paris, PUF, 1951.

vient qu'il y a longtemps peut-être nous avons été, dans pareille situation, mis en déroute, réduits à l'impuissance. Alors l'angoisse fait revivre avant coup ce qui pourrait arriver. Même si dans le présent la situation n'a pas le même relief dramatique, si on a les moyens psychiques d'y faire face, l'angoisse emprunte l'intensité du passé et se réveille grossie d'autant. Il est ainsi stupide de se dire ou de dire à quelqu'un : « Mais il n'y a pas de quoi s'angoisser », et de s'arrêter à la description raisonnable du présent. « Là où j'ai vécu une déroute, mon corps s'en souvient et vivra dans la hantise que cela se reproduise. » L'angoisse est en somme, selon les termes de Freud, notre indispensable signal d'alarme. S'il ne fonctionne pas, nous risquons gros : le risque d'être surpris, anéantis peut-être, de n'avoir pas pu prévoir. Le danger perçu n'est pas qu'extérieur, il peut être — il est même le plus souvent — intérieur, au siège même de celui qui est angoissé. Danger interne qu'il est difficile de réduire, mais on est au moins averti qu'on risque d'être submergé par une catastrophe, un état de détresse. A nous de trouver les parades.

Peut-on alors distinguer l'angoisse normale de celle qui ne le serait pas, la « névrose d'angoisse » ou angoisse névrotique[1] ? L'unique différence serait-elle que dans l'angoisse normale le danger serait bel et bien réel, contre lequel on doit effectivement mobiliser toutes nos forces ; alors que l'autre obligerait à affronter un danger dont on ne sait rien, aux prises avec un imaginaire psychique ? Non, évidemment. Peut-être faut-il se référer à d'autres paramètres : l'intensité, les conséquences et la durée. En effet, l'angoisse peut déboucher sur une épreuve réussie, un danger écarté, une création, une action, un dépassement. Ou laisser sans voix, sans moyens, dans l'impuissance, l'échec, et dans la détresse, toute capacité d'affrontement disparue. Elle peut être supportable,

1. Voir J. Favez-Boutonier, *L'angoisse*, Paris, PUF, 1945.

sensation certes désagréable, mais qui intensifie la vie et la tend vers son humaine condition ; ou ne l'être pas, trop lourde, envahissante, constante, rendant notre corps moite. Elle peut survenir ponctuellement, témoignant de notre nécessaire confrontation au monde, à notre fragilité constitutive, aux risques pris, à la perte parfois de nos repères identificatoires : « Là où je vacille, instants de vérité qui attestent de ma normale faiblesse. » Ou ne plus nous lâcher, jour et nuit, nuit et jour, nous talonnant, rendant notre relation à nous-mêmes et aux autres trop douloureuse... Affaire de mesure, affaire de degré. Angoisse psychotique, angoisse névrotique, bien des psychanalystes ont marqué la différence, tout en attestant qu'elles étaient de la même facture ; celle psychotique toujours marquée par le spectre d'une désintégration, d'une désarticulation, d'un anéantissement : un effondrement tel qu'en a parlé Donald Winnicott[1].

Dès le départ

On ne se souvient plus de son enfance, on la mythifie et ne semble plus vouloir savoir qu'elle ne fut pas le paradis idéalisé de l'insouciance, mais bien celui de la peur, de l'angoisse et même de l'effroi. Pour nous qui voulons apprivoiser l'angoisse et non plus la fuir, répertorions ses surgissements. Egrenons les lieux et les terreurs de notre enfance ; repérons la topologie de notre rapport à nous-mêmes et aux autres, nos cauchemars et notre fragilité. Michel Leiris écrivait : « Entièrement dominée par ces effrois d'enfance, ma vie m'apparaît analogue à celle d'un peuple perpétuellement en proie à des terreurs superstitieuses et placé sous la coupe de mystères sombres et cruels. L'homme est un loup pour l'homme, et les animaux ne sont bons qu'à vous manger ou à être mangés. »[2]

1. D. W. Winnicott, La crainte de l'effondrement, *Nouvelle revue de psychanalyse,* 11, Paris, Gallimard, 1975.
2. M. Leiris, *L'âge d'homme,* Paris, Gallimard, 1938.

Plus un être humain est en état d'impuissance, plus la détresse psychique qu'il peut éprouver risque d'être dévastatrice. On ne peut que reconstruire les angoisses primitives du bébé, livré à l'inconnu, sans repères familiers, dans l'impossibilité d'établir des rituels qui le sécuriseraient, sans défense face à la violence de certains événements, sans protection contre l'intrusion de l'intolérable. Il arrive parfois qu'il n'en revienne pas, de cet envahissement-là, avec l'angoisse qu'il suscite. Le retrait du monde[1] et des autres est souvent le seul paravent qui empêche d'éprouver l'impensable. « L'état de détresse », à la mesure de l'immaturité d'un enfant, tel est le nom qu'on lui donne.

C'est Melanie Klein[2] qui a nommé mieux que personne les angoisses primitives d'un humain, les mettant au compte de la capacité de tout un chacun de détruire et d'être détruit. Très tôt, selon elle, il y serait livré. Deux types d'angoisses l'étreindraient : l'angoisse persécutrice où il peut être anéanti par un objet devenu mauvais par projection de ses impulsions destructrices. L'angoisse dépressive, il la connaîtrait à chaque fois qu'il appréhende avoir fait du mal à l'objet d'amour et l'avoir ainsi perdu. Klein centre sa compréhension de l'angoisse sur l'hypothèse freudienne de la pulsion de mort : « La situation de danger primitif provenant de l'activité de la pulsion de mort à l'intérieur est vécue comme une attaque irrésistible, comme une persécution. »[3] L'angoisse serait donc liée à la possibilité et la crainte de détruire et d'être détruit en retour.

1. B. Bettelheim, *La forteresse vide,* Paris, Gallimard, 1969 ; F. Tustin, *Le trou noir de la psyché,* Paris, Seuil, 1989 ; H. Searl, *Comment rendre l'autre fou,* Paris, Gallimard, 1977 ; G. Pankow, *L'homme et sa psychose,* Paris, Aubier-Montaigne, 1973 ; J. Mac Dougall, *Plaidoyer pour une certaine anormalité,* Paris, Gallimard, 1978.

2. M. Klein, Le rôle des premières situations anxiogènes dans la formation du moi, *La psychanalyse des enfants,* Paris, PUF, 1969.

3. M. Klein, Sur la théorie de l'angoisse et de la culpabilité, *Développements de la psychanalyse,* Paris, PUF, 1980, p. 261.

Freud[1] a lui aussi nommé les angoisses éprouvées, certes plus tardivement. Lorsqu'un être est en dépendance pour sa survie, alors son angoisse est liée à la perte d'amour de cet autre. Sa disparition le livrerait à l'abandon ; il serait sans recours, disparaîtrait à son tour. L'angoisse est affaire d'ambivalence. Elle s'attache à qui importe, mais aussi que l'on hait. Se trouver dépossédé de l'amour protecteur, cela peut être interprété comme la juste vengeance d'une ambivalence, le prix payé du désir d'être seul sans le soutien de celui qui s'oppose forcément à soi. « Plus ma vie dépend de vous, plus une angoisse se rattache à vous. Perdre votre amour, et je me perds. Ma dépendance me rend fragile, ma vie peut se briser à cause de vous. » Angoisse surgie de cet amour perdu, d'une reconnaissance disparue ; angoisse surgie lorsque la solitude se pointe, lorsqu'il n'y a pas d'autre issue que de se gouverner seul sans protection, sans secours. Freud lui a donné un nom : angoisse d'abandon et de perte d'amour ; elle concerne son premier rapport à vous. Ce jeu d'angoisse, amour recherché et protection nécessaire, ces fragilités ne sont cependant pas d'un jour ni d'un temps, elles sont de toujours.

Le corps et son intégrité sont également menacés : angoisse de castration tel fut le nom donné, dont l'angoisse de mort ne serait que l'ultime épreuve. Corps touché, intégrité violée, mutilation possible : « Qui suis-je en féminin, en masculin ? En quoi ne puis-je me transformer en l'autre ? Où sont mes repères si vous avez le pouvoir de ravir une partie de moi-même ? » Son intégrité et son sexe sont en danger et l'angoisse est là, qui veille jusqu'à sa mort. Mais ce n'est pas tout, il y a encore cette angoisse qui, elle, est liée à l'instance morale que l'on appelle surmoi, et qui surgit lorsqu'il désire ce qu'il ne devrait pas, lorsqu'il transgresse l'interdit ; lorsque les exigences de son ça se confrontent à la rigidité des interdits intériorisés. Emergence de désir, interdit trans-

1. S. Freud, *Inhibition, symptôme et angoisse*, *op. cit.*

gressé, conflit moral, et elle est là qui indique qu'à ce jeu il risque de se perdre. Angoisse interne, débat entre moi et moi, et qui fait rimer désir avec angoisse. Freud la désigne comme étant l'angoisse sociale.

Ce sont les angoisses qu'a repérées Freud. A chaque fois, le moi est en danger, il risque de voir ses repères familiers disparaître, et son identité avec. Il se sent en insécurité, se confronte à de l'inconnu, risque de subir une effraction, ne sait que faire de ses désirs interdits. A cela encore, s'ajoutent ces événements qui le surprennent, et que l'on appelle « traumatismes », qui se caractérisent justement d'être porteurs d'angoisse parce que ayant mis en déroute sa forteresse, dans l'impossibilité où il est de les intégrer.

Lacan consacra lui aussi à l'angoisse un séminaire tout entier. Avec une formule choc, il prétendit que l'angoisse « c'est ce qui ne trompe pas, le hors-de-doute »[1]. Il ajoute à la problématique de l'angoisse plus d'un dégagement. Il l'affirme haut et fort : l'angoisse est liée au désir de l'autre, liée à toute demande[2]. Ce qui angoisse, c'est le désir de l'autre à notre endroit. Ce dont on se défend, ce n'est pas de l'angoisse, mais de ce qui la cause. Ce n'est pas le manque, la frustration seulement, mais le trop-plein, le comblement. Piera Aulagnier poursuit l'assertion lacanienne. Elle fait alors de l'angoisse le « signe de l'écroulement momentané de tout repère identificatoire possible ». Ce n'est pas, dit-elle, « seulement le moi qui se dissout, c'est aussi l'Autre en tant que support identificatoire »[3]. Tout ce qui dépouille un sujet de ses repères identificatoires risque de le perdre : l'anonymat d'une foule, l'univers aseptisé d'une institution, la normativité d'un groupe. Lorsque l'Autre se dissout et n'est plus Celui qui ne trompe pas, alors l'angoisse surgit là encore, sans fard.

1. J. Lacan, *L'angoisse,* séminaire 1962-1963, 19 décembre 1962, non publié.
2. J. Lacan, *L'identification,* séminaire 1961-1962, non publié.
3. *Ibid.,* 2 mai 1962.

De l'angoisse, il faut pourtant sortir. L'agir ou le symptôme. « Agir, c'est arracher à l'angoisse sa certitude. Agir, c'est opérer un transfert d'angoisse »[1], écrit Lacan. L'agressivité et la violence sont des « remèdes » à l'angoisse. Dans une « culture d'angoisse », qu'elle soit institutionnelle ou familiale, le passage à l'acte violent est l'acmé qui fait retomber la tension. La violence pour expulser l'intolérable[2]. Un activisme de chaque instant peut parfois y suffire. L'agir, ou le symptôme. L'angoisse serait bel et bien aussi à l'origine de nos symptômes, à l'origine de nos constructions névrotiques ou psychotiques. Nous préférons, selon Freud, développer un symptôme que de vivre l'angoisse. Nos constructions défensives sont là pour qu'elle ne surgisse pas. « Mon énergie, je la consacre à murer l'enceinte pour m'en protéger. » C'est pourquoi certains n'éprouvent pas d'angoisse. Ils la tiennent à distance, à force de rituels, par un système de défenses. Il se peut aussi qu'ils se soient retirés du monde et des autres, lorsque l'angoisse éprouvée fut si primitive et si violente que de l'extérieur il a fallu se préserver par le retrait dans la forteresse. Le moi préfère donc s'inhiber, comme on dit, restreindre son champ d'activités plutôt que de s'y confronter. Phobies, inhibitions, obsessions sont là pour qu'elle n'advienne pas. Et l'on sait bien que lorsqu'il accepte de démolir la construction qui le protège mais le restreint, c'est elle qu'il rencontre en premier lieu, dont il fait l'épreuve. L'émergence de l'angoisse, c'est assurément, affirme-t-on, le début de la « guérison ».

Ainsi parlèrent Freud, Klein, Lacan et bien d'autres. Ont-ils exagéré ? A les entendre, l'enfance n'est pas un paradis. Et un adulte retrouverait à chaque instant ses terreurs anciennes. Certes à l'âge dit adulte, il s'est construit ; il a donné un sens à ce qui lui arrive, mais il demeure fragile ; en danger ; toujours prêt à s'affoler de n'avoir plus ses bornes et son terri-

1. J. Lacan, *L'angoisse, op. cit.*, 19 décembre 1962.
2. J. Pain, Angoisse et violence, *Actualité psychiatrique*, n° 2, 1989.

toire. Le désordre, l'inconnu, le futur, le non-familier, l'inquiétant, l'étrangeté, l'hors-norme : saura-t-il ne pas les fuir ou s'en préservera-t-il pour ne pas éprouver d'angoisse ?

Beaucoup l'ont dit : l'homme aime cependant son angoisse. Son rapport à elle est ambivalent. « L'homme est fasciné par cela même qu'il essaie de fuir. »[1] Le point d'angoisse ne serait d'ailleurs pas loin de l'orgasme, où la détente succède à la tension : homologue du point de jouissance[2].

2. ENGAGEMENT

L'angoisse est peut-être la chose qui se partage le plus aisément entre humains. Couplage, épidémie, contagion. Il nous la refile et s'en débarrasse parfois ainsi. Il nous la colle, tel un amour trop amplement partagé. Angoisse de l'un, angoisse de l'autre. Y échapper n'est pas évident. Et lorsque l'on est enfant, être support de l'angoisse de celui dont on dépend est chose commune. A ne plus savoir si c'est la tienne ou la mienne. Son angoisse, nous la repérons immédiatement. Elle nous rattrape. On la sent, elle se surajoute à la nôtre, ou la provoque. Il est presque impossible de ne pas savoir qu'elle est là ; il est difficile d'y rester extérieur. Un problème ne manquera pas alors de se présenter, si on côtoie quotidiennement son angoisse. Nous laisserons-nous gagner par elle ? Nous protégerons-nous d'elle ? Comment être des « éponges d'angoisse », selon la formule de Françoise Dolto et vivre néanmoins sans se perdre en elle ? Telle est l'une des questions qu'on aurait intérêt à ne pas oublier de formuler.

1. J. Schotte, *op. cit.*, p. 8.
2. J. Lacan, *L'angoisse, op. cit.*, 13 mars 1963.

Reconnaissance

Les plus belles pages écrites au sujet de l'angoisse sont celles des romanciers. Ainsi Maurice Blanchot se penchant sur l'angoisse de l'écrivain :

« Le sentiment angoissant n'est lié qu'accidentellement à un objet, et il fait précisément apparaître que cet objet à cause duquel on se perd dans une mort sans terme est insignifiant pour le sentiment qu'il provoque et pour l'homme qu'il met à la torture. On meurt d'imaginer perdu n'importe quel objet de son attachement et, dans cet effroi mortel qu'on ressent, on ressent aussi que cet objet n'est rien, n'est qu'un signe interchangeable, une occasion vide. Il n'est pas de chose qui ne puisse nourrir l'angoisse, et l'angoisse est avant tout cette indifférence à ce qui la crée, quoiqu'elle semble en même temps river l'homme à la cause qu'elle a choisie. L'écrivain apparaît parfois étrangement comme si l'angoisse était propre à sa fonction, plus encore comme si le fait d'écrire approfondissait l'angoisse au point de la rattacher à lui-même plutôt qu'à toute autre espèce d'homme. Il arrive un moment où le littérateur qui écrit par fidélité aux mots écrit par fidélité à l'angoisse ; il est écrivain parce que cette anxiété fondamentale s'est révélée à lui, et en même temps elle se révèle à lui en tant qu'il est écrivain ; plus que cela elle semble n'exister dans le monde que parce qu'il y a, dans le monde, des hommes qui ont poussé l'art des signes jusqu'au langage et le soin du langage jusqu'à l'écriture qui exige une volonté particulière, une conscience réfléchie, l'usage sauvegardé des puissances discursives. C'est en cela que le cas de l'écrivain a quelque chose d'exorbitant et d'inadmissible. Il apparaît comique et misérable que l'angoisse, qui ouvre et ferme le ciel, ait besoin pour se manifester de l'activité d'un homme assis à sa table et traçant des lettres sur un papier. »[1]

Blanchot saisit le paradoxe de l'angoisse : elle est nécessaire à la création mais risque de la rendre impossible. Comme le philosophe, l'écrivain rend à l'angoisse autant sa valeur créatrice que destructrice. Elle n'est créatrice que parce qu'elle peut être destructrice. Il nous indique comment celui qui a choisi de tracer des signes sur une page fait de

1. M. Blanchot, De l'angoisse au langage, *Faux pas,* Paris, Gallimard, 1983, p. 11-12.

l'angoisse son terrain, la supporte, la déteste et en jouit. Il ne peut la fuir, il ne s'en défend qu'en poursuivant son projet. Si elle le torture, si elle le contraint, si elle le terrasse, il ne peut que la vivre, et parfois elle lui permet de trouver les mots, d'écrire des pages, des livres qui délivrent, ceux qui les parcourent, de leur terreur. « Il y a, écrit Herman Broch, des livres qui sont chargés de toute l'angoisse et de toutes les ténèbres souterraines, comme par exemple les compositions de Kafka et dans lesquelles cependant on entend le soupir de libération de toute angoisse, et il y en a qui fuient toute l'angoisse et toutes les ténèbres souterraines, comme précisément les compositions rationnelles, et qui néanmoins laissent subsister intacte l'immensité de l'angoisse de l'univers. »[1]

Libération pour qui ne fuit pas, c'est là un paradoxe que nous retrouverons ailleurs : les métiers qui côtoient l'angoisse sans chercher à y échapper ou s'en garder sont ceux où une « libération d'angoisse » peut être espérée.

A bonne distance

S'il est exigé quelque chose d'un psychanalyste, c'est bien de s'y retrouver dans sa propre angoisse : ne pas s'effrayer ni de son agressivité, ni de son inconscient, ni de toute inquiétante étrangeté ; apprivoiser ses angoisses primitives, ne plus guère les projeter au-dehors ; ne pas nier la mort. « S'y repérer » — travail jamais achevé — pour ne pas ajouter ses angoisses à celui qui souffre. Ce travail permet alors de côtoyer l'angoisse des humains, sans tomber dans les pièges que cette fréquentation ne manque jamais de mettre en place. L'angoisse est un bon exemple du travail qu'il s'agit d'opérer pour que dans le contact avec un autre on ne soit ni à une trop grande distance ni à une trop grande proximité.

1. H. Broch, *Création littéraire et connaissance*, Paris, Gallimard, 1983, p. 239.

Travailler avec un être en détresse, en souffrance de mort, entraîne en effet — si on n'y réfléchit pas — à prendre de singulières attitudes face à lui. Prenons une première position, naturelle diront certains. Face à la souffrance, à l'angoisse d'un autre, on n'a aucune distance, on vit ses sentiments comme s'ils étaient vôtres. « Je suis lui, en proximité aidante, je vis sa vie de doute sans protection. Sa souffrance m'atteint comme si elle était la mienne, je ressens ce qu'il ressent. Son angoisse m'angoisse, je ne fais plus la différence entre moi et lui. » Dans le courant d'une existence, une telle proximité peut être louée, témoin d'une grande sensibilité, d'une ouverture à l'autre, elle place cette relation presque à l'égale de celle où un sentiment amoureux serait à l'œuvre. Générosité, dévouement, ira-t-on jusqu'à affirmer. Altruisme, sacrifice de soi, pour une participation souffrante à l'autre. L'accent est religieux parfois : « Je n'ai pas peur de son angoisse, je la fais mienne. » Dans une telle proximité, on ne tient toutefois pas longtemps. Très vite, on sera soi-même en danger. On risque alors d'adopter une position inverse. Devant le danger, face à la lourdeur, on va se protéger, élever des barrières, se mettre à distance et, pour survivre soi-même, n'éprouver plus rien. L'autre devient un objet qui n'a plus le pouvoir de nous atteindre. Entre lui et nous, il y a certes des gestes, des discours, mais qui sont là pour nous en défendre. Sa souffrance indiffère, son angoisse aussi. On s'attache alors à mettre en place des structures, des mesures qui permettent avant tout de n'être pas affecté. Il n'est point exagéré de souligner combien les organisations se rigidifient alors en rituels obsessionnels, cadre rigide auxquels on ne supporte plus qu'on touche. L'environnement créé devient inhumain. La technique peut devenir, ainsi que la théorie, un outil pour se protéger d'un autre, pour le mettre à distance comme un « cas », certes intéressant, sur lequel on peut exercer son savoir. On n'entend plus la répercussion de nos gestes sur lui. Ils sont rationnels pour soi, mais on ne mesure pas leur impact, leur violence, leur pouvoir d'instrumentation. De l'angoisse, on n'en éprouve plus. On peut rire, alors qu'il agonise. Ce qui importe, c'est notre survie. On se défend comme on peut. Une expression populaire appelle cela du « blindage ». A l'indifférence on ne peut certes échapper ; à la souffrance du monde, on ne peut pas toujours participer. Mais cette armature apparaît à celui qui souffre comme étant contre lui, voulant sa mort. A devenir l'objet des autres, son angoisse ne s'apaise pas, tout au contraire. En impuissance, livré au bon vouloir de qui il dépend, sans maîtrise sur des mesures qu'il ne connaît même pas, l'angoisse augmente. Il n'y a plus que la violence et l'agressivité qui puissent briser le carcan. Le cercle vicieux est enclenché, enfin l'angoisse s'agit en acte, mais la relation est transformée en affrontement.

Est-ce peindre le diable sur la muraille ? Peut-être. Dans la position de couple ou vase communicant, où son angoisse devient la nôtre et *vice versa*, l'une et l'autre s'augmentent. Dans la position de repli et de défense, où on peut être sans angoisse, nous sommes également inaptes à accueillir son angoisse et ce faisant on l'augmente. Dans les deux cas, son angoisse n'est pas engagée dans un processus de symbolisation et de transformation. Si aucune interrogation n'existe sur ce qui origine et cause l'angoisse, on devient facilement cette source, on contribue — ainsi que l'environnement que l'on construit — à la production d'une angoisse et on accentue son versant négatif et destructeur.

La position psychanalytique tente d'éviter ce double écueil. D'abord, elle exige que nous puissions vivre nos propres angoisses et non pas les fuir ou les masquer par un système de défense. Il n'est pas question non plus pour un psychanalyste de ne pas éprouver la souffrance d'un autre. Il est nécessaire — comme l'a exprimé Octave Mannoni[1] — qu'il y participe. A une condition : qu'il ne soit pas seulement dedans et ait la capacité de l'introduire dans une élaboration : « Je reste autre que lui, sans me défendre de lui ; sur

1. O. Mannoni, L'analyse originelle, *Un commencement qui n'en finit pas*, Paris, Seuil, 1980.

l'angoisse éprouvée, je mets des mots, elle n'augmente pas la mienne et ne m'effraie pas. J'éprouve son angoisse, sans être à mon tour angoissé d'elle. Je ne mets pas en place des défenses, et mon calme n'est pas de l'indifférence : il est accueil de l'intolérable. » C'est un travail constant, une mise à distance qui exige que des repères soient sans cesse élaborés. C'est vraisemblablement la seule manière d'être en présence de la souffrance sans être ni dans un sacrifice dangereux de soi ni dans une dénégation. Tous les métiers de l'humain sont concernés.

Omniprésence

Les enseignants taisent sa présence entre les murs de l'école ou d'une institution. L'angoisse des autres, celle d'un enfant ou de telle ou telle mère, n'est pas ignorée ; on la dit trop lourde. Quant à la leur, tout concourt à ce qu'ils s'efforcent de ne point la laisser paraître. Lorsqu'on les interroge, lorsqu'ils osent avouer leurs angoisses, c'est à mon tour de m'effrayer de la somme d'angoisses qui se détachent. Tout ou presque est source d'angoisse dans ce métier : « Les élèves, le groupe, l'institution, les parents, le plan d'études, la relation, les compétences personnelles, l'immaîtrise toujours surgissante, la perte d'identité, la peur du collègue, la vie, la mort, la maladie et les suicides ; l'autorité et la discipline, l'autre qui me bouffe ou celui qui me nargue, ma solitude, la responsabilité de mon action, les attaques, les jugements, l'impuissance et l'échec, mes incertitudes, le rejet, l'inconnu, sa violence et la mienne, ce qui n'a pas pu être prévu, là où ça déborde, ma vulnérabilité, l'impression d'être exposé, mon inadéquation, mon impossibilité de réaliser l'image idéale de bon pédagogue, les attentes des autres, mes doutes, la rentrée, les épreuves, l'inspection et lui que je ne comprends pas, son échec, le temps qui manque, le trou dans les connaissances, sa révolte possible, ma faiblesse démasquée, ce que l'on veut de moi et que je ne peux donner, cette phrase dite et cette autre tue, un geste qui n'aurait pas dû être et pourtant qui fut, cet enfant qui se détruit, cette mère qui m'envahit par son anxiété... »

Angoisses professionnelles certes, mais qui peut faire l'exact partage entre celles qui l'accompagnent dans sa vie et celles qu'il traîne dans ce métier ? Comme pour l'écrivain, la profession expose à l'angoisse. A l'angoisse de l'autre, mais également à l'angoisse provoquée par la situation, par l'institution, par le rôle instauré, par les idéalités qui les traversent, par la maîtrise supposée, par le héros qu'il devrait être, par le savoir qu'il devrait représenter, par la croyance narcissique que le doute n'existe pas, que la toute-puissance est de ce monde et qu'il n'y a que lui qui en soit privé. Souvent il ne comprend pas, l'angoisse surgit pour une bêtise, un crayon oublié, son angoisse s'alimente de n'importe quoi, les petites choses lui permettant d'échapper à des angoisses plus importantes. Il ne s'étonne plus guère d'ailleurs de l'obsessionnalité des structures, du bétonnage des défenses. Et comme les collègues, il en est certain, ne pardonnent pas à celui qui expose trop ses fragilités, il ne lui reste parfois pas d'autre issue que la maladie.

A l'angoisse, chacun s'y confronte inéluctablement. Un enfant à qui on aurait, on ne sait par quel miracle, épargné de connaître l'angoisse serait dans l'impossibilité de traverser quelque épreuve que ce soit, de penser et d'apprendre. Protégé il l'aurait été, mais rendu fragile, ayant perdu jusqu'à la force de vivre. Il importe certes d'éviter de reporter autant que faire se peut sur lui nos propres angoisses, en tant qu'adulte éducateur ou enseignant : angoisses pour sa vie, son avenir, qui la plupart du temps nous appartiennent et viennent surtout lui affirmer que nous n'avons pas confiance en ses propres potentialités. Il existe également des milieux qui, sans éviter l'épreuve, ôtent l'angoisse non nécessaire. Mettre des mots sur ce qui lui arrive, demeurer par-dessus tout fiable, accompagner, partager, ne pas apparaître comme ne la connaissant pas, tout cela est possible pour qui n'a pas nié ses propres angoisses. Ce serait le travail de tout adulte : être par instant des « pare-angoisse », savoir l'accueillir, entendre ce qui fait peur irrationnellement, sécuriser, laisser jouer à avoir peur, maintenir coûte que coûte un réseau symbolique, et ne pas utiliser son angoisse pour se l'attacher... Mais il n'est pas question de tout prévoir pour que l'angoisse ne surgisse pas.

Que faire pour qu'un métier accepte l'angoisse nécessaire ? Est-ce dans la formation des enseignants qu'il importe déjà de mettre des mots, d'humaniser, de nommer, de prévenir, d'atténuer ? Est-ce aux formateurs de défaire les idéalités, les peurs paranoïaques, les craintes d'abandon, les toutes-puissances à l'œuvre ? La réponse devrait être oui. Mais bien des formateurs ne s'y repèrent souvent pas eux-mêmes, ils ont réussi à murer l'angoisse par leur technique, leur spécialité, leur accès à la « vérité scientifique ». Ils n'ont pas interrogé leurs fantasmes de formation, leur rapport à l'autre et leurs propres discours idéaux. Qui en parle dans ce monde où la technologie semble être le meilleur rempart contre l'angoisse, où le système expert donne préférence au moi fort, aux personnalités « comme si » tout en apparence et en défense ? Je livre ici une angoisse toute personnelle lorsqu'il m'est donné de lire les items d'une formation des enseignants mis sur papier. Les compétences, qui s'égrènent, semblent donner l'espoir d'une maîtrise. Tout cela paraît terriblement rationnel et prétend parfois être la somme du savoir actuel. Qu'est-ce qui m'y angoisse à ce point ? Ma propre incompétence devant ce qui apparaît comme devant être maîtrisé ? La logique sans faille qui s'en dégage ? Ma place que je ne trouve pas ? L'humain qui disparaît ? La machine mise en place ? La certitude qui sourd des lignes écrites ? Que rien ne transpire des incertitudes pourtant inséparables de toute recherche ? J'exagère certainement, puisque je sais que l'exercice est formel et qu'en tant que tel il ne peut être fait de nuances. Pourtant, je l'avoue, j'ai peur. J'aurais presque envie de retourner chez les poètes. Une telle rationalité en matière humaine me paraît impropre à permettre à un métier de supporter l'immaîtrise qui lui est constitutive.

Qu'en est-il de chacun ? Ne pas s'y repérer dans son angoisse, c'est risquer assez sûrement de tomber dans une idéologie qui rassure, un système qui pense pour soi, une assurance sans faille. Et c'est rendre impossible à un autre d'en faire l'épreuve sans en être détruit. Accepter de penser dans l'angoisse, admettre le doute, c'est le minimum requis pour ne pas être piégé par les idéologies rassurantes. Alors, pas d'autres solutions que de créer des lieux pour partager les angoisses nécessaires et créatrices, celles dont on ne peut se passer. Parler, humaniser... Nos cauchemars ne sont monstrueux que si nous les taisons. Les forces qui s'y cachent ont le pouvoir de nous transporter là où nous ne devrions pas être. Avec ce goût particulier, amer certes, mais d'une si intense vitalité qu'on se prend parfois à espérer leur retour.

CHAPITRE V

Epreuves communes

1. L'INÉVITABLE AGRESSIVITÉ

Il n'est pas de sujet plus prisé, de mot chargé aussi négativement que l'agressivité. Elle fait peur, elle désarme. Il est montré du doigt celui qui passe à l'acte, celui qui n'est pas ce qu'il devrait être, qui utilise ses poings ou son verbe pour agresser, pour s'attaquer à plus petit. On dit que c'est le fait d'une sorte de méchanceté constitutive. On agite le spectre de la violence gratuite. L'amalgame est rapide. Ce qui émerge est immédiatement associé à toute une fantasmatique de fureur incontrôlable qu'on ne supporte pas. L'agressivité qui nous est adressée, est intolérable ; elle engage dans un rapport de forces. Et ce n'est pas parce qu'elle ne nous concerne pas qu'on en conçoit moins d'incompréhension, moins d'impuissance. Il doit y avoir une explication générale qui pourrait s'appliquer à toute situation singulière, pense-t-on. Sans clé, on ne peut faire autre chose que mettre le holà : punir ou, dans la culpabilité, passer à l'acte à notre tour. Un adulte sait pourtant de quoi il retourne. Que l'agressivité n'est pas l'apanage de l'enfant, tant s'en faut, mais une constante humaine. La façon dont toute société humaine s'est construite pour médiatiser les rapports de forces, n'apparaît pas immédiatement à l'esprit de celui qui désigne l'agressivité d'un enfant.

Qu'il travaille dans une institution qui a pour fonction de juguler la violence mais qui la secrète au travers de ses structures, il ne le voit pas spontanément. C'est toujours aux manifestations de l'agressivité de tel ou tel que naturellement il répond, dans l'urgence d'une situation qui désoriente.

Où en sommes-nous ? L'agressivité serait en constante progression ; la violence ferait de plus en plus de ravages dans l'univers scolaire. Certains accusent : on a laissé la porte ouverte à tous les débordements. Ils ont la nostalgie du temps passé où la contrainte et le dressage étaient censés museler le rebelle ; où la sévérité résolvait les problèmes. Mais ils se taisent sur les crimes et la violence qu'ainsi on fabriquait. C'est probablement l'une des plus grandes désillusions qu'ont connue les pédagogues du siècle qui vient de s'écouler, d'avoir cru pouvoir extirper le mal, prévenir l'apocalypse, empêcher les hommes de s'entre-tuer. Ils ont cru, surtout ceux qui avaient lu Freud, que c'était une de leurs missions. Leurs espoirs ont été balayés. Ceux à qui ils avaient enseigné le pacifisme n'ont pas tous résisté à applaudir quelque Führer, à désigner l'ennemi à abattre[1].

De plaintes en plaintes, de témoignages outrés en récits apeurés, de phrases choc en explications de prêt-à-porter, nous pouvons dresser la longue liste des préjugés courants qui sont, à quelques variations près, ceux qu'on a sur les lèvres quand les corps sont l'objet d'agressivité. Chez un enseignant, ces préjugés trahissent son désarroi, ils signent sa cécité sur ce qui le bouleverse, sur ce qui fait vaciller sa rationalité et ses principes. Les préjugés sont tenaces. En voici quelques-uns : pour beaucoup, l'agressivité est étrange, quand elle n'est pas préjugée anormale. Elle promet le sans-cœur à une carrière de délinquant ; elle appartient ainsi à celui qui s'y abaisse et à lui seul. On la croit sans raison, méchanceté innée. Mode négatif de relation, la seule perspec-

1. J. Moll, *La pédagogie psychanalytique. Origine et histoire,* Paris, Dunod, 1989.

tive est de l'extirper. Ce qui reste particulièrement incompréhensible c'est qu'un agresseur puisse être tour à tour ange et démon, blesser et offrir une rose, le jugement s'en trouve bousculé : on s'en tire en jugeant qu'il veut manipuler. On ne peut souffrir de voir mis en scène le désir d'éliminer un gêneur ; seuls les dévoyés osent s'avilir de la sorte. Ses manifestations importunent, qu'on peut éviter, croit-on, en interdisant les jeux agressifs qui singent les agissements violents d'une société en décadence...

Dans le contexte scolaire, y a-t-il à se préoccuper de l'agressivité des uns et des autres ? Nous sommes là pour enseigner, diront certains ; pour forger des êtres sans haine, sans pulsions destructrices, pacifiés, diront d'autres. Les moutons noirs, il faut les exclure, les remettre à des institutions capables de les mater, affirment quelques-uns, auxquels s'opposent ceux qui estiment qu'il faut, tout au contraire, les comprendre et tolérer leur excès. Comment répondre dans la singularité de l'instant où l'explosion se produit ? Telle est toujours la question avancée. Comment répondre au bris d'objet, au pugilat, à l'injure lancée, à la menace corporelle, au larcin, à l'humiliation, aux blessures narcissiques infligées, aux mutilations ? La réplique peut prendre des colorations diverses, mais le registre est réduit. Un adulte, souvent sidéré, tente d'arrêter l'acte d'agression, accompagnant ses gestes de blâmes : « Ce n'est pas bien ; tu es méchant ; il ne faut pas ; c'est interdit ; tu seras puni. » Suivant l'âge de l'enfant, il passe lui aussi à l'acte, il frappe, il contraint, il isole le fautif et lui fait mal avec des mots. L'agressivité d'un enfant qui se déchaîne en appelle à l'agressivité d'un adulte dont le jugement est toujours teinté d'une morale : « C'est mal. » Mettre fin au comportement agressif et protéger la victime, tel est le premier mouvement. Séparer et punir, parfois astreindre à réparer. La réponse est de surface. Rien n'est entrepris pour entendre le sens d'une parole en effraction. La plupart du temps, on s'arrête là, quand on aurait à s'interroger. Nous gagnerions à patiemment déconstruire les idées reçues, les phrases toutes faites, et aller chercher des éléments de réflexion inédits, hors des sentiers balisés.

Chacun

Dans son grandir, tout sujet se confronte à l'émergence de sa propre agressivité, à la peur qui l'envahit lorsqu'il passe à l'acte. La réaction est extrêmement primitive, selon Melanie Klein, expérience inévitable contre « l'objet » qui vient à manquer ; contre l'objet, dispensateur du plaisir, qui défaille. Cependant l'agressivité contre l'objet produit un étrange cercle : s'il est agressé, il peut agresser à son tour, il devient persécuteur. Agresser enclenche la culpabilité et le désir de réparer, mais aussi la peur de représailles. De l'attaque s'en suit invariablement la peur d'être attaqué. On vit en constante fragilité, en insécurité profonde dans un monde ennemi dont il faut se protéger. Et l'attaque étant la meilleure des défenses...

Désir d'agresser celui qui n'apporte pas ce qu'on en attend ; angoisse de l'avoir détruit. Le monde devient menaçant car l'agressivité extériorisée peut en boomerang terrasser. Il en résulte un attachement encore plus grand vis-à-vis de l'objet attaqué. Le pouvoir de détruire est une épreuve à laquelle personne n'échappe, dont personne ne ressort indemne. Chacun essaie seulement de s'en arranger. Cela signifie aussi que l'agressivité s'originc dans l'existence d'un lien fort entre le sujet et « l'objet ». Si l'objet compte peu, la réaction est mineure. C'est l'objet vital qu'on attaque : parce qu'on l'aime, on l'agresse. Ce qui entraîne inévitablement une appréhension d'autant plus forte que l'objet qu'on meurtrit, on est sous sa dépendance. Attaque, culpabilité, réparation : un mode de relation à l'autre tout à fait courant. La culpabilité peut conduire chacun à protéger « l'objet » de ses attaques. Et pour expier, à s'infliger les blessures les plus sévères. Si aucune limite au pouvoir d'agresser n'est mise, vous resterez livrés à une culpabilité que vous essaierez d'expurger à vos dépens.

Chacun a éprouvé, consciemment ou non, le désir d'éliminer le gêneur pour prendre enfin sa place. Il est cependant difficile d'avouer avoir forgé de tels vœux. Le moment est pourtant structurant, c'est le point de vue de la psychanalyse. Si le gêneur n'était pas digne d'être aimé, il ne serait pas un pôle identificatoire qu'un enfant s'efforce de supplanter. Lorsqu'on incarne le gêneur, on est effrayé par de telles manifestations, on n'y perçoit qu'ingratitude et on ne sait pas repérer un enfant dans la légitimité de ce qu'il vit. Que cela apparaisse et se dise devrait nous rassurer au contraire. En revanche, ce qui devrait nous inquiéter, c'est que nous le laissions effectivement nous évincer, que nous lui abandonnions ce pouvoir-là.

Qu'un désir soit légitime mais que sa réalisation soit impossible, cela est difficile à faire entendre. Qu'il ait une « part meurtrière », c'est inévitable. Si nous la redoutons, n'est-ce pas que nous confondons le fantasme avec le passage à l'acte sur le corps de l'autre ? Nous avons à les distinguer l'un de l'autre si nous voulons pouvoir accompagner l'enfant dans l'épouvante qui est la sienne de nourrir de tels drames ; si nous voulons pouvoir mettre des mots sur ce qui se vit en désir, dont la rencontre avec la loi humaine interdit l'accomplissement. Quand on approuve, par exemple, les sentiments négatifs d'un aîné à l'égard d'un puîné[1], quand on permet les manifestations de jalousie, on les voit convertis en attentions touchantes à l'endroit du présumé rival. Or nous avons surtout peur de les favoriser si nous ne nous opposons pas violemment à leur émergence et leur expression en paroles. C'est pourtant le contraire qui arrive. Des vœux de morts sont psychiquement opérants chez tous. C'est leur passage à l'acte qui est interdit par la loi de la société qui protège le corps de tout être humain. Le formuler

1. F. Dolto, La dynamique des pulsions et la réaction dite de jalousie à la naissance d'un puîné, *Au jeu du désir,* Paris, Seuil, 1981.

ainsi, c'est humaniser ces vœux inacceptables. C'est le rassurer. D'une part que nous ne le laisserons pas les actualiser, et d'autre part que nous ne porterons pas atteinte à son corps : la loi en est garante. Lorsque cet interdit structurant n'est pas énoncé, lorsque les vœux sont purement et simplement censurés, que la loi elle-même est bafouée, il est alors laissé à sa toute-puissance destructrice.

Le désir d'éliminer, l'enfant en sait d'ailleurs quelque chose. Il est lui-même, lorsque vécu comme un élément persécuteur, « l'objet » sur lequel un adulte peut l'actualiser. Que l'enfant disparaisse, qu'il meure ! Ces souhaits inacceptables, nous pouvons les former à l'endroit de celui qu'il nous faut maîtriser. Inconscients, ces souhaits prennent le déguisement d'une sollicitude de tous les instants, qui recouvre la peur pour sa vie. Une peur à la dimension de ce qui grouille au fond de nous, qui est désir inavoué — inavouable — d'infanticide.

A chacun d'intégrer, autant que possible, cet « intolérable » dont on peut craindre qu'il n'agisse, incontrôlé, comme un corps étranger. Le désir de détruire doit rester sur le plan du fantasme : ce serait folie que de laisser croire qu'on peut l'exercer impunément contre autrui ou contre soi-même ; ou d'entretenir l'idée que c'est à cause de lui et de son agressivité qu'elle est morte ou tombée malade. L'agressivité n'est donc pas forcément signe d'une assurance ou d'un déni de l'existence de l'autre, mais indice de la faillite des repères identificatoires, d'une grande vulnérabilité et de la nécessité de se battre activement pour survivre. Souvent elle est saine défense d'un territoire menacé.

Où suis-je ?

La destruction ou l'appropriation d'objets est, pour le moins, mal vue des grandes personnes. Qu'il prenne une auto des mains de ses camarades ; qu'il détruise la construction ou le dessin d'un autre, et un adulte réagit au quart de tour : « Cela ne se fait pas. » Surtout quand la victime, qui n'a rien fait pour le mériter, fond en pleurs. « A chacun ses objets... ce n'est pas beau de s'attaquer à la propriété d'autrui... on ne prend pas ce qui ne nous appartient pas. » L'enfant admonesté voit son désir de s'approprier réprimé, désavoué. Mais il recommencera. Dolto avance, en s'appuyant sur une situation exemplaire[1], que ce que cherche le « coupable » n'est pas l'objet mais à devenir l'autre, c'est le plaisir que l'autre prend à jouer avec l'objet. Il est difficile d'être soi, et on ne résiste pas, pour être l'autre, à s'emparer de ses insignes, même en violence parce que sa jouissance est insupportable à qui n'a pas découvert la sienne. La jalousie, l'envie de s'approprier sont le fait de qui ne sait pas — ou plus — qui il est. Nous nous aveuglons habituellement sur cela. Permettre à chacun de se forger son propre plaisir, de définir son propre chemin, c'est là jamais travail abouti. Un adulte ne cesse-t-il d'ailleurs pas d'éprouver ce désir d'être un autre ?

L'approche corporelle rude est également une manière de prendre contact, manière primitive certes, en forme de duel. Chez les petits, l'agression peut se révéler une élection. Quand un adulte qui suit cette tentative de prise de contact a su signifier à haute voix cet élan vers l'autre, il s'ensuit souvent qu'une amitié se tisse. Pour certains adolescents, la recherche du corps à corps peut aussi être entendue comme une démarche pour entrer en relation, quand les mots ne sont pas là pour le dire. Ce n'est pas forcément que l'autre ne leur revient pas, tout au contraire ; le « chercher » agressivement, c'est l'élire comme partenaire. Jacques Pain évoque ces tentatives brutales souvent incomprises[2]. Il montre qu'un adulte, en l'acceptant, entre en contact et permet qu'une relation parlée puisse alors s'instaurer : un corps à corps qui n'a pas été refusé peut être transformé en attachement durable.

1. F. Dolto, *La cause des enfants*, Paris, Laffont, 1985, p. 409.
2. J. Pain, *Intégrer la violence*, Vigneux, Ed. Matrice, 1986.

Provocations

Ces exemples visaient à redonner à l'agressivité ses lettres de noblesse. Mais ils ne restituent qu'un versant du phénomène. A croire qu'ils illustrent le tout de la réalité, nous pourrions nous convaincre que l'agressivité est uniquement son problème, lié à certains paramètres de sa relation à lui-même et aux autres ; où son angoisse domine parce qu'il perçoit des menaces dont un adulte serait innocent. Nous ne pouvons pas ignorer l'hypothèse psychanalytique d'un sujet divisé entre forces de vie et forces de mort, entre amour et haine, d'un sujet contraint à se battre pour que ses forces de mort ne l'emportent pas. Une telle hypothèse nous oblige à faire le deuil d'un être pacifié, d'un être pleins d'égards envers lui-même et son prochain et qui n'aurait jamais à connaître l'horreur du désir meurtrier. Toutes les civilisations qui nous ont précédés y ont été astreintes.

S'en tenir à cette seule hypothèse d'une lutte intrapsychique serait cependant dangereux. Beaucoup de psychanalystes s'y réfèrent malheureusement comme à la seule explication possible. Ils ont été dénoncés par Alice Miller[1] pour laquelle l'agressivité d'un enfant est avant tout un héritage, celui de notre violence d'adulte à son endroit, de nos intolérances, de nos tensions. Elle est le fruit d'une pédagogie qui allie, pour plus d'efficacité, les coups et le chantage à l'amour. C'est la violence dans l'acte éducatif qu'il faudrait alors surtout interroger, ses retentissements sur un enfant, les dégâts qui sont ainsi commis. Quand une sanction est injustifiée, que peut faire un enfant pour que ce soit moins intolérable, sinon se croire effectivement coupable ? Comment ne pas provoquer les coups quand c'est la seule façon d'être reconnu ? Comment ne pas érotiser les coups pour

1. A. Miller, *C'est pour ton bien. Les racines de la violence en éducation*, Paris, Aubier-Montaigne, 1984.

les supporter ? Comment ne pas refouler tous sentiments quand la haine se taille la part du lion ? L'enfant malmené en vient immanquablement à s'identifier à son agresseur, il devient le maillon qui enchaîne bourreaux et victimes. Et rien de cela ne peut être parlé. Le silence imposé est encore aggravant.

Claude Balier[1] a reconstruit l'histoire de ces verrouillages par la peur, qui n'ont d'autre issue que ce qu'il appelle « psychose blanche ». Un jour, chez cet enfant meurtri, torturé, violenté, ce sera l'explosion. Pour avoir été frappé, au nom de « l'amour », il ne saura manifester son attachement à quiconque qu'en faisant subir ce qu'il a subi. Et s'il se défend de son agressivité vis-à-vis des autres, alors il la retournera contre lui. L'enfant violenté ne peut vivre en sécurité, même avec des adultes qui déploient envers lui des trésors de gentillesse. Son mode de rapport à l'autre est perverti. Il humiliera à son tour, sans se souvenir de ce qu'il a vécu, anesthésié, mais prêt à se venger de souffrances qui n'eurent même pas de nom.

Miller soutient le postulat d'un enfant innocent et d'un adulte coupable. Pour elle, l'enfant n'a d'agressivité en lui que générée par le milieu, par ceux avec qui il grandit. Elle fustige les théories psychanalytiques, Melanie Klein en particulier, qui assurent que chaque enfant naît avec un potentiel destructeur. Certains analystes continuent certes à créditer le mythe d'un enfant foncièrement méchant. Ils ont toujours besoin, comme le souligne Miller, pour préserver leurs parents, de diriger, en premier lieu, la culpabilité sur l'enfant. Mais s'il importe que la violence de l'adulte dans l'éducation soit nommée, ce serait une aberration de s'en tenir à la théorie d'un sujet sans désir d'appropriation, sans impulsions destructives, sans conflits intérieurs ; d'un sujet qui ne connaîtrait ni l'angoisse ni la difficulté d'intégrer la rage meurtrière qu'il peut parfois res-

1. C. Balier, *Psychanalyse des comportements violents*, Paris, PUF, 1983.

sentir. Il n'y a pas à choisir entre l'une ou l'autre hypothèse. Il convient à nouveau de les retenir toutes deux et se confronter à leurs effets.

Ambiances explosives

Nous l'avons à maintes reprises éprouvé, celui qui explose en agressivité est désigné comme étant le responsable, comme celui qui ne se maîtrise pas. Cette position psychologique, certains enjeux sociaux la déplacent. Quand des situations, des milieux, des ambiances entraînent une montée d'agressivité, celui qui passe à l'acte n'en est que le détonateur : il est celui-là même qui est chargé d'assainir le climat, de réduire la tension. Puisqu'il faut que cela « explose », c'est lui qui s'en charge.

Si le projet pédagogique d'un établissement est défaillant ; si les repères symboliques ont disparu ; si la loi ne parvient pas à médiatiser les relations ; si l'orientation privilégie des rapports duels ou de séductions ; si le personnel se ronge en conflits cachés ou s'il s'épuise en oppositions ; si, parce que l'architecture est ce qu'elle est, l'espace privé de chacun est étriqué ; si la parole ne peut circuler ; si l'ambiance est « à couper au couteau » ; si l'on a sous la main un bouc émissaire, alors il se trouvera toujours quelqu'un pour passer à l'acte, quelqu'un à se mettre sous la dent. Mais il est trop tard pour que chacun s'interroge sur sa contribution à l'édification du brasier. C'est l'unisson pour condamner celui qui a mis le feu aux poudres : il risque d'être exclu, sans que soient entrevues les failles du milieu, sans que les adultes aient mesuré leurs propres responsabilités. Bien souvent l'agressivité, le passage à l'acte se sont très lentement fabriqués, mais on a fermé les yeux. On aurait dû s'en préoccuper, on ne l'a pas fait et on croit s'innocenter en personnalisant le problème. Un milieu ressenti comme agressif invite à s'en défendre. C'est là une réaction saine. Il est d'autre part absurde de penser que la sanction d'un seul permettra à l'ensemble de quitter sa pathologie.

L'institution Ecole ne peut se voiler la face[1]. Ses structures sont productrices de contraintes et de ségrégation. Le regroupement des enfants en classe est terrain propice à l'émergence d'agressions. L'ordonnance des lieux peut être cause de tensions. La négligence, également. L'institution n'est pas innocente. Elle ne peut pas faire porter tout le poids de ses maux sur les seuls usagers. D'abord requise à la conciliation des rapports humains, il lui revient de réduire, autant que possible, ce qui peut fabriquer de toute pièce de la destructivité ; d'interroger ses lois, ses structures, ses exclusions. Une classe, un établissement, mis à mal peut comprendre ce qui de l'intérieur s'est déréglé : une loi trop rigide, des structures ou des repères trop flous ? Rien qui permette l'altérité, trop de fusion, de séduction ? Dans un climat où s'entretiennent en effet les relations duelles, les confusions obligées entre toi et moi, les jeux de miroirs et de séductions, où c'est un devoir d'aimer, l'agressivité est également réaction saine pour échapper à l'emprise, pour accéder au statut de sujet à part entière. Quand on se tient trop proches, ne tolère pas qu'il s'éloigne, nous pourrions comprendre que, pour survivre, il ne souhaite qu'une chose : abattre les murs de sa prison. La relation de séduction, même dans une profession, est souvent justifiée par le souci d'empêcher l'éclosion de l'agressivité ou pour en venir à bout. En fait, elle donne lieu à des explosions d'autant plus violentes que l'on est censé vivre en harmonie. Le donnant donnant, quand il s'agit d'affection, ouvre tout droit sur la déception, à laquelle l'agressivité emboîte prestement le pas. C'est donc aussi une certaine forme d'amour qui pousse à se défendre. Parce que cela n'est pas compris, un rapport de forces se développe

1. J. Pain, *Ecoles : violence ou pédagogie ?*, Vigneux, Matrice, 1992.

d'où l'un ou l'autre sortira défait. C'est dans une trop grande proximité, entre gens qui s'aiment, qu'ordinairement ça se joue. La « santé » du rapport à l'autre suppose une juste distance. Tout resserrement de cette distance est un étranglement.

Nous serions donc sans cesse contraints de penser notre rapport à l'agressivité. Malheureusement un établissement ne s'engage pas facilement dans un tel travail de lucidité. Or pour que l'agressivité de quelques-uns cesse, il suffit parfois d'un simple changement dans l'espace ou le rythme, ou dans l'intérêt qu'on vient à leur apporter. Si des précautions sont prises ; des projets mis en place et de nouveaux repères inscrits, l'agressivité peut s'apaiser, le dialogue reprendre. Des difficultés rencontrées, chacun est responsable. Quelle que soit la circonstance, on cherchera à en décoder le sens.

Dégagements

Il est peu fréquent qu'on résolve un problème en s'en tenant aux réponses qui viennent naturellement. Pour aboutir, il s'agit davantage de chercher, de laisser en soi retentir le sens d'un acte, d'inventer. Peut-être découvrirons-nous les dispositions propres à accompagner un enfant.

Liée à la perte des repères identificatoires, à l'insécurité intérieure, l'agressivité émerge en parole codée. Elle indique qu'un être est en souffrance, en alerte. L'agressivité est un épiphénomène dont le sens réside ailleurs. Si on espère l'apaiser, ce n'est pas en se penchant uniquement sur la conduite agressive, mais sur le sens que recèle cette conduite. C'est reconstruire, chez un enfant pris dans l'angoisse d'un avenir incertain, en instabilité chronique parce que livré au bon vouloir d'adultes imprévisibles, un lieu — symbolique — stable, des structures porteuses, qui lui permettront peut-être de se poser, sans agresser ni être agressé. Tout humain privé d'un territoire, sans sécurité ni repères, ne peut qu'être livré à l'angoisse et prêt à l'attaque pour se défendre.

Des mots doivent être mis sur le désarroi, des mots qui ne s'arrêtent pas à une simple morale. Lorsqu'il est humilié, rejeté, en impuissance, dévalorisé, lorsqu'il n'est nulle part reconnu, qu'il se sent délaissé, sans projet, lorsque des paroles malheureuses ont scellé son destin dans une perspective d'échec, alors l'agressivité est son dernier sursaut pour clamer au monde son existence. Il a raison de nous le faire ainsi savoir. Nous aurions au moins à le reconnaître.

L'acte agressif vient-il signer son désarroi face à un monde inconnu dont les règles ne sont pas claires, où il a été amené de force et contraint de rester, sans que personne n'ait songé à parler de ce qui arrive ? L'en punir vient encore enfler la menace. On ferait mieux de l'introduire peu à peu sur son nouveau territoire, le lui rendre plus familier afin qu'il ait le désir de s'apprivoiser, de s'y attacher, de s'y sentir en sécurité. On ferait mieux de lui énoncer, un à un, les interdits qui protègent son corps comme le corps des autres, et construire avec lui la confiance nécessaire pour y évoluer. L'acte agressif est-il devenu le seul mode de communication ? Vit-il fou de terreur, vit-il dans un monde intérieur éclaté ? Un lieu structuré, des paroles qui repèrent, les mesures sensées le protéger ne suffiront peut-être pas à désamorcer, sur le champ, son effroi. Le chemin pour essayer de vivre sans être constamment aux abois sera long. Il faudra sans cesse penser le lieu qui l'accueille, pour lui permettre de se reconstruire pas à pas, de quitter ses défenses, de faire créance à ses nouveaux compagnons de route.

Un adulte n'a-t-il toutefois pas le devoir de proscrire l'agressivité, d'empêcher qu'elle n'émerge, d'obtenir son refoulement ? Telle semble être l'éternelle question. Si nous réussissions dans cette entreprise, ça ne sera pas sans dégâts. Alors ne poser aucun interdit ? La laisser se développer en espérant qu'elle s'épuisera ? Se soumettre à toutes les agressions ? Beaucoup en ont pris le chemin. Ils restent stupéfaits et sans imagination face aux coups qu'ils ne manquent pas d'essuyer. Avons-nous à le préserver de toute frustration, répondre à sa demande insatiable pour ne pas le contrarier, pour éviter les accès d'agressivité ? Il rencontrera de grosses difficultés pour s'insérer dans la vie qui n'est jamais dispensatrice de tous les biens, où il aura affaire quelquefois à plus forte partie. Viser alors à n'accéder en rien à ses demandes, imposer notre loi ? La haine surgira pour sûr.

Un adulte se sent parfois coupable de réagir en miroir, préfère comprendre et, souvent, choisit de s'abstenir. Ce qui débouche également sur un intolérable. L'agressivité appelle une réponse. Elle exige que soit reconnu son acteur. Laisser l'autre à la toute-puissance de son agressivité, ne rien dire, laisser faire en attendant que cela cesse est aussi inadéquat que de répondre en miroir. Il importe de toujours rétablir des limites, de reformuler à chaque fois les interdits structurants. Même si on renonce à toute rétorsion, à toute punition, ne faisons pas silence sur ce qui s'est passé. A chaque fois, on a à signifier que l'acte a été entendu, son responsable reconnu, avec lequel nous pouvons convenir d'autres formes d'expression. En autorisant l'extériorisation des tensions, en prévoyant des moments pour le faire, en encourageant à utiliser la parole, en réfléchissant ensemble, on lui permet de ne pas rester seul face à son pouvoir d'agresser. Il en va de l'humanisation de chacun.

Les « affreux jojos », comme l'écrit Françoise Dolto, ne sont d'ailleurs pas forcément ceux qui s'en sortiront le plus mal. En revanche, ceux dont on peut s'inquiéter ce sont les eaux dormantes, les bonnes pâtes, qu'on ne voit pas se rebiffer. Aucune agressivité en eux, apparemment. Pourtant elle est là, cette pulsion, et, à défaut de se tourner vers l'extérieur pour y trouver une cible, c'est au-dedans qu'elle va agir. Les grands timides, par exemple, sont fréquemment de grands agressifs. Quand ils ne peuvent agresser l'autre, quand ils ont par avance peur des représailles, quand ils ne peuvent extérioriser cet intolérable, c'est sur eux que se décharge l'agressivité. Une violence inouïe qui laisse pantois si l'on rêve d'un humain qui n'œuvre que pour son bien-être, que pour son plaisir. Tel est le destin de la pulsion agressive quand elle est interdite d'expression : maladie, accidents ou dépression... Il est ainsi nécessaire de permettre aux enfants agressifs de médiatiser leurs explosions et autoriser les enfants dociles à ne point trop redouter les leurs, à ne pas céder à la peur d'une violence projetée dont ils dotent les autres et qui les rend muets. Il est alors plus judicieux, au lieu de gronder un enfant, de parfois le féliciter de s'être défendu ; et au lieu de réconforter la victime, de lui faire entendre que s'il veut jouer à empiéter, il doit s'attendre à ce que l'on se fâche. Pouvoir jouer son agressivité, la mettre en scène, réaliser qu'elle ne le détruit pas est un exutoire. C'est un dégagement possible pour apprendre à se construire en opposition. Il est ainsi inopérant, voir dangereux, d'interdire les jeux où l'agressivité et la mort sont théâtralisés, comme il est dangereux de le protéger de toute agressivité.

« Vivre, écrit Daniel Lagache — et nous voulons dire ici "vivre pleinement" —, c'est aller vers les "objets" en assumant le désir, la demande, l'agression, en faisant face à la contre-agression. En même temps le "vivre" ainsi entendu n'exclut pas le "mourir" (...) La condition masochiste est à l'opposé. Refuser l'obstacle et le risque, retenir sa demande, écarter son désir, c'est rétrécir son monde personnel et se retirer des objets. C'est faire place, sinon à la mort, du moins au non-vivre. C'est revenir à une condition de passivité et de dépendance, où la puissance est dans l'autre, une puissance à laquelle on ne peut échapper ou qui est le seul recours. »[1] L'agressivité est nécessaire à la création, à l'acquisition d'un savoir. Elle est à la base, selon les freudiens, de la sublimation. Elle est indispensable dans la défense de son territoire, pour répondre à l'insécurité, pour se protéger d'un inconnu menaçant, pour lutter contre l'objet qui résiste, pour réagir contre un milieu pathologique. Elle est symptôme, lorsqu'elle

1. D. Lagache, Situation de l'agressivité, *Bulletin de psychologie*, 14, n° 1, 1960-1961, p. 110.

est signal codé d'une souffrance. Elle devient vraiment pathogène, lorsqu'elle est le seul langage à sa portée, lorsqu'elle est la seule façon de communiquer, qu'elle est adressée hors propos.

Aucune communauté n'est à l'abri de montées d'agressivité. Mais l'amalgame n'est pas rare entre agressivité et violence. Au nom de la seconde, on voudrait bannir la première. On les confond et on se trompe. La violence nue, sans frein et sans raison, qui recherche la destruction consciente, qui s'attaque au corps de l'autre, lui ôte la vie, et jouit de la scène, est rarement notre fait. Ce sont les sociétés elles-mêmes qui en ont l'apanage : elles peuvent détruire en toute conscience quand elles sont mues par des justifications idéologiques. Il existe bien des poches en ébullition et des bandes, ici et là. On s'en effraie. Elles cristallisent une angoisse démesurée, parce qu'on refuse de voir que ce sont souvent des mécanismes sociaux qui les créent, qui créent leur destructivité. Certains psychosociologues se demandent même si ces ratés du système ne sont pas nécessaires pour inciter à la conformité, pour détourner la réflexion sur l'arbre qui dissimule la forêt. L'insécurité entretenue distrait d'autres problèmes. Notre passé proche n'est pas violence généralisée, loin de là. Quant à notre futur...

Aucune civilisation ne viendra à bout de l'agressivité, mais nous pouvons, en l'affrontant, être les gardiens des lois protectrices, trouver à l'investir dans des projets, même si nous ne pouvons programmer les heureuses sublimations qui en adviennent. Agressivités d'enfants de trois ans, d'adolescents, de personnes âgées..., à chacun de décrypter leur sens. La psychanalyse a révélé le monde psychique « meurtrier » où se meuvent certains humains : « objets » dévastés, corps morcelés, crainte constante d'être attaqués. Elle a montré que la violence nue était parfois une tentative de restitution narcissique, une manière de s'attacher l'autre, lorsque tout est détruit, lorsqu'on n'est pas reconnu. Nos rêves attestent l'existence, dans l'inconscient de chacun, de forces obscures qui nous submergent et nous épouvantent. Nos rêves nous renvoient à des figures de victimes auxquelles nous nous identifions quand nous tirons notre force des punitions que nos ratés attisent. Chacun d'entre nous a peur de son agressivité. L'inhiber implique des difficultés psychiques. L'expulser sans frein également. Un adulte ne peut finalement soutenir un enfant dans cette épreuve, que s'il se défie de ses propres projections agressives, de ses surenchères. Il ne peut s'en sortir que s'il ne fuit ni sa propre agressivité, ni la prégnance de ses vœux de mort, ni son sadisme, ni ses positions masochistes. Que s'il domine sa peur de faire partie d'une communauté humaine où l'agression est un atout pour survivre mais qui s'est donnée des règles pour qu'elle ne s'actualise pas injustement. Et qu'il garde en mémoire ceci : lorsqu'on est dans une trop grande proximité, dans la séduction, l'inceste, un dedans privé d'un regard au-dehors ; lorsqu'il n'existe pas de lieu tiers, pas de soupapes, pas de porte de sortie, pas de perspective, on peut être sûr que l'agressivité va germer et prospérer dans les face-à-face, les fréquentations sans dégagements, les exclusivités, les moi-toi en miroir, les no-futur, le quotidien sans passion. Portés vers l'ailleurs par un projet, on n'aurait probablement moins besoin de s'agresser pour trouver une raison de vivre.

2. FRAGILE SEXUALITÉ

La sexualité n'est pas le thème favori du monde des enseignants. Il est rare qu'elle apparaisse dans leurs préoccupations. Pourtant des interrogations surgissent parfois qui ont trait à la masturbation ou à l'identité sexuelle. Quelques enseignants sont désorientés d'avoir à répondre à certaines questions, devant l'emploi chez un jeune enfant d'un vocabulaire obscène, par les dessins suggestifs ou les passages à l'acte. Ils sont quelquefois embarrassés par un garçon trop efféminé ou celui qui se comporte comme un « petit macho ». La sexualité serait plutôt affaire de la famille, l'école restant neutre, autant que possible. L'argument est trop simple, mais prédomine.

Depuis les découvertes de la psychanalyse sur la sexualité infantile, les enseignants résistent généralement aux hypothèses avancées, à la vision d'un humain fragilisé par sa confrontation à son sexe. Pourtant, suite à l'avancée des conceptions freudiennes, une éducation sexuelle a trouvé droit de cité dans l'enseignement, qui tend souvent davantage à fournir des explications physiologiques, des informations scientifiques qu'à aborder la façon dont chacun et chacune sont troublés par leur féminin et leur masculin. Dans l'espace scolaire, y a-t-il à aller au-delà du conseil toujours judicieux, que l'on propose ici ou là dans la littérature, quand il s'agit de répondre aux questions d'un enfant ? Un enseignant a-t-il à se mêler d'autre chose que de l'intelligence et de la culture ? D'ailleurs en quoi cela regarde-t-il la sphère de l'apprentissage ?

Déceptions

A n'en pas douter, une amnésie recouvre la sexualité infantile de chacun. La fantasmatique qui lui est liée n'est guère avouable. On a notamment oublié les premières questions posées. Pourtant les énigmes relatives au sexe rendent fragiles le psychisme humain. Aucun d'entre nous n'y échappe. Au plan du désir, un enfant est mature très tôt, beaucoup plus tôt qu'au plan physiologique. Il traduit très vite un élan amoureux, avec ses vœux d'éliminer tout intrus. Mais comme sa réalisation n'est pas envisageable, c'est dans le fantasme qu'il trouve satisfaction. Il veut faire, et cela lui est interdit. Son élan est contrarié, il en demeure vulnérable.

Sous le symptôme adulte, Freud a découvert une détermination sexuelle précoce : un enfant n'était donc pas aussi innocent qu'on se plaisait à le soutenir. Son corps-plaisir connaît très tôt le désir d'être aimé. Très tôt il formule des questions sur son origine et sur la différence sexuelle, où se lit le regret de n'être pas de l'un et l'autre sexe à la fois. Qui en a décidé ainsi et que va-t-il encore perdre ? Qu'a-t-il donc fait pour être ainsi mutilé ? Il retire du plaisir de son corps et cherche à être reconnu. Il imagine ce qui n'est pas, construit des scénarios autour de ce qu'il ne comprend pas.

Si vous vous taisez, anxieux face à votre sexualité, il avance sa propre compréhension ou il se tait lui aussi. Si vous lui interdisez toute manifestation d'amour, il vaut mieux qu'il cède, sa capacité d'aimer en sera meurtrie. Il se fait séducteur, comment le prendrez-vous ? Il avance ses questions : vous lui dites qu'elles ne sont pas convenables ; le savoir du sexe est dangereux. Il devrait apprendre la différence, mais il la nie, il fait comme si elle n'était pas. Chaque coup porté à son narcissisme l'insupporte. Tout est atteinte à son corps que vous faites vibrer par la parole ou les soins que vous lui prodiguez. Vous ne vous rendez pas compte qu'il en conçoit une terreur : que vous l'amputiez. Alors il se crispe sur ce qui lui paraît être les insignes de son sexe, pour se protéger, pour vous cacher sa vulnérabilité. Ce n'est que bien plus tard qu'il peut accepter qu'en lui le féminin et le masculin coexistent. Tant que son sexe reste indéfini, il peut être troublé dans son accès au savoir, il peut résister à apprendre les matières qu'on lui enseigne, non pour ce qu'elles sont mais pour ce qu'il en a fait. Selon Freud, la scène du désir et du fantasme suffit à créer des conflits et des symptômes. La fragilité du rapport à son sexe et au sexe de l'autre, colore en chacun son rapport au monde et à la connaissance.

Dès l'instant où Freud fit, à partir de sa pratique clinique, l'hypothèse d'une étiologie sexuelle des névroses, dès qu'il eût dénoncé les méfaits des tromperies ou du silence des adultes, les psychanalystes et les éducateurs crurent entrevoir la possibilité d'une prophylaxie dans la mise en place d'une

« éducation sexuelle ». Informer enfants et adolescents sur la sexualité relevait d'une nécessité, tous en étaient persuadés. On s'indigna des mensonges des adultes qui n'osaient pas parler des choses du sexe. On demanda que la vérité fût dite, que la réalité fût nommée. Que les mots fussent trouvés pour faire comprendre d'où viennent les enfants, que la différence des sexes n'est pas atteinte au corps ; pour rassurer aussi : non, la masturbation ne rend pas aveugle et l'on a pas à s'en culpabiliser.

On le demanda et on l'obtint. Mais les psychanalystes et les éducateurs qui s'étaient enthousiasmés[1], pour lesquels la prévention — si on disait les choses — ne faisait pas de doute, ne furent pas longs à déchanter, à s'apercevoir que les théories élaborées par les enfants pour expliquer l'inconnu résistaient à l'information exacte, que leur scénario fantasmatique était plus proche d'une vérité du désir que des énoncés scientifiques. Ils réalisèrent en outre que si les adultes étaient disposés à fournir des informations sur la physiologie, ils étaient beaucoup plus réticents à parler du plaisir ou du trouble ressenti. Ils réalisèrent que le non-dit des émotions inclinait un enfant à penser que, sur ce qu'il éprouvait, il était plus sage de tenir sa langue. Ils s'avisaient encore qu'aucune information, aussi juste fût-elle, ne peut aider à elle seule à résoudre ce qui est la singularité de chacun dans son rapport à son sexe. Ils étaient souvent tombés dans le discours idéalisant qui prétend à l'épanouissement du rapport à son sexe et au sexe de l'autre, simplement par la communication d'informations. On s'était pris à rêver d'une sexualité bienheureuse, libérée de ses carcans, dans l'oubli que Freud avait avancé l'hypothèse que toute civilisation exige, comme tribut, la répression de la sexualité, une répression qui engendre bien des malheurs, bien des insatisfactions, bien des refoulements.

1. M. Cifali, J. Moll, *Pédagogie et psychanalyse,* Paris, Dunod, 1985, p. 57-100.

L'école continua à se rêver asexuée. C'est de l'intellect qu'elle s'occupe, elle n'a que faire du sexe. Elle travaille pourtant à partir d'une transmutation : de l'énergie libidinale en pulsion épistémologique ; des plaisirs d'organe en plaisirs secondarisés ; de la jouissance immédiate en jouissance différée ; de la satisfaction du corps en satisfaction de l'âme. Freud l'a montré : entre la sexualité et l'intelligence, il y a continuité. La répression de la curiosité sur les origines peut entraîner l'asphyxie de la curiosité intellectuelle, la mise à mort du désir de savoir. Un enfant qui n'habite pas son sexe se déplace difficilement dans le registre de la culture et de l'apprendre. L'entendre vaudrait mieux.

Amour oui, sexe non

Freud a soutenu dans un premier temps que les traumatismes sexuels réellement subis, que les séductions effectives, l'entrée par effraction de la sexualité de l'adulte dans l'enfance étaient à la source des névroses. C'était s'attaquer à un tabou tenace. Climat d'inceste, amour sexualisé, appropriation du corps de l'enfant et son érotisation : autant d'intrusions inconcevables, autant de blessures honteuses. Puis Freud a abandonné cette hypothèse, pour mettre en cause la fragilité interne de tout sujet quant à son sexe. Mais cette première hypothèse demeure prégnante. La relation de l'adulte à l'enfant n'est jamais innocence, bien au contraire. Derrière l'amour attendrissant, il y a les abus, parfois les sévices sexuels, le plaisir dérobé sur le corps d'un enfant, lui-même pris dans une jouissance mortifère qui ne le laisse plus tranquille. Le corps à corps est nuisible puisqu'il empêche que l'énergie sexuelle soit dérivée sur d'autres objets ou sur d'autres créations. Aujourd'hui, des oreilles recueillent les plaintes des enfants victimes de la perversité des adultes. Les sévices encourus sont décrits. On reconnaît l'abjection d'un désir qui n'aurait jamais dû être réalisé et qui le fut ; le fantasme, devenu réalité, plonge l'enfant dans des difficultés psychiques indescriptibles, elle le meurtrit durablement. Dès le début du siècle, Ferenczi[1] dénonça cette confusion des langues, de la tendresse et du sexe.

Dans la parole de l'adulte, lorsqu'il y a un enfant, il y a de l'amour dans l'air, et même si l'on est dans une profession où on est rémunéré. Qu'une relation professionnelle s'étaie explicitement sur l'amour, cela est peu commun. Dans l'espace thérapeutique, l'émergence de cette inclination cause bien des tourments, et l'espace médical serait aménagé pour prévenir son émergence. Chez les enseignants, pas de défiance : l'amour apparaît désexualisé, tant du côté de l'adulte que de l'enfant. Une érotisation possible de la relation maître-élève est inimaginable. Un adulte nie la plupart du temps que sa propre sexualité rejaillit dans son rapport à un enfant, il ne veut rien entendre de la coloration sexuelle de toute relation professionnelle ou évacue prudemment le problème pour admettre que, s'il existe, c'est uniquement par la folie de quelques individus ; il veut alors bien concéder quelques bavures de la part de rares désaxés qui sexualiseraient l'innocence. Si, dans les métiers d'éducation, l'amour est la référence obligée, s'il s'y conjugue sans culpabilité, s'il est la valeur inaltérable dont on se réclame, il s'apparenterait à l'amour maternel « désintéressé » et non à quelque plaisir érotisé. Cette désexualisation à tout prix n'est pas sans danger. Elle fait le lit au retour du refoulé, au « passage à l'acte » — côtés adulte et enfant —, à l'obscénité sournoise ou à la pédophilie. A se sentir protégé par les structures institutionnelles, les abus demeureront.

Bénéfices

On dit souvent dans ce métier qu'il faut « au moins aimer les enfants ». Aimer devant garantir la validité de l'acte éducatif, protéger de l'erreur, être bénéfique dans la rencontre. Y

1. S. Ferenczi, Confusion de langue entre les adultes et l'enfant, *Psychanalyse,* vol. 4, Paris, Payot, 1993.

a-t-il à redire à cette profession de foi ? Au départ, l'amour est le « sésame ouvre-toi ». Tous les grands pédagogues l'ont mis au cœur de leurs propos. On entrerait en pédagogie comme en religion d'amour, sinon inutile de postuler. On a beau jeu de se gausser de ceux qui disent avoir choisi d'enseigner parce qu'ils aiment « les » enfants. Les purs scientifiques parviendront-ils à les faire taire, à les ramener à plus de sérieux, à plus d'efficacité ? Que diable, soyez plus réaliste !, entend-on parfois. Ne voyez-vous pas que les prosélytes de l'amour ne sont que des naïfs, qu'ils n'ont rien résolu des rapports des hommes entre eux. Il n'est pas très difficile de décrier ceux qui professent « l'amour de l'humanité ». A quoi cela a-t-il mené ? L'argument, pour être réaliste, n'en est pas moins un peu sommaire. Le discours de l'amour doit être pris au sérieux. Si la technologie l'emportait, sa nostalgie resterait vivace. Quelque chose échappe, dans la relation à l'autre, à la seule raison : qu'on le qualifie affect, mystique, impondérable... Ce quelque chose s'emploie — *nolens volens* — à s'y infiltrer.

« Je les aime » se conjugue d'ailleurs avec : « Ils doivent m'aimer. » Le plaisir qu'un adulte attend de l'exercice de ce métier en dépend, du moins dans le discours. Et gare à celui qui le frustre dans cette attente ! A celui qui le déstabilise ! Il peut en venir à se liquéfier dans le doute, l'angoisse et l'intolérable, au point de ne plus savoir s'il est encore apte à accomplir ce métier-là. Son bien-être se jauge au plaisir dont un enfant le gratifie. Il est gagné par le vertige de sa non-existence, lorsqu'il en est privé. Etre aimé, n'est-ce pas sa récompense suprême, la juste réassurance quant à sa personne ? L'amour en plus — qu'il donne ou qu'il reçoit — est la gratification revendiquée, en sus du salaire perçu.

Le besoin d'être aimé n'est pas l'exclusivité de l'enfant. Un adulte jamais ne l'assouvit. La demande d'amour n'est donc pas, tant s'en faut, unilatérale. Un adulte, un professionnel, n'arrive le plus souvent pas à s'en passer. L'amour électif le dévore tout entier. Il est amour-prison, amour-miroir. La psychanalyse nous a infligé une désillusion, elle a pris le contre-pied de l'amour-altruisme, elle l'a contrefait en amour-narcissisme. Au fond, le plus souvent : « J'aime aimer, j'aime être aimé ; plus qu'elle ou lui, j'aime l'amour ; je m'aime dans l'amour que je porte, qui me donne de l'importance. » Et ce serait précisément un obstacle à la reconnaissance d'un autre pour ce qu'il est. En tant que professionnel, on n'a peut-être en effet pas à « les » aimer, ni à l'aimer. Il faudrait renoncer aux grandes déclarations générales et accepter au contraire d'être frustré de son amour, comme l'écrit Winnicott[1]. Non pour instaurer un vide de sentiment, mais pour mettre à la place un travail qui vise à respecter chacun, une relation fiable de parole pour tous et pas seulement pour quelques-uns choisis selon notre bon plaisir. On n'aurait pas davantage à exiger qu'ils nous aiment.

Aujourd'hui, les pédagogues ont, pour la plupart, rayé le mot amour de leur vocabulaire, le remplaçant par des assertions plus réalistes, par des motivations plus terre à terre. On n'en parle même plus lorsqu'il s'agit d'enseigner les « grands ». On sourit de cet humanisme. Reste que ce levier de l'éducation est encore essentiel pour beaucoup. Le face-à-face dans l'amour n'est pas si rare. Nous ne pouvons nous en sortir en jouant les blasés, en décrétant qu'aimer n'est plus de saison, qu'on possède désormais des instruments plus objectifs, moins partiaux, moins tributaires des humeurs des uns et des autres, que dans notre société technologique il est obsolète.

1. D. Winnicott, Influencer et être influencé, *L'enfant et le monde extérieur,* Paris, Payot, 1972, p. 40.

3. ENTRE EUX

Philosophes[1] et épistémologues réfléchissant à l'évolution de nos sociétés ont parfois déclaré que la révolution ne serait pas seulement technicienne, mais se situerait dans « les rapports que les hommes entretiennent entre eux ». Plus personne ne rêve, comme au début du siècle, de l'installation, par l'intermédiaire de l'éducation, d'un paradis terrestre où les hommes s'aimeraient enfin. Les pédagogues ont entretenu des illusions qui furent détruites par la réalité historique. Il est cependant toujours urgent de permettre à chacun de se débrouiller avec son voisin et comprendre quels sont les dangers que recèlent tout rapport à l'autre. La morale d'antan a été remplacée par le précepte psychologique, qui désignerait ce qui est acceptable ou pas. L'éducation est cependant encore guettée par une parole qui désigne le bien et le mal, et pense qu'elle aura suffisamment d'effet pour qu'un être humain s'y tienne.

« Aimez-vous les uns les autres », la formule éculée sert toujours. On souhaite que chacun soit bien avec le voisin. Qu'il n'y ait pas de bagarre, que l'autre soit accepté malgré sa différence, surtout à cause de sa différence. On reste surpris d'assister au rejet, à l'incapacité de certains enfants d'accueillir le nouveau venu. On voudrait un monde de l'enfance sans ces scories du rapport à l'autre et supportons mal que notre rêve ne soit pas réalisé. On s'élève certes un peu lorsque l'un est trop manifestement la victime, mais on se décourage devant la manifestation de tant de cruauté. A la scène on ne participe pas, sinon de loin. On se contente de désigner celui qui est coupable de ne pas aimer l'autre. On n'échappe pas

1. Voir par exemple J. Patôcka, *Essais hérétiques sur la philosophie de l'histoire,* Paris, Verdier, 1986.

aux « tu ne devrais pas », alors que l'autre a choisi son souffre-douleur. La leçon de morale n'est pas loin. On s'attache à nommer les différences, à rendre présentes les multiples origines, mais on demeure en quelque sorte atterré devant l'explosion où un autre est annihilé, humilié. La punition est parfois le seul recours. C'est comme si on ne se souvenait pas de comment on vit avec l'autre. Le raciste c'est toujours le voisin, et on ne s'entend pas parler.

Chacun dénie en quelque sorte que vivre ensemble est la plus dure épreuve de l'être humain ; qu'accepter l'altérité sans se sentir en danger est toujours épreuve à recommencer. Pourquoi a-t-on tant mal à l'autre ? Pourquoi vivre ensemble est-il si difficile ? Nous nous confrontons aux phénomènes de l'exclusion, de la dévalorisation, de la haine de l'autre, ce que l'on désigne par le terme générique de « racisme ». Dans notre idéalité d'être humain, nous rêvons d'une société où on pourrait vivre ensemble sans se heurter, que ce soit au niveau des peuples ou de notre quotidienneté. Il n'y a pas de plus grand rêve et de plus grande souffrance que cela n'existe pas. Nos idéaux vont vers les Droits de l'homme, la tolérance, l'acceptation des différences, l'harmonie des relations ; on continue même de parler de fraternité. Comment peuvent-ils être constamment bafoués ? On demande alors à un enfant de soutenir notre idéal même si nous savons que les adultes en sont bien loin. L'enfant est porteur, là comme dans d'autres domaines, de nos espoirs déçus.

Le bon et le mauvais

Pour comprendre notre rapport à l'autre, il faut revenir à nos angoisses les plus primitives. Chacun connaîtrait une agressivité primitive vis-à-vis de « l'objet » dont il dépend et qui dispense sécurité et plaisir. Ce bon objet va infailliblement défaillir, le laissant dans la colère ; l'agressivité émerge envers qui ne correspond plus à l'attendu. Frustration, attaque puis crainte des représailles. Avec une double angoisse : celle d'être attaqué et celle d'avoir détruit qui on aime et d'en être abandonné. Amour, attaque, ambivalence, perte et agressivité à l'œuvre seraient l'abécédaire de nos relations à l'autre, d'autant plus intensément vécu que cet autre est indispensable à notre survie. L'épreuve la plus terrible réside alors dans le fait que le « bon » objet, celui qui est tout pour soi, pourrait devenir mauvais. Le bon se mélange au mauvais, toujours susceptible de surprendre et menacer. Où est alors sa sécurité s'il ne peut départager celui qui est définitivement bon pour lui de celui qui lui est radicalement mauvais ? L'autre est toujours capable de le détruire ; avec comme corollaire : il peut être mauvais pour ceux qu'il aime ; il peut abîmer qui lui importe et le perdre par sa faute. Si l'autre est bon et mauvais tout à la fois, « moi aussi je le suis ». C'est difficilement supportable. « Je ne suis garanti en rien ni dans moi ni dans l'autre. » Son insécurité à l'égard de lui et des autres se dessine dans ces zones-là. L'autre est toujours susceptible de l'abandonner, de l'exclure, de le faire souffrir, d'aller à l'encontre de ce qu'il voudrait : « Il me résiste et je lui résiste. Il surgit dans sa différence, jamais il ne se conforme totalement à moi ; il me renvoie à mes incertitudes d'être : je ne suis pas sans lui et je vacille. »

Comment se défend-on de cette épreuve, comment tentons-nous de la rendre plus tolérable ? Melanie Klein a nommé plusieurs parades[1]. Pour nier notre ambivalence, protéger l'autre de nos attaques et nous protéger des siennes : l'idéaliser, le sacraliser. Ce processus est particulièrement visible dans le rapport à l'enfant. Alors que dans nos rêves de femme, il n'est pas rare que nous mettions à mal un enfant, dans la réalité nous idéalisons notre amour pour lui et son amour pour nous au point d'effacer toute trace de nos destructivités respectives.

Puis il y a le clivage. « J'expulse la part mauvaise en moi sur l'extérieur qui devient le symbole du mal. Ainsi je m'épargne,

1. M. Klein, *La psychanalyse des enfants,* Paris, PUF, 1969 ; *Essais de psychanalyse,* Paris, Payot, 1978 ; *Développements de psychanalyse,* Paris, PUF, 1980.

et j'ai un ennemi extérieur contre lequel je peux me défendre. Cette part de moi se retrouve chez lui et je reste dans la certitude de ma bonté. Sur lui, je déplace ce qui n'a pas de place en moi et je peux le haïr, sans que je sois mis en cause. Si je ne me supporte pas, j'expulse cette partie mauvaise, puis la combats comme totalement différente de moi. Cela me permet de ne jamais m'interroger sur mon intériorité. D'avoir un ennemi extérieur me rassure, je sais d'où vient le mal et je peux l'abattre. » La solidarité avec d'autres a dès lors un ferment : notre ennemi commun. Notre lien social est tragique[1]. Le mauvais extérieur soude les rapports sociaux. Comme sujet ou comme groupe, on souscrit à la dramaturgie de l'attaque et de la fuite, à l'extériorisation de nos problèmes. Mais ce faisant on est continuellement dans l'insécurité, puisque susceptibles d'être attaqués par qui on attaque. L'autre n'est pas un ami mais un toujours possible persécuteur.

Chacun évoque son angoisse et surgit dans la solitude de son existence. Il la nomme et rattrape son enfance. Il la sent et s'en défend. De toutes parts il est cerné, de l'intérieur et de l'extérieur. Le monde fait effraction, il vit ce que l'on nomme pudiquement des circonstances historiques. Peur, angoisse, insécurité, crainte, intrusion, personne ne le protège efficacement. Nul ne le rassure complètement, jamais.

Moi et l'autre

A travers l'autre, à n'en pas douter, c'est à moi que je me confronte. Plus je ne *m*'aime pas, plus je *le* hais. La haine de l'autre, Castoriadis la conçoit comme « autre face d'une haine de soi inconsciente »[2]. Une société qui provoque la haine de soi drainera la haine de l'autre. « Si j'ai mal à l'autre, c'est que

1. E. Enriquez, *De la horde à l'Etat. Essai de psychanalyse du lien social,* Paris, Gallimard, 1983, p. 183.
2. C. Castoriadis, Notations sur le racisme, *Connexions,* n° 48, 1986, p. 116.

je me débrouille mal avec moi-même. Ce que je rejette de lui, c'est une part de moi. Si j'ai de la peine à vivre avec lui, c'est que j'ai de la peine à vivre avec moi. » Qui est alors susceptible d'être une menace pour soi ? On a souvent pensé que c'était l'autre dans sa radicale différence. Le noir pour le blanc. Daniel Sibony affirme que celui qui nous met le plus en danger, c'est celui qui « presque » nous ressemble : pas tout à fait mais presque. Un être différent mais en voie de devenir semblable. Celui qui est juste intégré peut être en effet redoutable pour celui qui l'est pas encore. Celui qui vient d'être reconnu citoyen d'un pays peut risquer de ne pas supporter l'étranger. L'enfant d'ailleurs peut en venir à rejeter un enfant qui débarque à son tour et n'a pas encore de place. L'autre est « l'ombre de leur être », c'est pourquoi il faut « de toute urgence le faire passer dans le *néant* »[1].

Qui suis-je ? Chacun veut devenir soi-même, est à la recherche d'identité stable, et c'est là que le bât blesse. La petite différence est toujours à l'orée du bois. Personne n'est protégé chaque fois qu'un autre vient sur son terrain et se révèle plus vivant qu'il ne l'est. Son identité est troublée par une telle proximité. « L'autre est toujours potentiellement dangereux. »[2] Et il l'est d'autant plus lorsqu'on n'a pas de sécurité intérieure, qu'on est dans un état d'impuissance et de désarroi, que notre vie est mise en danger par un dénuement, qu'on ne peut transformer sa réalité inacceptable. La dramatisation de ces phénomènes advient lorsqu'un individu ou une communauté se trouve insécurisé, dans un état de détresse : ils ne peuvent accepter une faille dans leur identité. Il en va ainsi de certains moments historiques ; il en va ainsi d'instants dans la vie de chacun.

Comment s'en défendre ? Comment empêcher un autre de prendre sa place ? Il existe un mécanisme à la portée de

1. D. Sibony, *Ecrits sur le racisme,* Paris, Bourgeois, 1988, p. 11, 13.
2. E. Enriquez, Le retour des forces obscures : le racisme comme symptôme, *Connexions,* n° 45, 1983, p. 220.

tous : le constituer en un ennemi désigné, l'inférioriser et l'exclure. « Je le désigne non pas seulement comme mon ennemi mais l'ennemi, et avec lui tous ceux qui lui ressemblent. Il est responsable de mon malheur ; cause de ma déchéance ; à l'origine de mon mal-être. » On le reconnaît alors pour mieux le maîtriser, le dominer. Et pour ce faire, on l'infériorise. « L'idée qui me semble centrale, écrit Castoriadis, est que (...) le racisme est un rejeton, ou un avatar, particulièrement aigu et exacerbé, je serais même tenté de dire : une spécification monstrueuse, d'un trait empiriquement presque universel des sociétés humaines. Il s'agit de l'apparente incapacité de se constituer comme soi sans exclure l'autre — et de l'apparente incapacité d'exclure l'autre sans le dévaloriser et, finalement, le haïr. »[1] On a besoin de l'inférioriser pour que notre haine soit justifiée. « Sale ! » Les adjectifs visent bas, dans le scatologique et le sexe. On le repousse, pour mieux savoir qui on est et n'être pas ce qu'on croit qu'il est.

Avec eux

Etre enseignant, c'est précisément être dans un lieu où on est contraint de vivre avec l'autre. Devoir faire partie d'un groupe semble être la chose la plus naturelle du monde. On souhaite que les enfants soient constamment ensemble, en gardant leur raison et leur sang-froid. On ne s'inquiète pas pour savoir si l'un peut déjà supporter l'autre, alors qu'il ne sait pas qui il est. On demande aux enfants ce qui n'existe pas au niveau des adultes. Avons-nous déjà vécu dans un groupe sans passion ? « Je suis autre lorsque je fais groupe. » C'est l'anglais Wilfred R. Bion[2] qui a inauguré une réflexion autour de la fantasmatique propre au groupe. Il en a découvert les scénarios et en a tracé les notes fondamentales : com-

1. C. Castoriadis, Notations sur le racisme, *op. cit.*, p. 111.
2. W. R. Bion, *Recherche sur les petits groupes*, Paris, PUF, 1965.

ment chacun en vient à rechercher dans le groupe un qui lui dise qui être et quoi faire ; comment chacun renoue si facilement avec une dépendance vis-à-vis d'un leader chargé qu'il est de calmer ses inquiétudes et son désarroi. Le groupe dramatise les angoisses primitives face à l'autre. On y éprouve des phénomènes particuliers : la dépersonnalisation ; l'aliénation à l'esprit de groupe, l'exaspération de la jalousie, les rivalités et les appropriations ; les exclusions et les couplages ; la peine de penser pour soi-même ; le mutisme ou l'exhibitionnisme ; la difficulté d'échapper à la conformité et de conserver sa singularité ; le mal-être ou le bien-être d'être porté par les autres ; la crainte d'être la victime ; la complicité exclusive... Vivre en groupe entraîne parfois un déficit de la pensée et de la raison : ce n'est pas toujours bénéfique pour soi. Si l'un n'y est pas préparé, on le met en danger ; il sera livré à l'inconnu et aux forces du groupe.

Un groupe qui arrive à travailler ensemble a pu réguler ses énergies primitives et les polariser vers la créativité. Faire toujours travailler des enfants en groupe peut provoquer des effets pervers, peu dynamiques pour tel ou tel élève. On espère ainsi dynamiser leur apprentissage par une confrontation mutuelle, mais on peut aboutir aussi à le faire échouer par des phénomènes passionnels. Une coopération dynamique, une créativité autour d'une tâche, une intelligence nouvelle qui sourd des confrontations est nécessaire pour dépasser les limites de chacun ; mais la chimie est fragile, que la passion peut détruire. Faire comme s'il était naturel de vivre ensemble, de faire groupe laisse le plus primitif ressurgir pour l'un ou pour l'autre. C'est aussi ne pas comprendre ce qui se passe. Dépendance, aliénation, couplage, insécurité : les laisser s'installer comme s'ils étaient inéluctables, dur apprentissage de la vie ensemble où quelques-uns paient le prix de la commodité des autres.

Dans tout groupe, il y a invariablement recherche de qui porte la faute. Pouvoir désigner le fautif ne rend-il pas notre innocence ? Plus on se sent coupable, plus on recherche un coupable qui ne soit pas vous et qui puisse vous innocenter en expiant sa culpabilité désignée. Plus on est fragile, et plus un bouc émissaire est indispensable. Lorsque des enfants vivent en groupe, émergent immanquablement de tels phénomènes, parfois même favorisés par l'adulte. *Un* paiera pour les autres, c'est la possible loi d'un adulte. Un sera désigné pour être exclu, et cimentera contre lui l'ensemble. Mais l'atmosphère sera toujours anxieuse car chacun sait qu'il pourrait bien être le prochain. Toute différence, toute originalité est alors gommée, de peur que cette différence ne soit prétexte à sacrifice ou opprobre. La loi normative du groupe est d'autant plus forte qu'on tolère l'émergence d'un bouc émissaire. Le phénomène est courant dans une classe ou un collège. Si le groupe ne se structure pas contre un ennemi extérieur, l'ennemi intérieur peut faire l'affaire. L'un est sacrifié pour que la communauté soit protégée d'elle-même. Que le bouc émissaire vienne à disparaître, il en faudra un autre.

Pour vivre ensemble, il y a des règles, des interdits, des mots dits, des assurances, des sécurités, une place à préserver même à celui qui débarque en angoisse et attaque pour n'être pas attaqué. Il importe de perdre cet espoir que l'on peut vivre ensemble en bonne entente simplement par notre bonne volonté. Tous les phénomènes nommés — exclusion, bouc émissaire, défense, protection, exclusion, infériorisation, haine, intolérance, violence — sont présents nécessairement dans l'espace d'une classe ou d'un établissement. Il revient à l'école de s'y affronter minute après minute, même si ni notre actualité ni l'éducation n'éradiqueront ces « forces obscures », ces ombres de nous-mêmes.

Exigences

On aurait dans les métiers de l'humain à s'efforcer de comprendre comment on jongle avec le bon et le mauvais ; comment on déporte, reporte, dénie, attribue, projette, clive, idéalise ; comment dans tous les rapports professionnels, cela s'active au point de passionnaliser et de dramatiser les échanges.

Supposons, une mère, une enseignante et un enfant, disons un garçon : triangulation caricaturale tant s'en faut. Le glissement est rapide ; l'enseignante désigne la mère comme mauvaise et veut rapter pour son bien l'enfant — enjeu entre deux femmes. « L'autre est mauvaise, comment peut-elle être ainsi ! L'enfant m'aime et la déteste, d'ailleurs il m'appelle maman. Tout le mauvais est chez elle, je serais dans mon bon droit de lui prendre son enfant et de lui faire savoir combien elle est nocive. » Et ainsi de suite. Un enseignant contre celui qui le précède ou celui qui le suit ; une école contre une autre ; un métier contre un autre... On fonctionne souvent ainsi. Il n'est que de penser à une classe ou une expérience différente. D'avoir été novateur peut pousser à se dresser contre l'extérieur qui ne comprend rien, à interdire à l'enfant d'aller s'y confronter ; et l'expérience qui devait aboutir à sa prise d'indépendance, le rend nostalgique à jamais, dans l'incapacité de poursuivre sa route.

Une position paranoïaque guette à chaque instant. L'échec, notre malheur, l'autre est toujours susceptible d'en être responsable. Bon et mauvais, on ne se sort rarement de ce clivage. Il faut se méfier des idéologies ou des religions qui érigent ce partage comme mode de compréhension. « Le mal existe : c'est l'autre. » Cet adage a un pouvoir séducteur énorme puisqu'il vous délivre de votre culpabilité et de la nécessité de reconnaître qu'à l'intérieur de soi-même le mal existe. Eriger ce clivage en mode de compréhension, c'est aboutir à l'intolérance, l'exclusion, la fermeture à l'autre.

Il appartient à la psychanalyse d'avoir démonté le mécanisme et d'exiger de l'humain qu'il assume à l'intérieur de lui cette part mauvaise qui lui échappe. Si nous ne nous effrayons plus, nous serons peut-être capables de vivre avec l'autre sans le fabriquer en ennemi. Peut-on y échapper dans l'éducation ? Comme enseignant ? Un adulte enseigne son rapport à l'autre par la manière qu'il a d'en parler ; de céder au report de responsabilités, à la paranoïa ; de se risquer ou de continuellement se protéger. Ne l'oublions pas, si un enfant, un groupe peut être vécu, au plan fantasmatique, comme persécuteur par un enseignant, il risque de le devenir sur le plan du réel. Si les conditions sociales fragilisent trop un adulte, alors la scène ne manque pas de se répéter indéfiniment : il reporte sur les jeunes le mauvais qu'il faut extirper.

Dans la profession d'enseignant, un autre peut en effet fonctionner comme ennemi. S'il est dévolu au métier du militaire de donner à la société la part d'ennemi qu'il lui sied, il n'en va pas de même pour un enseignant. Une telle position aboutit à la paralysie de sa fonction : celle de transmettre du savoir et d'en permettre la construction et l'appropriation. Elle instaure un unique jeu de défense et d'attaque, où la sortie n'est pas fléchée mais attendue : exclusion extérieure ou intérieure ; expulsion ou maladie. Reconnaître l'autre, c'est vouloir alors le neutraliser ; s'associer avec d'autres, c'est vouloir l'ordre, la protection, l'harmonie et être toujours menacé de désordre et d'obscurité. Nous avons à nommer ces mécanismes trop humains. Si on ne peut y échapper, soyons au moins lucides pour ne pas en abuser. L'homme peut-il guérir de vouloir n'être dans son intérieur que bonté et vérité ? Pourra-t-il vivre un jour en assumant toutes ses parties, bonne et mauvaise ? Ne pas trop s'idéaliser et inférioriser l'autre ? Notre responsabilité est engagée. Jour après jour, permettons-nous une certaine ouverture sur soi-même, une réflexivité par rapport à ce qui se passe en soi, hors de soi et avec l'autre. Ou permettons-nous à l'homme de « s'éviter lui-même et d'éviter les autres, et donc de ne pas se confronter au problème crucial de l'existence : celui de l'altérité des autres et celui de la sienne propre »[1]. Favoriser l'intériorité, la

1. E. Enriquez, Vers la fin de l'intériorité, *Psychologie clinique,* n° 2, 1989, p. 76.

capacité de réfléchir, ne pas admettre que certains soient exclus de tout et surtout de leur vie, rendre possible la transformation et l'accès au savoir ne sont pas des remèdes infaillibles, mais quelques préventions. Certes chacun continuera à mal se débrouiller avec soi, mais il aura quelque distance face à ce qui lui arrive et ne souscrira pas aux trop habituelles défenses. Il ne s'agit pas de favoriser un quelconque narcissisme ou égocentrisme, mais qui sait prendre soin de soi a quelque chance de ne pas reporter sur l'autre une part de lui-même. Qui ne s'effraie pas de son intériorité, risque moins de trébucher dans des reports de responsabilité. Qui accepte de vivre avec soi, peut regarder vivre l'autre sans le suspecter de lui voler bonheur, argent ou créativité. « Supporter l'altérité, c'est supporter un minimum de désintégration, de non-intégrité, d'identité fêlée. Supporter que le semblable soit autre, que soi-même on devienne autre, n'est rien moins qu'évident : c'est accepter pour soi un changement qui nous échappe ; accepter l'idée corrosive du temps et de la mort »[1], écrit Sibony.

Un enseignant est particulièrement concerné. Il lui faut d'abord faire le deuil d'une harmonie. On aimerait tant tous être semblables. Ainsi, pense-t-on, il n'y aurait plus de conflit : lui et moi serions dans la bienheureuse entente de tous nos instants. Et on lui en veut de nous rappeler à chaque fois que ça n'existe pas ; sa différence nous heurte, on maudit le conflit qu'il nous impose. Mais sait-on que c'est une société totalitaire, despotique qui n'accepte aucun conflit, opposition, aucun débat contradictoire : qui veut une ligne, une identification massive à une idéologie ; qui souhaite n'avoir que des êtres identiques qui ont perdu leur singularité, tout déviant devant être expulsé. Reconnaître notre singularité, c'est accepter le conflit. Sauvegarder notre différence est à ce prix. C'est en s'opposant qu'on finit par se

1. D. Sibony, *op. cit.*, p. 219.

reconnaître. Seule une société démocratique permet l'émergence de minorités agissantes et favorise l'affrontement. Au lieu de se désoler, il convient de donner au conflit et à sa résolution ses lettres de noblesse. Chacun est concerné. Un enseignant en premier lieu. Le conflit est une vertu, inutile de rêver à une société, un établissement, une classe où tout le monde serait d'accord avec tout le monde : ça n'existe pas et si ça advenait ce serait à travers une aliénation extrême des sujets.

Est-ce beaucoup demander à des adultes qui, pour la plupart, dénient l'existence même de ces passions primitives ? Certes, et cela n'a rien à voir avec un savoir transmis. Mais si l'école devient l'école de la haine, du rejet ; si elle s'appuie à l'intérieur sur des clans, des ennemis, alors nulle autre institution ne permettra à chacun de fonctionner autrement. Ne rêvons pas. Les enseignants ne sont ni meilleurs ni pires, mais nous pouvons espérer qu'au moins ils s'y repèrent et ne se laissent pas ligoter par leurs angoisses. Reconnaître un autre dans sa différence ne peut être ni l'aboutissement d'une morale extérieure, ni d'un dit de tolérance, ni d'un programme. Vivre avec l'autre est un apprentissage. L'altérité sera toujours à reconquérir sur soi dans une « école de la diversité »[1] qui n'est pas celle des bons sentiments mais de notre réalité humaine.

1. M. de Certeau, Economies éthniques : pour une école de la diversité, *Annales Economies, Sociétés, Civilisations*, Paris, Armand Colin, n° 4, 1986.

CHAPITRE VI

Déterminations revisitées

Chacun se demande avec plus ou moins d'inquiétude : « Serais-je déterminé par des forces extérieures, par des puissances étatiques : jouet entre les mains d'un démiurge qui commande mes actes ? Ce que je rêve, on ne me laissera pas le réaliser ! Ce que je voudrais être est barré par plus fort que moi ; sur ce qui m'arrive, je n'ai aucune prise. » La société serait une machine. Pris dans des institutions, dans des lois économiques pour lesquelles on n'est qu'un pion, on serait déterminé jusqu'au moindre recoin. Un enseignant devrait ainsi obéir à une extériorité, à des rouages qui le dépassent. Dès lors, un élève aussi serait impuissant à transformer quoi que ce soit : il aurait à souscrire aux règles, aux horaires, au milieu sans y apporter une quelconque transformation ; il n'est créateur de rien et ne saurait l'être.

Si l'hypothèse d'une pure détermination qui ferait d'un sujet un simple agent social n'est plus affirmée, même par les sociologues actuels, elle fonctionne pourtant encore dans la parole individuelle, sert de défense et d'alibi à l'impuissance ressentie, autorise un retrait sur des positions minimalistes, sur un quant à soi de survie. Il est récurrent le chant de notre impuissance sociale, même si une position antithétique existe, celle de la toute-puissance : tout y deviendrait alors au contraire possible. « Je suis ce que je veux ; mon individualité est royaume ; le monde correspond à mes désirs ; mon plaisir passe avant tout, et rien ne peut me contraindre, je m'appartiens. L'avenir est à moi. Rien ne viendra barrer ma toute-puissance. Pour moi les montagnes reculeront. » Ainsi un enseignant qui ferait croire à un élève qu'il ne sera pas évalué, qu'on est ami ami, et que l'important est d'avoir du plaisir et d'être bien ensemble.

1. CRÉATEURS D'HISTOIRES

Notre conception de l'éducation dépendra de la position prise. Si la détermination oblige, l'éducation n'aura qu'un seul objectif : former des hommes et des femmes qui souscrivent à l'ordre historique en date. Elle serait capable de forger de toute pièce un être selon des normes, révolutionnaires ou non. Si la liberté est espérée, l'éducation formera des êtres dans ce qu'ils ont de meilleur, leur permettant un développement individuel à leur juste mesure. La réalité n'est évidemment jamais noire ou blanche. Aussi notre détermination sociale ne peut-elle être éludée. On n'imagine pas un sujet sans contexte politico-culturel : il se repère aux normes en cours ; il se construit en perpétuelles interactions avec ce social qui le précède. L'Etat a besoin de cette filiation pour perdurer ; il transmet ses normes et affine ses contraintes. Nul être humain n'a d'existence solitaire. On dépend de l'autre ; avec lui, on doit vivre. D'une « monade psychique », nous devenons sujet humain, c'est-à-dire sujet social. Par l'éducation se réalise cette transmission. Il n'y a pas d'éducation sans emprise, sans norme à transmettre[1]. Mais il n'y a jamais non plus de conformité totalement réussie, pas d'emprise sans faille, pas de norme sans déviance, pas de

1. E. Enriquez, Molle emprise et charme discret de l'éducation démocratique, *Nouvelle Revue de psychanalyse*, n° 24, 1981.

détermination sans subversion. Nous sommes créateurs dans l'espace balisé qui est le nôtre. « Je recrée, subvertis, me déplace là où je suis par ailleurs déterminé, pensé par d'autres, aliéné. » C'est l'une des convictions essentielles que m'a transmise Michel de Certeau[1].

Une société qui ne ferait que s'auto-produire courrait à sa perte, elle a la nécessité de changer pour perdurer. Telle est l'hypothèse[2]. La soumission est certes recherchée, elle peut être même commode ; mais tous ne peuvent être soumis, sous peine de sclérose et de décomposition. Alors ? Philosophes et autres penseurs en appellent à la responsabilité de tous. La société, c'est chacun de nous. Ce n'est pas une entité extérieure, nous la forgeons avec nos actions et nos conceptions. Il y a des normes, des lois, des déterminations certes, mais par rapport à elles, on a, inaliénable, notre possibilité de transformer. Une société démocratique permet ce défi, elle est peut-être la seule qui donne aux sujets le pouvoir de transformer ce qu'elle est. Elle a besoin d'êtres humains qui réfléchissent, sont dans la différence, contestent, sont porteurs et créateurs d'histoire au lieu d'être dominés par l'Histoire. On est irresponsables d'affirmer que rien n'est transformable : les lois ont été rédigées par des hommes et évolueront par les hommes. Cette vision non monolithique semble moins dangereuse que celle qui nous pousserait à croire que la société est faite par quelques-uns.

L'éducation, dans nos sociétés occidentales, est fortement investie. Elle est l'endroit où une société démocratique pense à la fois pouvoir mettre fin à ses vieux démons : exclusion de l'autre, avènement d'un homme à pouvoir totalitaire et d'une foule en dépendance. Elle est l'un des derniers lieux de la cohésion sociale, rempart face à ce qui travaille en déliaison. La question de l'éducation, comme le formule Henri Atlan, est la

1. M. de Certeau, *L'invention du quotidien,* Paris, « 10/18 », 1980.
2. C. Castoriadis, *L'institution imaginaire de la société,* Paris, Seuil, 1975.

suivante : « Comment former des hommes et des femmes en assurant leur développement individuel et transmettre en même temps un ordre et des valeurs sociales que les individus continuent à maintenir et à transformer ? » Chaque époque l'a résolue dans un sens puis dans un autre. Aujourd'hui on toucherait « une réalité qui n'a pas toujours existé : celle de la personne comme lieu d'ancrage réciproque de la liberté individuelle et de la cohésion sociale »[1]. Il ne s'agirait plus du : choix communauté contre sujet, mais d'une dialectique : communauté avec sujet ; non pas communauté et disparition du sujet dans l'ensemble, mais sujets qui ensemble font lien. Ainsi dans l'espace d'une classe, si la communauté importe avant tout, elle n'aurait à nier ni un sujet dans son individualité, ni les relations intersubjectives qui les lient.

Penser ainsi que nous sommes « créateurs d'histoire »[2] ; que nous avons une capacité de transformer ce qui est déjà là ; qu'on n'est ni impuissants ni tout-puissants, mais qu'on peut œuvrer pour faire et défaire est d'une très grande importance pour un enseignant dans ce qu'il va transmettre. Il n'y a pas d'harmonie utopiste en dehors des lois. On peut cependant apprendre à reconnaître les rouages et être assez intelligents pour les faire marcher autrement lorsque cela est nécessaire. De même, il ne s'agit pas de laisser un enfant dans sa toute-puissance et de lui faire croire que le monde est confectionné à ses désirs ; il s'agit de lui apporter des repères sur ce qui est, et de lui indiquer l'espace propre à opérer des modifications. C'est effectivement aux parents et aux enseignants d'œuvrer dans ce sens. Ils transmettront leur propre rapport à la société, aux lois. Cette responsabilité leur échoit, dans l'espace d'une classe, d'un établissement, dans leur rencontre quotidienne, dans la formulation de projets qui maintiennent vivants et intelligents ceux qui leur sont confiés.

1. H. Atlan, *Tout, non, peut-être. Education et vérité,* Paris, Seuil, 1991, p. 11, 36.

2. E. Enriquez, Individu, création et histoire, *Connexions,* n° 44, 1984.

Prétention

Dans ses plans d'études et ses discours, l'école continue à proclamer que son but est l'harmonie du sujet, son plein épanouissement et sa créativité. Mais quel est le « sujet adapté » à notre société ? Se lancer dans ce débat est risqué. Personne ne sait vraiment. Sauf que notre structure psychique n'est plus celle requise par le XIXe siècle. Ceux qui étudient les entreprises d'aujourd'hui peuvent probablement parler de ce qui est demandé à l'homme et la femme de maintenant. Ont-ils plus de liberté, leur individualité est-elle davantage respectée, sont-ils moins contraints que par le passé ? Les enseignants se préoccupent peu de cela. Pourtant ils pourraient découvrir, dans ce miroir, certaines de leurs pratiques qui leur apparaissent si naturelles : la séduction recherchée, l'hystérie des relations, la contrainte sur le corps, les exigences narcissiques, l'exclusion du doute et de la défaillance, le privilège donné à l'extériorité et au paraître où l'on cache tout ce qui pourrait ternir l'image de soi. Notre intériorité pourrait, en effet, être menacée. Les contraintes devenir impressionnantes, pas seulement sur les esprits mais également sur les corps. Cela en douceur, tout en séduction.

Il ne s'agit pas d'entamer un discours fin de siècle, avec crainte de dissolution et annonce de catastrophes, mais nous devons prendre parti et œuvrer en conséquence. Entre un être narcissique au moi tout-puissant et un être élégant et frivole, nous pouvons effectivement donner notre préférence. Ainsi que l'écrit Enriquez : « *Elégance* en ce que chacun est responsable de lui-même, vit sa différence irréductible aux autres, refuse la conformité béate et la soumission aussi bien aux institutions qu'à ses propres fantasmes, fait montre de pudeur dans l'expression de ses sentiments, et non d'exhibitionnisme, crée pour le contentement de créer et de se sentir vivre, joue avec le langage, se l'approprie et le modifie, en ce que chacun est, comme dit le poète, "le plus irremplaçable des êtres". *Frivolité,* car il s'agit de ruiner l'esprit de sérieux, de retrouver le sens de l'humour, de ne pas se croire plus puissant qu'on ne l'est, et de sourire à ses besoins narcissiques, car c'est donner autant sinon plus d'importance à un beau moment, à une rencontre inespérée ou à l'odeur d'une fleur qu'à la volonté d'un changement radical. »[1]

Les enseignants, les éducateurs ont une influence, même si elle vient à côté d'autres qui semblent aller dans un sens contraire. Ils ont au moins la responsabilité de nommer les alternatives, les différences et de donner le choix. A chacun de poursuivre ensuite son chemin.

Armature

Reste cependant à exposer un doute, qui rend compte d'un antagonisme entre une institution et une pratique. Si l'institution scolaire a pour fonction d'opérer une sélection, de normer et d'exclure le déviant, quel sens revêt une tentative d' « amélioration » qui ne tiendrait pas compte d'un tel déterminisme ? La recherche d'une pratique autre ne sera-t-elle de toute façon pas détruite après coup par certains mécanismes inéluctables ? On ne peut balayer pareille question. La réponse apportée sera différente selon la philosophie de chacun, ou son attachement à une science particulière. Le sociologue répondra peut-être qu'il est illusoire de croire inventer quelque chose qui soit contre l'emprise d'une institution, ou que cet aménagement servira à la faire perdurer au lieu de la subvertir. Un psychosociologue verra, dans la différence introduite, une créativité qui inoculera un questionnement au pouvoir transformant. Un psychologue ne se préoccupera pas de cela, et tablera sur un sujet et son pouvoir de penser.

1. E. Enriquez, Interrogation ou paranoïa : enjeu de l'intervention psychosociologique, *Sociologie et Société*, Université de Montréal, 1978, p. 103. Voir également, Vers la fin de l'intériorité, *Psychologie clinique*, n° 2, 1989.

Sans méconnaître les déterminismes sociaux, n'avons-nous pas à dessiner les contours de ce qui est acceptable ou non ; à tracer les éléments qu'il s'agit de subvertir et ceux qui font partie des rituels conventionnés de toute organisation ? Nous ne pouvons ni taire les mécanismes qui y fonctionnent, ni renoncer à en inventer d'autres. Même si nous savons bien qu'on ne peut pas se contenter de discours, et que le changement des mentalités est un interminable travail.

2. L'INSTITUTION DE FOND EN COMBLE

Un enseignant dans l'espace de sa classe occupe d'abord un rôle, affirme-t-on. Il remplit une fonction sociale. Il est un agent de l'institution ; son psychisme passe loin au second plan. Il n'a pas de liberté individuelle, pas de relations hors les contraintes institutionnelles. N'est-il pas obligé par ce qu'une institution impose : déterminé par elle ? De plus en plus, l'impression prévaut que sa marge de manœuvre se restreint ; l'institution s'administralise ; on préfère l'obsession à l'aventure ; la norme, à la marge. Chacun souffre de l'impossible pouvoir sur un quotidien qui est pensé par d'autres ; de sa difficulté à opérer des transformations ; de son exclusion comme sujet créateur ; de la contradiction vécue au fond de lui entre une institution qui prône l'autonomie des sujets ou l'activité dans l'apprendre, et qui œuvre tout à fait en sens contraire. C'est elle qui devrait bouger : elle, et non lui qui aurait à mener un travail de réflexion. Cette marge où on interpelle sa subjectivité serait encore un piège de certaines sciences humaines, qui lui font croire à sa liberté individuelle, alors que tout le contraint à n'être qu'un rouage. Un discours qui ne lui restituerait que son histoire personnelle serait particulièrement aventureux. Aussi tout discours venant de la psychanalyse lui masquerait une vérité et ferait le jeu d'une société qui tend à lui faire accepter que tout n'est que son problème, la dite société étant innocente de ce qui lui arrive... Un enseignant a un tel passé institutionnel qu'une prise de distance à cet endroit lui est parfois difficile. Une question ne devrait néanmoins pas cesser de le tarabuster : « Quel est son rapport à l'institution ? »

Certains métiers s'exercent en effet à l'intérieur d'établissements[1] d'éducation, de formation, de soins. Cette réalité « institutionnelle » transforme leur approche. Sur ce versant, le psychanalyste laisserait donc la place au sociologue, dont les institutions et organisations d'une société donnée sont l'objet spécifique d'étude. Une telle opinion prévaut, oubliant que la psychanalyse s'est, elle aussi, organisée et confrontée aux difficultés inhérentes à l'entreprise. Père fondateur, transgression, conformité et exclusion, rivalité, bureaucratisation, passion, interdit de pensée, souffrance pouvant aller jusqu'au suicide : certains analystes se sont penchés sur de telles scories, la réflexion freudienne et la pratique psychanalytique leur permettant d'avancer des hypothèses intéressantes. Leurs expériences douloureuses sont précieuses. La psychanalyse ne peut en aucun cas se donner comme exemple ou modèle, mais elle n'est pas non plus muette sur ce chapitre[2].

Souffrances

Les institutions existent avant nous, on n'y peut rien changer. Nous existons dans elles, elles nous précèdent et nous en héritons comme partie de nous. De cela, nous n'en

1. Pour différencier les termes institution, organisation et établissement, voir E. Enriquez, *L'organisation en analyse,* Paris, PUF, 1992. Les institutions d'une société sont des entités telles que Famille, Ecole, Armée, Eglise, qui s'incarnent dans des organisations réelles et des établissements singuliers. Dans la langue courante, on utilise cependant le terme « institution » pour désigner l'organisation ou l'établissement.

2. Voir entre autres C. Castoriadis, *L'institution imaginaire de la société, op. cit.* ; R. Kaës, Réalité psychique et souffrance dans les institutions, *L'institution et les institutions,* Paris, Dunod, 1987 ; F. Tosquelles, *L'enseignement de la folie,* Toulouse, Privat, 1992.

savons rien, tellement elles se confondent avec nous. Elles ne sont pas seulement un monstre extérieur, elles font partie de notre intimité. Sans elles, on ne pourrait survivre. L'institution comprend « la part la plus impensée de notre psychisme », écrit René Kaës. « Nous sommes confrontés avec la pensée qu'une partie de notre Soi est "hors de nous", et que cela même qui est "hors de nous", est le plus primitif, le plus indifférencié, le socle de notre être, c'est-à-dire aussi bien ce qui, à la lettre, nous expose à la folie et à la dépossession, à l'aliénation, que ce qui fomente notre capacité créatrice. »[1] Quelque chose ici nous échappe, comme l'inconscient. On ne s'appartient pas totalement, telle est la blessure narcissique infligée.

La société s'est créée pour protéger l'un de la violence de l'autre. L'institution est ce par quoi nous sommes en relative sécurité, elle aurait été construite à l'origine pour mettre fin à la loi du plus fort. Pour Freud, à la fondation de toute institution, il y a mythiquement un meurtre. Pour réguler la violence, l'institution fait violence ; de son origine elle restera à jamais marquée. Elle demande soumission, hétéronomie, conformité ; en contrepartie elle protège et est elle-même violence légalisée. Si nous concédons que toute société ne saurait se passer des rouages des institutions, ne croyons pas qu'elles soient pacifiques. Soyons-en avertis. Si on nie cette violence, on ne peut comprendre les effets de l'institution sur soi et les autres, et toutes les stratégies de saines défenses ainsi provoquées.

L'institution se présente toujours comme une structure stable, durable, éternelle : une entité extérieure susceptible d'être protectrice, qui perdurera par-delà nos morts. Elle relève en quelque sorte d'un divin[2], donnée intransformable de l'ordre d'un sacré avec laquelle nous faisons un pacte narcissique : une part de notre bonheur contre une part de notre

1. R. Kaës, Réalité psychique et souffrance dans les institutions, *op. cit.*, p. 2.
2. Voir C. Castoriadis, *L'institution imaginaire de la société, op. cit.*

sécurité. De ce fait elle se prête — c'est une nécessité pour elle — à l'idéalisation. Aucune institution ne peut marcher sans cette part d'idéalité qui nous fait accepter de perdre certains bénéfices et souscrire à certains inconvénients. Elle fonctionne comme pare-angoisse, sorte de moi chargé de faire face au pulsionnel, au « ça social »[1]. Nous trouverions en elle de quoi atténuer notre angoisse de la perte du bon objet et celle de l'objet persécuteur. Etre dans une institution, c'est être, par l'effet de groupe et par ses structures, protégés du danger toujours possible d'attaque contre notre intégrité.

« Pour moi et mes angoisses, comment une organisation fonctionne-t-elle ? Qu'est-ce que j'exige d'elle ? » La réponse à ces questions est importante pour préserver sa capacité d'accepter le changement. Si une organisation est notre principal lieu de protection, on n'en supportera pas la moindre transformation. Elle fonctionnera pour soi selon des rites obsessionnels. On y calme certes son angoisse mais y joue la mort de son désir, la paralysie de ses forces créatrices[2]. Plus une organisation est pourvoyeuse de nos biens, plus nous devenons fragiles et dépendons psychiquement d'elle. Si quelque chose lui arrive, c'est nous qui nous liquéfions. Parfois même la plus petite transformation fait surgir l'angoisse nue ; l'impression d'être fragilisé, mis à nu, d'avoir perdu ses garants, supports sans lesquels on ne saurait vivre en toute quiétude. On croit avoir échappé à de tels travers et un jour nous voilà nous aussi vacillants, crispés sur nos privilèges. Plus une sécurité intérieure nous fait défaut, plus une organisation sert de palliatif et plus on devient conservateur. Nos angoisses primitives expliqueraient une part de notre rapport au social.

Nous rêvons d'une institution mère, à la mesure de nos désirs, protectrice à jamais, et redoutons une institution kafkaïenne où on ne serait plus personne. « J'en souffre, d'où

1. F. Fornari, Pour une psychanalyse des institutions, *L'institution et les institutions, op. cit.*

2. J. Oury, L'angoisse à l'école, *Cahiers pédagogiques,* n° 156, 1977.

vient le mal ? » Le plus simple serait d'affirmer qu'on y inscrit son malaise intime. Cela arrive. Mais qui fréquente les établissements d'éducation et de soins sait qu'une organisation peut devenir folle et rendre fou. Qu'elle absorbe les énergies psychiques et provoque le passage à l'acte, la maladie et les décompensations. Tous les scénarios sont possibles. Etablissement qui se sclérose ; responsable qui dérape ; paranoïaque ou pervers au pouvoir... Etablissement de femmes fondé sur l'amitié et le partage de l'intime, ou organisation anonyme : chacun à sa manière peut être porteur d'intolérable. Exposés à l'arbitraire, privés d'une reconnaissance, nous souffrons d'une organisation où tout est contraint, réglé, hors de nous : on parle alors d'un « excès » d'institution. Mais « nous souffrons aussi de son défaut »[1], qui laisse les femmes et les hommes à leurs pulsions : amour et haine s'exaltent ; l'épuisement naît de conflits sans perspective ; aucune instance de régulation vient mettre fin à la confusion des rôles, au mélange des scènes où professionnel et intimité se mêlent. Excès et défaut « d'institution » concernent tout aussi bien une classe, et la souffrance suscitée n'en est pas moindre.

Lorsqu'elle s'actualise sans frein, une pathologie institutionnelle crée de l'angoisse, des ruptures psychiques, des passages à l'acte, le recours à la maladie somatique ; il en va de la survie de chacun de la désigner pour ce qu'elle est et ne pas s'en tenir à une psychologisation outrancière de sa souffrance. Une organisation est un lieu passionnel ; elle peut broyer. Toute organisation a ses angoisses : celles du désordre et de l'affectivité qui ressurgiraient en passions dissolvantes ; celles des autres, du jugement porté par l'extérieur, de l'attaque et du spectre d'une disparition ; celles d'une pensée libre et subversive, de l'inconnu. Elle peut vous empêcher de penser[2]. Ne soyons pas naïfs, notre lecture ne

1. R. Kaës, *op. cit.*, p. 37-38.
2. *Ibid.*, p. 39.

peut en rester à la liberté d'un choix privé et au primat des relations intersubjectives.

Reconnaître l'impact sur sa destinée d'une pathologie institutionnelle n'est pas le fort d'un enseignant. Il importe, tant faire se peut, qu'il acquière une certaine lucidité. Il en va de sa potentialité de sujet vivant de n'être pas réduit à une conformité qui le dépossède de sa singularité. Il en va de sa capacité à résister et à transformer, sans s'exclure ni trop s'identifier à ce qu'on attend de lui.

Modalités

Existent d'ailleurs quelques pistes pour se maintenir institutionnellement vivant[1].

Connaître d'abord l'établissement dans lequel on entre : son histoire, le passé de ses fondateurs, les mythes sur lesquels il fonctionne ; les pouvoirs et les contre-pouvoirs ; les hiérarchies et comment elles sont bouleversées par les affects. Décrypter dans quel imaginaire on est tombé : de type matriarcal avec son emprise et son désir de fusion ; de type obsessionnel ? A la dérive, en pleine décomposition ou à la recherche d'un second souffle ? Où est donc son projet et comment s'est-il construit ? Un établissement refuse souvent de s'historiciser, c'est pourtant l'une des meilleures pistes de compréhension pour ceux du présent.

Une certaine lucidité permet une mise à distance. On n'a pas besoin de participer à l'idéalisation institutionnelle pour s'y investir. Idéaliser certes mais avec conscience : un établissement n'est pas une mère protectrice, il ne dispense pas tous les biens, il ne mérite pas non plus tous nos sacrifices. On n'est pas non plus obligé de se croire dans le meilleur des établissements. Ni espérer créer de projet définitif. Participer à un projet est certes stimulant, on éprouve de

1. Voir en particulier E. Enriquez, Institution, pouvoir et créativité, *Revue de psychothérapie psychanalytique de groupe*, n° 13, 1989.

l'enthousiasme à s'y lancer. Cependant, dure réalité, on sera condamné à recommencer une fois que le projet semble abouti. Le phénomène paraît étrange, il participe néanmoins à notre prise de distance quant à toute idéalisation massive. Lorsqu'on arrive au bout d'un projet, un autre doit effectivement être remis sur le chantier. Sinon il ne s'agit plus que de gérer les acquis, préserver les intentions, se garder de toute mésinterprétation. On ne sera plus guère dans la création ; l'acquis, aussi intelligent soit-il, va se scléroser. Le projet est porteur tant qu'il est en chantier. Institué, il est fragile, car tout est susceptible de le transformer. Les anciens feront obstacle à son renouvellement parce qu'ayant trop investi, ils aimeraient surtout recueillir les bénéfices. De nouvelles luttes sont en perspectives. Lorsque l'institué l'emporte, des phénomènes de glaciations s'établissent qui atteignent les forces vives. Le meilleur est toujours temporellement marqué : il ne peut durer indéfiniment. Mieux vaut cette continuelle mouvance que la déprime qui prévaut lorsqu'on perd l'objet trop idéalisé auquel on s'était identifié. Un enseignant aurait intérêt à s'en souvenir pour lui-même et pour sa classe : pas de « fanatisme d'entreprise », d'idéalisation à outrance et de perte de distance.

Pour demeurer vivant et créateur, il s'agirait de toujours prendre une position visible, présenter des projets cohérents et identifiables, ne pas faire les choses en dessous, les afficher. Comment faire passer des projets, des idées et permettre à d'autres de se les approprier ? Ce ne sont pas les techniques en communication qui nous apprennent ce savoir-faire. Il y est, comme toujours, question de prise de risque, de distance face à soi-même et de modestie : ne pas se prendre trop au sérieux, accepter d'être dans l'incertitude et la non-maîtrise, savoir perdre et se préserver psychiquement, ne pas y aller sans garde-fous en s'exposant seulement pour la beauté du geste. « Donner donc à voir qui je suis et ce que je fais, ne pas avoir peur de mes idées... » Comment se former à cela ?, dira-t-on. Qui est capable d'enseigner ce rapport ludique à l'établissement et à ses projets ? Qui prendra des risques avec une intelligence du terrain, de l'histoire et des personnes ? Il y en a beaucoup. Ils ont passé parfois par des courants de thérapie ou de pédagogie institutionnelle ; d'autres y sont arrivés à bras portant.

Sans vouloir attaquer l'établissement : dire où on est. Se rendre visible par des projets et se battre pour eux, sans que ceux-ci deviennent pour autant des enjeux narcissiques. Est-ce trop demander à chacun de ne pas ressembler à des auteurs frileux de leur *copyright* ? C'est le plus difficile : ne pas se confondre avec le projet proposé qui reste élément tiers sans devenir notre propriété. C'est le minimum requis pour ne pas tout confondre : « Moi et ce que je fais ; moi et une structure institutionnelle. » On travaille constamment à une désidentification. Sinon cela revient à recevoir les oppositions, les attaques en les ramenant à soi. « Je ne me confronte plus autour d'un objet, sur des idées et sur des optiques différentes ; mon conflit devient affaire de personnes, d'*ego* à la recherche de reconnaissance, et ma parole se construit comme une attaque personnelle. » C'est la fin d'un dynamisme. Le conflit est tellement précieux lorsqu'il tourne autour d'un projet. On y préfère souvent un consensus mou, sans audace, pour ne pas entrer en conflit d'idées.

N'oublions pas non plus que le projet est surtout à construire avec ceux qui sont les usagers de l'institution. Compris dans un projet, ils échapperont eux aussi aux retombées des enjeux narcissiques entre adultes, aux entreprises de séduction et pourront peut-être grandir sans qu'ils soient l'enjeu d'appropriation perverse. C'est ce que bien des psychanalystes responsables de « maisons d'enfant » ont compris. Pour cela, on ne peut s'y prendre seul. Il importe de constituer des réseaux, apprendre tout à la fois à faire lien et accepter que ces liens ne soient pas éternels. Nous sommes toujours au regret de ce qui fut, de l'harmonie construite et de la fête réussie. Les liens se font et se défont. On a à compter avec les autres, mais cela ne durera pas. Telle est la loi de notre existence, l'exigence d'un avenir incertain. On gâche l'affaire à ne pas supporter l'éphémère. Soyons aussi au clair quant à la manipulation et la séduction. Il n'est pas question d'utiliser les autres comme des pions, de leur faire faire sans qu'ils s'en aperçoivent ce qu'on veut. Sans éthique et garde-fous, on glisse vers des morales stratégiques qui font certes réussir des projets mais au mépris des individus. Notre actualité réclame une nouvelle morale pour les hommes politiques, nous en dirions autant pour les hommes et les femmes d'établissements d'enseignement et d'éducation.

L'un des mécanismes les plus puissants pour obtenir la conformité est de tabler sur la crainte de perdre sa place. On redoute l'autorité qui pourrait nous renvoyer. Certaines circonstances historiques nous fragilisent. Si faire solidarité est le minimum requis pour n'être pas seul, on ne peut parfois pas s'empêcher de penser qu'on va payer le prix de sa différence, être lâché si on ne donne pas exactement ce qu'ils attendent. Alors on s'adapte et on paie un lourd tribut psychique. Nos fantasmes paranoïaques alimentent notre passivité. Combien de conformités plus draconiennes que ce qui est effectivement demandé ! Toute formation exigeant une unique adéquation fabrique des adultes qui auront de la peine à se « tirer de là » et à être créateurs.

Il faut encore résoudre pour soi-même l'antagonisme supposé entre moi et mon rôle. « Je » dans une organisation est-il autre que le « Je » dans son espace privé ? Les questions se succèdent. Sur la dialectique entre l'un et l'autre : « Suis-je subverti par le rôle joué ou le contraire ; comment dois-je assumer mon rôle vis-à-vis de ceux qui me rencontrent ; comment sauvegarder des relations interpersonnelles là où une organisation m'assigne un rôle ? » Le rôle — le mien et le sien — ne fausse-t-il pas toutes les données, au point de rendre caduc tout espoir d'un dialogue entre les personnes ? On ne rencontrerait qu'une ombre institutionnelle... Ligoté par son rôle, « je » en perdrait sa liberté de manœuvre et de création. « Je » persiste à croire qu'il y a deux instances contradictoires : lui et son rôle, alors que peut-être « Je » n'est jamais pur, n'est pas clivé quand il fait rôle.

Nous avons tous à l'esprit celui qui s'est figé dans son rôle, caricature interchangeable et fonctionnelle. La hantise de devenir comme lui peut pousser à nier le poids du rôle sur ce que nous sommes. Toutes les variantes existent. En collant au rôle qu'on suppose devoir tenir, on devient un pantin fragile, et ce qui fut refoulé ne manquera pas de revenir. En minimisant son rôle, c'est-à-dire certaines normes, structures de l'établissement, en ne privilégiant par exemple que son bon vouloir, on entraîne l'autre dans un leurre — le leurre d'un « tout est possible » —, et un jour rejaillira ce qui fut dénié, nous laissant dans l'impuissance ; et les normes, dans l'actualisation de leur toute-puissance. Dans le premier cas de figure, on est inauthentique et finalement dangereux pour soi et les autres. Dans le deuxième cas, on se comporte comme si on était seul au monde et on est à nouveau dangereux dans son aveuglement. Qui est-il souhaitable institutionnellement de rencontrer : une marionnette au service d'une organisation, une sorte de sujet a-historique ? Ou un être qui tient compte des réalités institutionnelles, les conteste lorsqu'elles ne sont pas justes, ne s'y soumet pas automatiquement et permet à un autre de s'y confronter sans être détruit ? Face à un enfant, il serait nécessaire de l'accompagner dans sa confrontation aux structures sociales pour qu'il en soit ni la victime ni le négateur.

« Je suis pris dans un rôle », ce rôle est au centre des rapports professionnels, on ne peut s'en défaire ni l'évacuer. Si on a conscience de son rôle, alors on peut ne pas tout mélanger. Vouloir être gentil, bon et aimant, alors qu'on est responsable de son évaluation. Lui faire croire qu'il est reconnu entre tous, alors qu'ils sont vingt et plus. Lui demander de se livrer alors qu'on va s'en servir, institutionnellement parlant. Provoquer sa confiance personnelle, alors qu'on doit le juger. Savoir comment jouer son rôle est compétence nécessaire pour les enseignants et les formateurs. On est bien loin souvent de s'y repérer. Combien de formateurs, par exemple, voulant faire un travail d'accompagnement, de vérité dans l'abord de la difficulté, et qui pour ce faire veulent instaurer une confiance de personne à personne, un travail dans l'authenticité, sont mis à un moment donné par une organisation dans le rôle d'avoir à certifier, sélectionner. Ce rôle, dans la mesure où il a été occulté, va être vécu comme une trahison, dévoilant le leurre d'une relation de personne à personne, et entraînant une souffrance plus grande encore que le fait d'avoir échoué.

Idéalité alors que de parler de sujet créateur, institutionnellement parlant ? Peut-être, parce que les êtres humains préfèrent souvent la soumission aux risques pris de la création ; l'idéalisation, à la sublimation. On oscille constamment entre la sécurité d'une dépendance et l'insécurité d'une autonomie ; on préfère l'hétéronomie à la liberté. On ne cesse de balancer entre ce désir d'être vivants dans l'incertitude et la quiétude d'un avenir tout tracé, la routine où rien ne nous dérange, l'obéissance qui nous laisse extérieurs, l'engagement minimum qui préserve notre quant-à-soi. On passe de l'un à l'autre, et jusqu'à la mort on est ainsi tiraillés.

Construction

Un mouvement s'est efforcé de penser l'institution et a avancé une hypothèse à ne perdre en aucun cas : par ses structures, son organisation, ses lois et ses règles, par son agencement, un établissement ou une classe a un effet bénéfique — allons jusqu'à dire « thérapeutique » — pour ceux qui la fréquentent[1]. Par la définition de son cadre, un établissement peut constamment éviter d'être pathologique et veiller à ce que

1. Aux expériences actuelles de Catherine Pochet, Fabienne d'Ortoli et Michel Amram, Eric Debardieux, à des auteurs tels que François Tosquelles, Fernand Oury, Jean Oury, Jacques Pain, nous sommes redevables.

sa fonction : éduquer, enseigner ou soigner, se réalise. Le souci du cadre serait prioritaire et l'influence directe d'un adulte ne prendrait son sens que par rapport à lui. Il y aurait des outils pour le construire et des précautions à prendre.

Peut-on définir ce cadre une fois pour toutes, décrire ce lieu qui s'avérerait bénéfique, donner les outils nécessaires pour le créer ? Ne rêvons pas, de tels lieux sont toujours en train de se faire et de se défaire, toujours en train d'échouer et de se reconstruire. Les enseignants qui œuvrent en ayant ces lignes de forces comme horizon n'aboutissent pas à chaque fois, mais ils luttent jour après jour pour que les forces de mort ne l'emportent pas, que la vie ne cesse pas de s'y entremêler. Les expériences pédagogiques historiques ont toutes — ou presque — permis la construction d'une communauté de vie et de savoir. C'est leur côté fascinant. Dans l'école publique, cet aspect manque parfois. Il peut être créé au niveau d'une classe ou d'un établissement.

S'il est donc facile d'énumérer les points sensibles d'un tel lieu, il ne l'est guère de les maintenir dans le quotidien. Les voici cependant. Pour éviter de confondre les places respectives, et rendre visible ce contre quoi on se confronte, les pouvoirs y sont définis. Qui fait quoi ? Qui est responsable ? Qui parle au nom de quoi ? Inutile de penser une communauté sans pouvoir, avec une absence de hiérarchie. Nier l'un et l'autre, c'est les rendre sournoisement opérants. Des lois structurent les relations. Elles ne sont ni cachées ni ne sont imposées uniquement de l'extérieur. Elles sont bien visibles. On s'y rapporte ou les transgresse. Les lois sont faites par ceux qui en sont les usagers ; elles peuvent être changées si elles s'avèrent inadéquates. Ils ont leur mot à dire ; quelle que soit d'ailleurs leur possibilité d'entrer en relation avec l'autre, ils ne sont pas tenus pour des soumis qui doivent obéissance à une loi extérieure, mais sont reconnus comme êtres humains ayant — malgré leurs dérives et parfois leur autodestructivité — la responsabilité d'eux et des autres. Des interdits y sont posés. Interdits non pas répressifs mais structurants : tout n'est pas possible ; on se confronte aux limites de sa subjectivité. L'institution étant fondée sur des liens libidinaux forts, la sexualité doit advenir hors ses murs ; comme pour la famille, on se heurte à un interdit de l'inceste. Sans éthique sexuelle, surtout entre les responsables et les usagers, tout projet pédagogique ou thérapeutique est mis sinon en échec, du moins en grave danger.

Pour rendre possible le vivre ensemble, des lieux de régulation des conflits sont prévus, et la parole peut y circuler. Les usagers ne butent pas sur un pouvoir discrétionnaire, mais à une loi pour tous et au tribut qu'ils paient s'ils la transgressent. Une parole circule au plus juste de ce qui les anime dans leur rapport à eux et aux autres ; leurs sentiments ne sont pas niés parce qu'ils vivent dans une communauté. Ils ont leur place, leur territoire, leurs affaires, et la communauté veille à régler les empiétements et les inévitables conflits. Une place est préservée à chacun dans le réseau des interactions. Il y est, avec son nom et prénom, reconnu ; une parole s'adresse à lui. Le tissu social le porte. Le dynamisme de ces interactions évitera peut-être les couplages fous, où la pathologie s'installe entre deux pour pallier le vide des liens et de leur régulation.

Une structure institutionnelle n'a jamais à être si bonne qu'on ne puisse la quitter. L'ailleurs y est inscrit, pour que ça ne se referme pas. Des projets de savoir ou d'autres projets sont constamment en chantier, pour que n'advienne pas le face-à-face meurtrier que rien ne dialectise. Comme dans toutes choses humaines, le danger vient de la fermeture. La confrontation avec l'extérieur permet souvent d'éviter la sclérose d'une expérience. Un établissement qui fonctionne comme un lieu clos risque sinon de voir surgir la pulsion de mort. C'est le retour de la violence à l'intérieur ; c'est le champ libre pour les passions. L'exemple de la secte[1] nous

1. D. Sibony, *Ecrits sur le racisme,* Paris, Bourgois, 1988, p. 218 ; B. Fillaire, *Le grand décervelage,* Paris, Plon, 1993.

avertit, qui tisse des liens à l'intérieur mais coupe ceux avec l'extérieur ; qui sauve et « tue » à la fois en fournissant le plaisir d'une proximité et d'un soutien retrouvé mais exige l'abdication de la liberté ; qui développe un sentiment d'appartenance, l'identification à une idéologie et non la capacité de penser par soi-même et de vivre néanmoins avec les autres. Dans notre civilisation actuelle, où le lien communautaire de base se dissout, émergent de plus en plus de communautés fermées fonctionnant comme idéal, et où l'aliénation est extrême. Ce problème est aussi celui de l'école et des liens qu'elle arrive ou non à tisser pour ne tomber ni dans une dissolution donnant lieu à tous les passages à l'acte individualistes et confrontations duelles, ni dans une communauté fermée.

Plus un établissement est journellement confronté à la souffrance, où monte l'angoisse et gît l'impuissance, plus on aurait bénéfice à y créer des espaces pour penser, symboliser, sublimer. Si on n'y trouve pas de « lieu » pour métaboliser souffrance et angoisse, alors celles-ci risquent de n'être qu'individuelles, perdues pour une réflexion transformante. Tout établissement pourrait ainsi autoriser ceux qui le font vivre, à le penser, à s'y confronter, à le contester, à le mettre en projet, à le tendre vers l'avenir. Souvent on craint cela et préfère encore l'état léthargique où les forces rejaillissent en conflits entre adultes, et où les patients deviennent de simples prétextes. Lorsque la circulation de parole est bloquée, que tout œuvre dans le non-dit, la pathologie s'installe avec ses passages à l'acte. Lorsque l'angoisse ne trouve aucun débouché, un établissement peut devenir lieu intolérable tant pour les usagers que pour les responsables. La régulation de la parole dans un établissement — ou dans une classe — est l'un des indices majeurs de l'état de penser ou d'impenser qui y prévaut.

3. DÉPENDANCE ET AUTONOMIE

Une certaine société favorise davantage l'hétéronomie que l'autonomie. Elle préfère celui qui se fond dans ses structures à celui qui les remet en question. Elle fait plutôt confiance à celui qu'elle sent prêt à abdiquer sa différence pour obéir à ce qu'on lui demande de faire. Castoriadis et d'autres en ont fait l'hypothèse : une société veut d'abord des êtres hétéronomes qui, indistincts, s'appuient les uns sur les autres. Cependant, cette même société, à engendrer ainsi l'hétéronomie, ne peut perdurer si toute évolution devient impossible. Castoriadis donne alors à l'autonomie du sujet[1] une place essentielle. Elle n'est jamais acquise une fois pour toutes, elle est toujours en train de nous échapper. En outre, écrit-il, elle ne peut se développer quand l'emprise du social est trop importante. Les politiciens, les gestionnaires de l'école primaire, les travailleurs sociaux, les médecins mêmes proclament, eux aussi, depuis longtemps l'autonomie comme but de l'éducation. Une si belle unité doit être saluée. Mais lorsque aucune critique ne vise la raison éducative qui arbore à son fronton l'autonomie, lorsque la mode paraît sans ombre, n'avons-nous pas à nous méfier ? A prôner à tout va l'autonomie, on peut renforcer dans le même temps la dépendance.

Si nous devons tendre à ce qu'effectivement chaque sujet vive en son nom ; qu'il compte tout à la fois sur et accède à l'indépendance, dans un va-et-vient toujours renouvelé ; qu'il ne se contente pas d'une seule référence pour se guider ; qu'il soit en différence sans que la peur et l'insécurité l'enva-

1. C. Castoriadis, Psychanalyse et société I ; Psychanalyse et société II, *Démarche de l'homme. Les carrefours du labyrinthe,* Paris, Seuil, 1978. Autonomie relève pour chacun de sa capacité réflexive, de son pouvoir de transformer les événements surprenants de sa vie, d'affronter l'incertitude de la mort, les changements éventuels et l'insécurité inhérente à toute aventure.

hissent, alors c'est à d'autres procédures que nous serons attentifs, à d'autres contextes de séparations où n'alternent pas l'attachement et le rejet, les soins trop rapprochés et les lâchages, une sollicitude de tous les instants et l'indifférence. Et se demander sans cesse comment on induit la dépendance et comment on en vient à ne plus la supporter lorsqu'elle prend les couleurs de l'attachement ; comment on prépare un enfant à se détacher sans l'en empêcher ; comment on travaille à l'aménagement de structures où la sécurité du cadre permet d'être créateur de différences.

Séparations d'enfance

L'une des premières épreuves liées à la croissance est la séparation. Il est difficile pour celui qui est dans la dépendance de pouvoir vivre éloigné de celui qui l'a porté. La capacité de vivre seul sans la sécurité de cet autre est un long apprentissage. La psychanalyse et la psychologie se sont penchées sur ces premiers instants où moi et toi ne font qu'un : confusion de laquelle le petit d'homme émerge peu à peu. La dépendance est vécue d'un côté et de l'autre comme nécessité vitale, la vie de l'un étant conditionnée par la fiabilité de l'autre. Winnicott a retracé l'essentiel de cette relation première entre un adulte et un enfant[1] ; il a décrit le passage d'une adaptation « parfaite » à un « désillusionnement » progressif pour qu'un être puisse naître à lui-même.

Il se peut que sa dépendance d'enfant, que son accrochage vital nous soit insupportable et conduise à le laisser trop tôt là où il ne peut pas encore être sans nous. Ce décrochage prématuré se paie en insécurité profonde. Il se peut aussi que sans lui on ne saurait vivre, que sa dépendance nous donne notre raison d'être. Dès lors tout éloignement sera interdit, de peur qu'il n'arrive quelque chose. La dépendance est

1. D. Winnicott, *Jeu et réalité*, Paris, Gallimard, 1975. Voir également D. Stern, *Journal d'un bébé*, Paris, Calmann-Lévy, 1992.

cultivée et l'accès au monde extérieur problématique. La séparation est toujours une création à deux. La capacité d'un enfant de vivre séparé est en miroir de la nôtre, sans cesse à reconfirmer. « Toujours ma sécurité réveille mon insécurité. »

Dans les premiers instants, si on ne répond pas à ses appels, il est submergé par une angoisse « dont on n'a pas idée ». Notre absence ou défection ont le goût de la mort et de l'abandon. Sans nous, le monde est hostile. C'est à un adulte de faire en sorte que la séparation ne soit pas traumatique où vient se nouer la peur de l'abandon. Cela signifie qu'à cet autre en confusion, graduellement on laisse la possibilité d'être en différence ; on apprivoise nos craintes de le voir croître en indépendance ; on fait le deuil de la plénitude de la fusion où lui c'est moi. Cela suppose que nous ayons confiance en lui pour qu'il puisse être quiet en notre présence immédiate, puis en proximité détachée et, quand il aura intériorisé son « tuteur », pour qu'il puisse enfin se tourner vers l'inconnu sans en concevoir trop d'angoisse. Les séparations les plus précoces ne sont pas forcément traumatiques, si on sait en parler, si on sait maintenir entre l'enfant et nous-mêmes un lien corporel à travers des objets qui le rassurent sur la permanence de notre présence en lui. De très belles histoire, dans les livres de Françoise Dolto, racontent comment des nourrissons séparés de leur mère dépérissent et puis renaissent parce qu'une voix leur a donné à entendre ce qui leur arrive, parce qu'on leur a donné à humer un objet empreint de l'odeur de celle qui a dû s'éloigner. On ne peut éviter toute séparation brutale, les circonstances de la vie en imposent parfois. On peut en revanche préparer les enfants à pouvoir vivre loin de nous sans en être détruits.

La première épreuve de séparation que vit l'enfant, nous n'en finissons jamais de la rejouer tout au long de notre existence. Et ce n'est pas sans angoisse, une angoisse qui retentit dans notre manière d'être au monde et lorsque nous accompagnons un enfant qui se délie. A l'épreuve de la séparation qu'il doit inéluctablement traverser, nous sommes toujours convoqués. Au titre d'accompagnant mais aussi parce que cette épreuve éveille en écho les émois qui ont été les nôtres lors de circonstances analogues. On ne peut isoler ni l'un ni l'autre paramètre. Cette épreuve n'épargne pas un adulte. « Aucune autre forme de l'échec ordinaire, ni la maladie, ni la ruine, ni les ratages professionnels, ne trouvent une aussi profonde et cruelle contradiction dans l'inconscient que la séparation. Elle touche directement à l'origine de toute peur et la réveille. Elle plonge d'un coup à la profondeur où atteint en nous la vie même. Au commencement il y a l'adieu, et puis il y a un au revoir. Entre aller et venir, la charnière, et c'est là où nous nous rencontrons »[1], murmure Botho Strauss. C'est à nous qui vivons également douloureusement toute séparation que revient le soin de le préparer à prendre ses distances.

La peur d'être seul demeure notre hantise, on redoute à tout moment de sa vie d'être abandonné, on ne sait plus qui on est quand un autre vient à manquer. Le défaut de sécurité intérieure installe en dépendance vis-à-vis d'un extérieur dont on n'accepte aucun changement parce que la moindre transformation livrerait à l'angoisse de se perdre. Notre fragilité naît de notre sujétion, quand bien même on est condamné à vivre en différence, en solitude. Pourtant, pouvoir être capable de renouer en dépendance importe, car c'est s'accorder la possibilité de reprendre, avec un autre en qui on a confiance, les fragments de sa vie. C'est s'autoriser à puiser en sa sécurité pour reconstruire la nôtre. Sans cette capacité — parce qu'on a été trop floué dans nos attachements par des ruptures répétitives, parce qu'on n'a jamais rencontré quiconque en qui on puisse se fier —, pas de processus thérapeutique possible, on est radicalement voué à la solitude.

1. B. Strauss, *Trilogie des Wiedersehens*, München, Deutscher Taschenbuch Verlag, 1976, p. 117.

Capacités d'adulte

Le travail de séparation évoque les premiers jours d'école. Souvent ni un enfant ni une mère n'ont pu anticiper ce que ce sera de vivre l'un sans l'autre. Il manque, dit-on, de maturité, « il apprendra, finis les caprices ». Il suffit alors de le bousculer un peu pour qu'il cesse de s'accrocher à cet autre essentiel. Que d'arrachages d'enfants, que de cris, que de rejets intempestifs. On rompt brusquement, habituellement sans mots sauf à dire que ce n'est pas bien de pleurer ainsi, qu'il est grand, et que les braillements sont inconvenants. On refuse la douleur qui est attachée à la séparation. On assure qu'il va s'y faire. Qu'au bout d'une semaine ou deux, il se sera adapté. Tant pis, au fond, s'il se met à détester la classe et ce qui s'y fait, si se créent, dans ces premiers jours, bien des phobies, des retraits. Il s'y fera évidemment, à quel prix on ne peut le dire dans la généralité, mais le prix à payer est bien là. Face à la séparation et à son intolérable, on ne peut, ne veut, rien entendre. Ce serait réveiller notre désarroi.

A l'entrée en maternelle ou en crèche, parents et professionnels devraient œuvrer pour qu'un enfant puisse peu à peu vivre à distance, en son nom propre. A quoi bon ici reporter les difficultés sur les parents ? « Ils n'ont pas su s'y prendre », se défend-on. Et même s'il est vrai qu'après avoir couvé l'enfant rêvé, certains l'arrachent à eux sans plus de précaution, créant une fragilité, parfois même une impossible adaptation, il revient au professionnel d'y travailler. Apprivoisements et transitions pourraient être mûris pour que l'angoisse ne fût pas trop forte. Des repères seraient proposés, les lieux rendus familiers, pour que mère et bambin puissent faire face à l'inconnu qui fait peur, sans drame, sans se sentir en danger. Il est des enseignants qui réalisent un tel travail, qui mettent des mots, qui offrent des lieux, véritables espaces transitionnels où les mères trouvent à parler pour adoucir le choc de la séparation. L'expérience menée à la

« Maison verte »[1], qui aménage la transition entre la maison et la crèche, est à cet égard remarquable. Elle évite aux petits de se sentir arrachés du lieu familial. Elle évite aussi la déréliction consécutive à la rupture et les régressions fâcheuses, et permet à un enfant de continuer sans cet autre, assuré qu'il est de le retrouver.

Pour les enfants, qui n'ont pas cette paix intérieure leur permettant d'être en sécurité loin de leur instance tutélaire, nous oublions souvent qu'un monde extérieur apte à pallier cette insécurité peut être inventé : un monde fiable où les règles sont posées, où il sait ce qui va venir, où il n'est pas livré à un inconnu qui change, où on prévoit des repères tangibles, fonctionnant comme des pare-angoisses. Nous préviendrions ainsi l'agressivité qui vient répondre en défense à tout ce qui semble n'avoir pas de limites claires. Un milieu hostile ne favorise pas la séparation. Si on ne se donne pas la peine de le rendre familier à celui qui y survient, on accentue sa détresse : au lieu de l'autonomie espérée, c'est la dépendance qu'on encourage. Il a besoin de repères stables. L'incohérence du lieu de vie qui l'accueille accentue le tourment. Nous le savons, il y a des situations dans lesquelles on devient dépendants, à quelque âge que ce soit, dans lesquelles on ne sait plus à quel jeu on participe. Dans ces situations, notre avenir ne nous appartient plus. Des lieux poussent à la dépendance et ne permettent pas de vivre séparé, pour soi.

Dépendance flatteuse

Dans l'espace scolaire — c'est un lieu commun —, un enseignant exalte l'autonomie et stigmatise la dépendance. Il est cependant habituellement admis que l'attachement est signe d'amour. Mais tandis qu'on a peu d'estime pour les enfants dépendants de leur mère ou d'un substitut, on ne voit pas d'un bon œil ceux qui sont trop indépendants. L'attache-

1. F. Dolto, *La cause des enfants*, Paris, Laffont, 1985.

ment est recherché et décrié tout en même temps. Entre dépendance et autonomie, notre discours comporte plus d'une contradiction.

Ne nous méprenons pas, un professionnel est souvent flatté quand il a affaire à un enfant dépendant, du moins dans un premier temps : « Il a besoin de moi, il m'appelle, il me demande, il m'est attaché, je lui suis indispensable. » La dépendance est vécue positivement puisqu'elle taille une large place à un adulte, puisqu'elle le fait exister : « Je l'aime bien cet enfant-là qui ne travaille qu'en ma présence. » Dans cette relation duelle, il est cependant rapidement débordé par la demande incessante, bientôt lancinante, voire persécutrice. Sollicité trop fréquemment, il en vient à se plaindre : « Il n'est pas assez autonome. » Pour ne plus supporter la dépendance, on la prend en horreur. On aimerait se débarrasser de l'importun. On le rejette, le rudoie, le renvoie à sa place. Il est urgent de s'en défaire. On ne lésine pas alors sur les moyens.

Il est étonnant de constater que ce sont souvent ces enfants « collants » qui finissent par être les plus problématiques. Ils donnent à voir la caricature du lien entre adulte et enfant, de ce dont celui-ci se nourrit. « Je t'assailles, tu me repousses », c'est le piège inéluctable de la relation duelle. Et rien n'est entendu, ou presque, de ce qui se passe. Le corps à corps stimulé puis réprouvé répète ce qui a déjà eu lieu dans le rapport à la mère. Un enfant se raccroche à un adulte parce que les repères extérieurs font particulièrement défaut, parce que les structures symboliques ont été mises à mal. On se croit le seul réconfort, on compatit. Puis, ne pouvant assumer la dépendance ainsi créée, on provoque une séparation avant qu'elle ne puisse être supportée. On s'épargne ainsi le lent travail sans lequel il ne peut s'en aller, différent. Sa dépendance entraîne une lourde responsabilité : elle ne peut lui être bénéfique que si, peu à peu, nous l'engageons à ne plus compter que sur lui. Dans toute relation humaine, nous devrions avoir en vue cette évolution : dépendance, attachement et prise d'indépendance. C'est ainsi qu'on grandit, à tout âge de la vie.

L'histoire est bien connue. Prenons une classe en fin d'année. Un enseignant ou une enseignante a développé l'autonomie de ses élèves. L'année a bien roulé. Arrive le dernier jour. Les enfants, tout à la joie de se tourner vers le futur, s'en vont sans regret, sans dire merci. Ils s'en vont assurés de quelque chose de précieux. L'adulte les regarde partir, le cœur triste : « Les ingrats, toute cette peine que je me suis donnée, dont ils ne me savent même pas gré. C'est qu'au fond ils ne m'ont jamais aimé. Toute cette peine pour eux, pour n'être pas plus que cela, pour ainsi dire, rien : un vague souvenir peut-être. » Il y a là de l'amertume qui vient contredire l'autonomisation poursuivie, réussie.

Dans la classe à côté, c'est le déchirement. Les enfants pleurent, attachés en grappe à celui dont ils ne veulent pas se séparer. « Ils m'aiment, pense celui-là, rassuré, puisqu'ils ont tant de chagrin de me quitter. » C'est incompréhensible. Il faisait pourtant régner la peur. Les enfants n'avaient aucune liberté de mouvement. Certains parfois avaient même à souffrir de ses injustices. Et voilà qu'ils pleurent, son narcissisme est comblé.

C'est un tableau en trompe-l'œil. Chacun s'y laisse prendre. La scène enseignante est scène d'amour. On souhaite voir l'autre partir, mais on le retient. Avec celui qui vous succèdera à la rentrée, ils ne seront pas aussi bien qu'avec vous. Le passage ne peut qu'être difficile. Et pourtant, on adhère au discours qui prône l'autonomie des éducables. La scène pédagogique a-t-elle à s'interroger ? A-t-elle à défaire les slogans qui ont cours ? Comme toute valeur positive, l'autonomie a ses ombres que nous ne pouvons pas gommer.

TROISIÈME PARTIE

Conjugaisons

CHAPITRE VII

Transferts opportuns

Le transfert est sur la place publique. Pourtant les professionnels de l'humain semblent souvent l'ignorer ou vouloir ignorer sa force et ses pièges. Ils baignent naturellement dans des histoires d'amour ; ils s'épuisent dans des malentendus et des haines ; ils provoquent l'amour parce qu'ils le croient bénéfique, ils n'hésitent pas à recourir à la rupture lorsque l'attachement est trop lourd à porter ; ils ne supportent guère la moindre trace de négativité ou de révolte.

Freud a écrit : « Le transfert des hommes n'est nullement univoque, il présente des motions hostiles à côté des motions tendres. » Cela, la psychanalyse l'enseigne, et Freud reconnaît alors à un enseignant une tâche fort difficile puisque, déclare-t-il, celui-ci « doit savoir et comprendre cela », ce jeu de l'amour et de la haine dont il sera l'objet, malgré lui ; ce jeu où personne n'est véritablement à sa place, toujours ailleurs dans l'imaginaire de l'autre. Un enseignant doit le comprendre, souligne-t-il, pour « ne pas perdre l'autorité lorsqu'il se sait être l'objet de la moquerie et du mépris de ses élèves »[1]. Il le proclame, les enseignants y sont confrontés et c'est plus difficile encore pour eux de s'y repérer. Si certains psychanalystes acceptent aujourd'hui d'en désigner les effets

1. S. Freud, *Minutes de la Société psychanalytique de Vienne, II, 1908-1910,* Paris, Gallimard, 1980, p. 483.

dans la relation éducative et d'enseignement, ils estiment néanmoins qu'il est illusoire de croire que, comme pour eux, ce qui s'y passe puisse être travaillé. Seul le cadre particulier de la cure thérapeutique donnerait au psychanalyste sa capacité d'écouter et de travailler dans le transfert. Ailleurs, ce serait pour le meilleur et pour le pire : à laisser en l'état. Qu'en penser ?

1. TOPOLOGIES TRANSFÉRENTIELLES

Freud l'a désigné. Il s'agirait d'un amour venant là où il n'aurait rien à y faire : dans une relation professionnelle. La psychanalyse a dû, contre vents et marées, prendre en compte ce phénomène embarrassant qui envahissait la relation thérapeutique et qu'elle a appelé « transfert », ou plus directement « amour de transfert ». « Le transfert n'est pas facile à définir », avoue Octave Mannoni, « disons, en gros, que c'est la mobilisation de l'inconscient en relation avec l'analyste », et d'ajouter : « Il est prudent de ne pas chercher trop de précisions. Car le transfert est vraiment le non-théorisable de l'analyse. »[1]

Surgissement

L'aborder est plus facile par un détour historique. Il faut remonter une fois de plus au moment où Freud utilise l'hypnose dans ses relations à ses patients, l'hypnose alliée à la parole dans ce qui fut la « méthode cathartique ». Il raconte en effet dans *Ma vie et la psychanalyse* comment il a abandonné l'hypnose lorsqu'une femme après sa séance lui sauta au cou. L'épisode lui donna à penser qu'un tel *acting out* était

1. O. Mannoni, *Un commencement qui n'en finit pas*, Paris, Seuil, 1980, p. 48.

à mettre au compte de l'hypnose et de son pouvoir. Il déclare ceci : « J'avais l'esprit assez froid pour ne pas mettre cet événement au compte de mon irrésistibilité personnelle et je pensai maintenant avoir saisi la nature de l'élément mystique agissant derrière l'hypnose. Afin de l'écarter ou du moins de l'isoler, je devais abandonner l'hypnose. »[1] Freud abandonne donc l'hypnose pour fuir « la chose » ou mieux pouvoir la maîtriser. Il n'en fut nullement débarrassé. En 1910, il se plaint à Oscar Pfister : « Quant au transfert, il est une véritable croix. »[2]

Dans la relation thérapeutique peut apparaître quelque chose qui ne devrait pas y être : l'amour, qui se porte sur la personne du psychanalyste, sans qu'il y soit pour grand-chose. Cette émergence finissait à l'époque par rompre la relation, tant ses manifestations étaient gênantes. Pourquoi la relation thérapeutique provoque-t-elle une telle émergence, alors que dans la vie quotidienne le coup de foudre n'est pas si fréquent ? Lacan[3] l'a nommé : dans la relation thérapeutique, comme dans le registre de l'amour-passion, l'image idéale du patient se reporte sur le psychanalyste, elle le façonne et en retour elle provoque la fascination : chacun est séduit par son idéal retourné. Un mirage où on serait pris d'autant plus qu'un autre ne se manifestant pas dans la réalité devient une surface idéale de projection. Cette situation où un autre est en position de supposé savoir, où il n'y a pas d'acte possible entre eux mais rien que des paroles, fournit les conditions pour l'émergence du transfert.

Dès lors qu'existe une disparité dans les positions respectives des partenaires, le tour est presque joué. Toute relation professionnelle la connaissant ferait naître cette tension. Il ne

1. S. Freud, *Ma vie et la psychanalyse,* Paris, NRF, 1971, p. 35-36.

2. *Correspondance de Sigmund Freud avec le pasteur Pfister,* Paris, Gallimard, 1967, p. 75.

3. Voir J. Lacan, *Les écrits techniques de Freud,* Paris, Seuil, 1975, p. 205.

s'agirait pas de s'y piéger en la ramenant à un raisonnement du quotidien : « S'il tombe amoureux de moi, c'est pour mes charmes et mes qualités ; je peux n'y pas répondre mais je ne doute pas que ce soit moi qui en suis l'objet. » Et bien non. Le phénomène serait presque « automatique » : qui que nous soyons ; il ne requiert pas forcément notre complicité. C'est une force qui est à l'œuvre, si chaque professionnel prend la précaution de la laisser sans réalisation, sans passage à l'acte, sans confusion de scènes. S'il pense y être pour quelque chose, il sera flatté et y répondra sur le même registre. Il franchira alors une limite qui s'avérera traumatique. Au lieu de garder cette force pour qu'un autre se réalise, il l'utilisera pour son propre compte, le laissant floué. Cet amour adressé à lui reprenait d'anciennes amours : s'il le conjugue au présent, il transgresse un interdit et mésuse d'un pouvoir prêté.

Déplacements

Freud découvre que, dans cette relation intense au psychanalyste, un patient revit ce qui l'habite au plus profond, dont il ne sait plus rien et qui se réactualise dans le présent en toute méconnaissance. Ainsi après l'épisode du baiser volé par la patiente, Freud commente : « Le désir actuel se trouva rattaché, par une compulsion associative, à ma personne, évidemment passée au premier plan des préoccupations de la malade. Dans cette *mésalliance* — à laquelle je donne le nom de faux rapport — l'affect qui entre en jeu est identique à celui qui avait jadis incité ma patiente à repousser un désir interdit. Depuis que je sais cela, je puis, chaque fois que ma personne se trouve ainsi impliquée, postuler l'existence d'un transfert et d'un faux rapport. Chose bizarre, les malades sont en pareil cas toujours dupes. »[1] Chacun aurait en effet la capacité de déplacer ses affects sur d'autres personnes, de les revivre dans le présent alors qu'ils sont liés à un passé.

1. S. Freud, *Etudes sur l'hystérie,* Paris, PUF, 1971, p. 246.

Freud appelle « mésalliance » cette confusion précieuse entre présent et passé. Ce qui est au creux de notre aveuglement donne à se répéter avec un autre. « Il est indéniable que la tâche de dompter les phénomènes de transfert comporte les plus grandes difficultés pour le psychanalyste ; mais il ne faut pas oublier que ce sont justement elles qui nous rendent l'inestimable service d'actualiser et de manifester les motions amoureuses, enfouies et oubliées ; car, en fin de compte, nul ne peut "être mis à mort", *in absentia* ou *in effigie* »[1], assure-t-il. C'est parce que nous le vivons que des mots sont mis dessus qui permettent alors de s'y repérer. Le transfert est lié à ce qui résiste. Il est frein, mais il faut néanmoins en passer par là pour entendre ce qui perdure et ne ressurgit qu'en frappant de méconnaissance les actes. Dans la tension vis-à-vis d'un autre, se rejouent des scènes oubliées, des *acting* qui sont en prise avec ce qui justement échappe. Dans l'autre, tout un chacun s'engouffre, il épelle sa scène, stupéfait de ce qu'il y actualise : « Je crois être dans un présent que je lui adresse, et me voilà aux mains d'un passé en souffrance qui ne se révèle que par la bande, dans cette relation à lui. »

Il aurait été avantageux de se passer des perturbations liées au transfert, ce ne fut pas possible. « Il ne restait plus alors, écrit Serge Viderman, qu'à faire de nécessité loi et convertir l'obstacle en levier. »[2] Mobilisation de l'inconscient, fausse alliance, un psychanalyste-miroir où l'idéal du portrait de chacun trouve à se dessiner et par lequel on finit par être captivé : imaginaire d'un amour qui fait sentir l'hors-portée de sa conscience, avec un autre prié surtout de ne pas répondre sur le même registre. Il apparaît alors comment une auto-analyse n'est pas une psychanalyse : le rapport à un autre pousse à revivre ce qu'on ne peut prononcer tout seul.

1. S. Freud, Dynamique du transfert, *La technique psychanalytique,* Paris, PUF, 1967.

2. S. Vidermann, *La construction de l'espace analytique,* Paris, Denoël, 1970, p. 268.

On comprend mieux aussi pourquoi, depuis l'époque du magnétisme, cette vérité déjà affleurait : « C'est dans la relation intersubjective que se trouve l'essentiel de la force de transformation. »[1]

La psychanalyse se défend d'utiliser la dépendance des patients pour les accrocher à une idéologie ou une théorie extérieure. Le principe est strict : leur accrochage devrait aboutir à leur construction personnelle d'un savoir. Le savoir du psychanalyste de même que sa personnalité sont suspendus pour qu'ils reconstruisent leur singularité. Un analyste œuvre pour qu'on puisse le quitter et que jamais plus on ne pense que quelqu'un sait mieux que soi qui on est. Chacun finirait ainsi par être hors influence. C'est l'idéal et le credo de la psychanalyse, qui la détacheraient de l'hypnose et d'une suggestion extérieure. Y parvient-elle ? Peut-être pas toujours. Les dérapages sont possibles. La psychanalyse faisant désormais partie d'une culture, elle impose un cadre et une théorie qui fonctionnent malgré tout comme système d'influence. Et il est des analystes qui ne se détachent pas de leur patient, laissant ceux-ci dans une éternelle allégeance.

La capacité transférentielle de chacun est précieuse, mais le rend vulnérable. Elle peut être utilisée à ses dépens : « Un autre peut devenir l'idéal de moi, et je m'appauvris. Il est tout, je ne suis rien. Ce n'est pas que je l'incorpore pour m'enrichir de ses qualités ; je le fais passer avant moi, il est le seul objet de mon amour et je ne suis que par lui. Je peux me déposséder de moi pour lui ; ce qu'il dit est "parole d'or", je le suivrai sans hésitation. » Dans la quotidienneté sociale des relations, on est manifestement sous influence. Un autre nous accroche pour nous rendre conformes à une idéologie ou un système délirant. Notre fascination pour lui se réalise à son bénéfice ; il use de sa place pour se servir de nous, sexuellement ou pas. Tout est fait pour nous entretenir dans une servile soumission à sa volonté.

1. H. Ellenberger, *A la découverte de l'inconscient*, Paris, Fayard, 1994.

Au lieu de permettre de nous trouver, il occupe réellement la place du Tout-Puissant, et s'autorise à nous manipuler désignant ce que nous devons être ou faire. Toute manipulation mentale passe par cet accrochage pour nous déposséder de nous-mêmes sous couvert d'un discours mensonger qui fait croire à notre sauvetage. Celui qui est objet d'un transfert d'amour a un pouvoir exorbitant. L'accrochage à un autre comme idéal du moi est processus normal, à la base d'un grandir ; il peut être aussi à l'origine d'une destruction. Un enseignant aurait à s'en souvenir.

Avoir son psychanalyste « à la bonne » fait ainsi partie des résistances connues. « L'avoir à l'œil »[1], comme l'écrit Lacan, aussi. Que la haine pointe, que la négativité à son endroit advienne, que le désir d'agresser ne s'y active, telle est l'inévitable destinée de la relation thérapeutique. Le transfert négatif est précieux. On croit généralement que l'opposition, le désir de venir à bout de l'autre, va aboutir à la rupture de la relation. C'est pourquoi on fait tout pour être dans une bonne atmosphère, sans conflit, dans l'amour partagé, la complicité ; tout pour maintenir le contexte au beau. Telle est la conviction habituelle. L'expérience de la psychanalyse est tout autre. C'est souvent trop d'amour qui provoque la rupture. La tension conflictuelle[2] n'y débouche pas forcément, elle est même essentielle à la progression. Accepter le transfert négatif, c'est accepter de travailler dans tous les registres des sentiments. La haine, comme l'amour, est inépuisable. Tout professionnel de l'humain devrait être capable d'en supporter l'épreuve. Tout dispositif, toute communauté qui n'accepte pas son émergence court le risque de se refermer sur elle-même et d'exiger de ceux qui la fréquentent une conformité de mauvais augure.

1. J. Lacan, *Quatre concepts fondamentaux de la psychanalyse,* Paris, Seuil, 1973, p. 114.
2. S. Viderman, *op. cit.*, p. 287.

Repérages

Ces phénomènes ne sont pas simplement fabrication de la situation analytique. Beaucoup l'ont affirmé, le cadre thérapeutique « dramatise » son apparition, mais ne le crée pas de toutes pièces. « Dans son essence, le transfert efficace dont il s'agit, c'est tout simplement l'acte de parole. Chaque fois qu'un homme parle à un autre d'une façon authentique et pleine, il y a, au sens propre, transfert, transfert symbolique — il se passe quelque chose qui change la nature des deux êtres en présence »[1], déclare Lacan. Le transfert n'est pas un artefact de la psychanalyse. Il intervient dans le quotidien des relations, professionnelles ou non. Si on peut en méconnaître les effets quand il s'agit de qui passe par là, dans un instant de la vie privée, il n'en va probablement pas de même lorsqu'on professe un métier de l'humain.

Un enseignant est, c'est certain, la cible privilégiée du transfert : répétition, déplacement des affects sur lui, confusion entre le présent et le passé. Ces affects mêlés à la quotidienneté d'une relation sont difficilement repérables dans l'*in vivo.* Sa tâche est difficile. « Le voilà qui se met à faire une crise pour une parole bien banale. Il exagère, il joue la comédie. L'analyse objective de la situation montre la non-pertinence de sa réaction. Je vais lui faire sentir qu'il en rajoute, qu'il est dans son tort. Le présent est le présent. Son attitude et ses réactions y doivent être adéquates. » Le présent est l'unique référent de sa compréhension. Et justement il n'y comprend plus rien, sauf à le tenir pour particulièrement aberrant. Il décode mal l'attachement ou le mouvement d'opposition. Il accueille favorablement les témoignages d'amour. Il les réclame comme un dû. Or ces marques d'amour, il n'aurait pas le droit de se les attribuer « sans autre », ni être rassuré à travers elles sur ce qu'il vaut. Dans la relation à l'élève où du savoir est

1. J. Lacan, *Les écrits techniques de Freud, op. cit.*, p. 127.

en jeu, il serait présomptueux de chercher dans sa complaisance affichée la confirmation qu'il est un bon enseignant. Tandis qu'il reçoit les marques d'amour comme les gages de ses charmes, il prend les signes de rejet pour de la méchanceté à son égard : « Il arrive vers moi. Dès le départ il m'agresse, alors que je ne lui ai rien fait. Je ne le connaissais même pas. Il m'accuse et devient insolent. Je n'accepterai pas ce ton. » Il ne peut permettre une telle révolte à son égard. Le dialogue se rompt. Les mots n'ont pas été trouvés. Il vit mal les situations où il ne se sent pas aimé, reconnu. Etre frustré dans l'amour qu'il donne lui est douloureux. Que tel ou tel se refuse à jouer le jeu, alors c'est tout son être qui vacille. Le voilà renvoyé immédiatement à son incapacité, à ses doutes professionnels et existentiels. Pour ne pas être entraîné dans l'insupportable d'une vacuité, dans la visibilité de son impuissance, il va tenter de pourchasser les insoumis, et séduire ceux qui n'osent pas se regimber.

Sa soif d'amour, de reconnaissance, son besoin de l'approbation de l'autre rendent la relation très souvent passionnelle. Ainsi dans la relation d'enseignement, le transfert serait obligatoire ; son absence, synonyme d'échec. Quelle liberté est laissée à un enfant lorsqu'on croit tout travail impossible à moins de provoquer chez lui un accrochage positif ? Apprendre à travailler avec lui, en négatif de soi, est urgent et essentiel. Pour cela, il lui faut comprendre que le négatif n'est pas synonyme de non-attachement à son égard. Se souvenir que, pour son travail, il reçoit de l'argent ; il n'a pas à exiger d'être aimé. C'est une garantie contre son emprise que de supporter l'émergence d'un transfert négatif. Lorsqu'on fait de la relation professionnelle une affaire de dévouement et d'amour réciproque, on ne tolère pas l'émergence d'une différence ; l'autre est mis en demeure de ne témoigner que son amour. Dolto le répète. Le paiement symbolique, dans la cure d'enfant, est la garantie pour lui de pouvoir mettre à mal sans crainte de représailles et de rupture. Pouvons-nous transposer cette pratique de la cure dans la relation pédagogique ? Peut-être pas intégralement. Nous pouvons au moins entendre que l'apparition du transfert négatif n'est pas une excuse pour rejeter un enfant. Lorsqu'un transfert négatif est interprété comme visant à sa destruction, un adulte répondra dans la violence comme si sa dignité était atteinte. Il dit devoir se maintenir dans une position d'autorité. C'est elle qui le fait parler et souvent réagir. Il ne peut tolérer la moindre incartade puisque, croit-il, il en perdrait la face et le respect dû. Avec une telle conviction, il entre immanquablement dans un rapport de forces, où il gardera le bénéfice de son pouvoir, mais bloquera très certainement un autre dans son devenir.

Lorsqu'il se heurte à l'incompréhension, il pourrait entendre que cela ne le concerne peut-être pas ; qu'il y a là, de l'autre côté, quelque chose d'essentiel qui se dit. Même s'il ne sait pas ce qui se passe, il peut légèrement se déplacer dans sa réaction, n'être pas là où on l'attend ; n'être pas piégé dans une réaction d'amour lorsque des motions tendres lui sont adressées ; dans une relation de haine, lorsqu'on lui dit qu'il est moins que rien. S'il osait prendre une autre position, accepter « qu'on ne l'aime pas », il s'apercevrait que se dénoue ce qui est violemment lié et qu'il ne perd pas sa crédibilité.

Lorsqu'on parle de transfert dans la scène enseignante, le reproche vient immédiatement de vouloir favoriser la relation duelle, alors qu'il y a vingt autres enfants. On se trompe. Parler du transfert donne à comprendre comment, justement, le champ d'action d'un enseignant ne passe pas par l'établissement d'une relation duelle — relation d'amour sur le modèle maternel, relation transférentielle sur le modèle dit thérapeutique —, qui reviendrait à établir une bonne relation, investir un autre, permettre son accrochage pour l'aider à dépasser ses difficultés.

Le contexte institutionnel ne s'y prête pas. Il y a d'abord la question de la temporalité. Dans un tel contexte, on crée une relation avec un enfant sans généralement se préoccuper du temps compté. Si une rupture intervient, elle ne sera nullement liée à l'évolution de la relation mais surviendra de l'extérieur à un moment parfois critique. Que la relation doive se dénouer de l'intérieur, passer de la dépendance à l'indépendance par un chemin qui concerne les deux sujets en présence et n'être pas déterminée par des impératifs extérieurs est une donnée de la relation thérapeutique. On ne peut que respecter ce rythme qui va de l'attachement au possible détachement, par le signal qu'en donne celui qui, un jour, s'accrocha pour mieux s'appartenir ensuite.

On joue trop souvent avec un enfant, lequel, à force, n'aura plus confiance, ne pourra plus ni aimer ni travailler avec un autre, toujours dans la méfiance qu'on casse et piétine son attachement. C'est ainsi qu'un même enfant peut être investi par une foule d'adultes qui, pour un temps donné, l'utilisent afin d'éprouver leur toute-puissance à le sauver. C'est ainsi que sa capacité d'attachement est galvaudée, anéantie par tant de relations avortées. Ne cachons pas le fait que celui qui tisse une « bonne » relation durant sa présence écourtée le fait souvent bien plus pour lui que pour l'autre, une manière parfois de s'insérer facilement dans un travail. On oublie consciencieusement que si, par les hasards de l'amour, on est investis puis lâchés au bout de quelque temps sans en être avertis, on éprouve une douleur intense, la trahison éprouvée risque bien de nous laisser méfiants dans notre capacité de faire confiance, à moins qu'on n'y trouve là de quoi répéter une impossible rencontre et qu'on recherche précisément qui nous lâchera au moment où on s'attache.

De tels accrochages défont d'autre part une communauté, créent jalousie et clans. La fin est toujours la même. Après l'avoir favorisé, on rompt parce que le reste vous rappelle que vous n'êtes pas là pour lui seul. Tout oubli de ce qui médiatise une relation d'enseignement, tout investissement massif de la relation au détriment d'un projet peut entraîner l'irruption massive de transfert d'amour ou de haine. Un adulte les suscite, souvent sans s'en rendre compte, lorsqu'il favorise les rencontres duelles sans objets tiers, quand il se met en position « phare » et provoque des transferts à sa personne. Ensuite il s'en trouve embarrassé et s'en défait, ou alors il accepte la dépendance au mépris des autres. Dans l'espace d'un groupe et d'une communauté, il importe que des lois médiatisent les relations et que l'on ne perde jamais de vue que chacun est là pour un projet de savoir, une quête de connaissance. Les éléments médiateurs de la rencontre protègent les uns et les autres de trop grandes passions, de la part d'un enseignant comme d'un enfant. Cette protection est essentielle pour que l'on puisse vivre ensemble. Pour être adéquat à cet endroit, il faut non pas avoir nié les possibles effets du transfert, mais les connaître et ne pas en rajouter sur son désir d'être aimé et de séduire. L'institution est également une protection contre les passions, c'est une de ses fonctions essentielles dont on peut lui savoir gré.

Un accrochage peut advenir sans qu'on y soit pour quelque chose, argumente-t-on. Lorsqu'une relation s'installe de son côté, nous en sommes alors responsables, nous avons la responsabilité de la poursuivre jusqu'à ce qu'elle puisse se dénouer de l'intérieur. C'est là un des paradoxes : l'accrochage qui surgit ne se commande pas. On ne peut pas non plus demander à quelqu'un d'aller « transférer » ailleurs, parce qu'on ne serait pas habilité à recevoir ce qu'il adresse. Il ne fait pas le tri, ne choisit pas entre qui a le « diplôme » de thérapeute et qui ne l'a pas. La présence d'un tel accrochage impose au professionnel des obligations. Celui de ne pas rester seul avec ce qui se passe et d'accepter d'aller parler à quelqu'un pour s'y repérer. Dans l'espace de la classe, même dans le cas où un enseignant privilégie « le lieu et ses règles », de tels investissements adviennent. On ne peut l'ignorer. On peut au moins ne pas les provoquer, ni mettre tous ses efforts pour les faire surgir et les casser ensuite. Le transfert est universel. C'est une force précieuse, qu'on en prenne soin.

Il est de notoriété publique que l'accrochage au savoir se réalise par un accrochage à celui qui l'enseigne. L'histoire est sur toutes les bouches : cette discipline qui fut aimée grâce à tel ou tel est détestée à cause d'un autre. Un enseignant est-il alors autorisé à provoquer un transfert positif et d'en profiter pour qu'un élève en retire du savoir ? Lorsqu'il sera remplacé par un autre moins aimé, la discipline tant investie ne risquera-t-elle pas d'être reléguée aux oubliettes ? A nouveau, affaire d'éthique. De tels accrochages continueront d'exister, ils font partie des rencontres qui marquent une vie. A celui qui en est le support de ne pas en mésuser et travailler pour qu'on puisse, en son absence, continuer à s'engager dans le savoir. Un enseignant enseigne son rapport à l'objet d'enseignement, rapport transférentiel il va sans dire. Il est payé pour qu'un élève investisse le savoir et ne s'y oublie pas pour autant. C'est à cela qu'il œuvre : l'investissement d'un sujet pour le goût de la pensée et de la réflexion. Sa personne est au centre, à lui de ne pas en abuser.

2. ÉLÉMENTS CONTRE-TRANSFÉRENTIELS

Les psychanalystes se préoccupèrent davantage du transfert de leur patient que de leur propre transfert. Freud les avait avertis, en 1910[1], qu'ils pouvaient eux aussi reporter sur leur patient leur propre histoire, l'utiliser selon leur besoin pulsionnel, actualiser sur lui leur part inconsciente.

Sentiments éprouvés

Ce serait par sa psychanalyse personnelle que le psychanalyste garantit que les passages à l'acte de son inconscient ne se réalisent pas en pleine méconnaissance. D'où la nécessité de faire une psychanalyse pour qui est, professionnellement,

1. S. Freud, L'avenir de la thérapie psychanalytique, *La technique psychanalytique*, *op. cit.*, p. 27.

proche psychiquement d'êtres humains. Il resterait cependant toujours de l'in-analysé, prêt à ressurgir. Ce qui est alors appelé contre-transfert fut d'abord pris avec une connotation négative : l'irrationnel du psychanalyste ; un in-analysé s'actualisant en sadisme ou masochisme ; un défaut de technique, là où la montée de son angoisse est liée à sa propre histoire et envahit la relation. En contrepoint de ce négatif, se dessine l'image idéale d'un psychanalyste, ayant achevé son analyse, sans sympathie ni antipathie : un être exceptionnel, exempt de sentiments intempestifs, dans une maîtrise moïque et consciente de son histoire et de son présent. Le contre-transfert serait donc son « non-contrôlé ». A éviter. Il désignerait le mauvais technicien.

Dans cette acception, l'analyste a horreur d'être pris ainsi en défaut, son contre-transfert ne pouvant que relever de fautes techniques et d'une psychanalyse personnelle mal ficelée. Sa crainte qu'il actualise certains aspects de son histoire en toute méconnaissance les lui fait cacher ; il en est particulièrement honteux. Pas plus lui que les autres n'échappe à ce sentiment de pouvoir être nocif pour un patient parce que, ne s'y repérant pas, il l'utilise à son propre compte et rejoue à travers lui des scènes qui lui appartiennent. Le contre-transfert est alors décrit comme « la déviation des sentiments contre-transférentiels et des relations établies et identifications qui sont refoulées chez l'analyste. Ce que l'on peut dire à ce propos, c'est que l'analyste a besoin de poursuivre son analyse »[1]. Cela n'offre que peu d'intérêt, comme Winnicott le souligne, et clôt le débat.

De croix, le transfert est devenu moteur ; de même, le contre-transfert fut peu à peu, lui aussi, considéré comme un outil précieux. Une définition plus large lui devient reconnue : quelque chose qui arrive à un analyste sous l'influence de son patient ou « l'ensemble des réactions de l'analyste à

1. D. W. Winnicott, La haine dans le contre-transfert, *De la pédiatrie à la psychanalyse*, Paris, Payot, 1976, p. 49.

l'égard de son patient »[1]. Ce sont les sentiments éprouvés en relation avec ce qu'un patient articule ; ils sont alors une réalité adéquate à l'observation objective d'une personne et d'une relation[2]. Une psychanalyse se passe d'inconscient à inconscient. Ce qui surgit comme sentiment chez un analyste est en relation avec ce que lui adresse un patient dans la relation thérapeutique. C'est donc un indicateur précieux de ce qu'un patient tente de produire chez un autre. Dans l'analyse des personnes psychotiques par exemple, le contre-transfert est un instrument indispensable[3]. Qu'un analyste éprouve de la haine, de l'indifférence, de l'amour, de la peur, de l'angoisse, de la tristesse, du désarroi, de l'ennui, de l'envie, quelque chose se dit là qui doit être repris, indicateur précieux de ce qui s'éprouve en dessous.

Ainsi les sentiments éprouvés seraient matériaux de repérage. Leur émergence est indispensable, comme est nécessaire qu'on les engage dans une écoute, dans un travail pour n'être pas entraîné dans une réaction défensive. Ces sentiments sont toujours mélange de lui et de soi. Reste à les entendre et ne pas les prendre à chaque fois comme argent comptant. Ils sont nécessaires pour s'y repérer dans ce qui se passe entre deux. Une chose est certaine, ce n'est pas l'absence de sentiments qui est signe d'une bonne technique, mais plutôt que les émotions donnent lieu à un travail de repérage.

J'y suis

L'analyste est protégé par un cadre où il ne se mêle pas à la réalité quotidienne ; un enseignant ne l'est pas, et ses sentiments sont encore plus difficiles à démêler. Pourtant il est

1. P. Bofill, P. Folch-Mateu, Problèmes cliniques et techniques du contre-transfert, *Revue française de psychanalyse,* numéro spécial, 1963, p. 52.
2. D. W. Winnicott, Le contre-transfert, *De la pédiatrie à la psychanalyse, op. cit.*
3. H. Searl, *Le contre-transfert,* Paris, Gallimard, 1981.

essentiel qu'il ne les fuie pas, ni ne les nie. Un enseignant est d'autant plus marqué par le contre-transfert dans le premier sens du terme, que sa profession ne nomme pas les enjeux psychiques de la rencontre. Si déjà les analystes ont de la peine à évoquer ce versant de leur travail, les autres professionnels ont davantage encore de difficulté à en parler : rien n'a été nommé de cette actualisation de leur propre psychisme sur leur partenaire professionnel et des sentiments qu'ils vont éprouver.

Tous les métiers de l'humain traînent derrière eux l'idéal d'une absence de sentiments négatifs. Hors de la mêlée, ils demeureraient minute après minute généreux, objectifs, visant le grandir d'un autre. Ils seraient non coupables, et leur pathologie nullement à prendre en compte. Seul celui qui leur fait face serait responsable si jamais quelque chose se passe. Ils idéalisent leur fonction et la manière dont ils vont la remplir, ils sont déboussolés lorsque la passion s'en mêle et que leurs affects regorgent de haine. Les chouchous et les têtes de Turc sont pourtant en partie fabriqués par les adultes. Un enfant est objet contre-transférentiel par excellence. Notre histoire inconsciente s'y engouffre que nous affublons de justifications rationnelles. Etre professionnel convoque à le reconnaître. Les histoires foisonnent pour témoigner qu'on y rejoue avec eux une scène déterminée par notre passé : « Je le déteste, il m'énerve. » Ces sentiments on ne les avoue pas facilement. « Si on savait, je serais traité de mauvais professionnel. Je dois aimer les enfants, un point c'est tout. Tout autre sentiment est le signe de mon indignité. » Alors un enseignant clame son amour à tout vent, et il ne s'aperçoit pas de ses passages à l'acte : « Celui-là, je le poursuis, je le juge, je l'épingle ; il n'a aucune chance d'en réchapper. » Tout est prêt pour justifier nos actions par sa perversité. Rien ne nous concerne, il mérite ce qu'il récolte de nous. On ne sait pas quoi faire de ses sentiments, surtout s'ils sont négatifs.

Un enseignant peut se cacher derrière le savoir, mais un jour ou l'autre il risque d'en subir les conséquences psychiques. Trop de choses sont tues au nom d'une idéalité et d'une méconnaissance. Lorsqu'il peut prendre la mesure de ce qui l'habite, il a généralement la chance de pouvoir se déplacer un peu, de dédramatiser. Et, comme par hasard, l'autre se déplace à son tour. Ce qui était drame devient occasion de grandir. Ce que l'on croyait impossible devient probable. Comme pour le psychanalyste, un enseignant est invité à faire le deuil d'une position idéalisée où il n'éprouverait aucun sentiment, serait neutre, bienveillant, sans passion et sans histoire, pour s'engager à travailler sa subjectivité *après coup*, lorsque cela est nécessaire : s'arrêter et mettre en parole ce qui se passe pour lui, accepter cette recherche de paroles quant à soi et ne pas reporter immédiatement toute la faute sur l'autre. Même si un tel travail ne peut s'accomplir qu'à certains moments, et qu'à beaucoup d'autres on se contente d'être « dedans » sans pouvoir prendre distance, sa capacité et son acceptation de s'arrêter et de ne pas s'épargner — sans tomber pour autant dans le reproche constant et la dévalorisation — sont une condition minimale pour exercer un tel métier.

Jamais pourtant il n'aurait cru que « Je » interférait dans son acte professionnel. « Je dois enseigner, transmettre un savoir », pensait-il. « Certes, il me faut des compétences : à propos des objets de savoir, de la manière de les transmettre et du programme qui les ordonne ; des connaissances sur les stades et les capacités cognitives de l'enfant. Je suis détenteur d'un savoir, je dois permettre à un autre de se l'approprier ; pour ce faire, certes plusieurs théories existent, d'où découlent plusieurs méthodes qui peuvent se révéler contradictoires. Ma seule responsabilité serait dans le choix de la méthode, et encore, généralement, on me l'impose. » Voilà comment il se représentait l'enjeu. Il pensait n'avoir pas à se découvrir, que son moi n'était pas une variable sérieuse dans l'exercice de sa compétence.

Or, il semblerait que « Je » n'y échapperait pas, même si on ne veut rien en savoir. Il vaudrait donc mieux s'en préoccuper. Comment ? Comprendre d'abord cette conviction, puis entendre ce en quoi « Je » est pris dans cette histoire. Inévitablement il entrerait en relation avec Miguel ou Julia, même s'il ne se préoccupe en premier lieu que de la classe. Dans son « bonjour » à l'un, son sourire à l'autre et son indifférence au troisième, il s'adresserait aux uns et aux autres en particulier. Sa parole, les expressions de son visage, ses gestes sont chaque fois différents. Dans cette adresse singulière, se jouent des contenus psychiques qui lui appartiennent. Qu'il élise Pierre et rejette Paul ne dépendrait pas de leurs seules qualités ou défauts. S'y inscrit inexorablement la particularité de la rencontre. Et son histoire ferait figure de troisième partenaire, lui dérobant son unique rationalité et sa saine conscience.

Derrière ses agacements, élans, rejets, colères, exclusions, emportements, il y serait. Le bavardage de l'un, la timidité de l'autre, l'agressivité de celui du fond, etc., tout serait en fait susceptible de réveiller en lui de vieux démons. Dès lors ses réactions ne seraient plus si sereines. Il rencontrerait chez certains enfants les blessures, les rejets qui furent les siens. Mieux encore, ce sont eux qui viendraient le chercher dans ces zones d'ombre que son rôle semblait cacher, qu'il avait cru précisément pouvoir oublier. Dans son rapport à Lionel ou Léa, il rejouerait son histoire, parlant davantage à partir de l'enfant en lui que de l'adulte qu'il est devenu. Il serait animé par des désirs qui viennent de loin, comme de réparer mais aussi de se venger ; celui de sauver, mais également celui où agit un « vœu de mort ». Cela ne se passe pas avec tous les enfants mais avec celui-ci, en particulier, qui ne le laisse pas s'échapper. On dialoguerait ainsi à partir de l'enfant qu'on a été et qu'on demeure, et plus celui-ci a dû se taire, plus il aurait cette force aveugle qui sculpte émotion et actes sans qu'on le sache. Nous sommes dans la méconnaissance, et tellement prompts à la rationalisation, à la justification erronée de ce qui cause notre rapport à lui. Sous les meilleures intentions, sous les discours généreux, souvent émergent d'autres réalités. Ainsi un enseignant veut embrasser ce métier pour éviter aux enfants ce qu'il a subi, et se retrouve leur faire éprouver les souffrances qu'il a lui-même ressenties. Il affirme aimer les enfants, et il poursuit de sa haine celui-ci. Veut-il que cet enfant réussisse puisqu'il a comme lui échoué, mais au moment où le but est atteint, il casse tout, car il ne supporte pas que l'enfant ne lui ressemble plus[1].

Chacun est responsable de sa subjectivité. Inutile de la cacher sous le masque d'une objectivité technique. On part d'elle : la relation interhumaine ne peut être construite autrement, alors que lui pensait que c'était là chose coupable, qu'il lui fallait garder la neutralité de l'observateur. Partir du « Je » demande du travail. Pas question d'invoquer effectivement une subjectivité sans la réfléchir. Ce « Je » à travailler lui garantira non pas d'appartenir à une norme, mais d'accéder à la constante redécouverte de ses forces psychiques.

Au fond ne pourrions-nous pas éviter avantageusement cette subjectivité bruyante en s'en tenant simplement au programme, aux techniques, à la méthodologie ; en encourageant un enseignant à s'abstenir de tout autre investissement ? C'est parce qu'on autorise encore trop d'affects dans ce métier que des dérapages seraient encore de mise. Si on réduisait la relation à des interactions rationnelles, on éviterait l'émergence de tels phénomènes. Nous serions en présence d'un reste bien malheureux, reste imaginaire qu'une pédagogie rationnelle, fondée sur le savoir, pourrait maîtriser. C'est parfois l'espoir de certains. Et c'est mon doute : de telles confusions sont inhérentes à toutes relations interhumaines. Un adulte peut cependant entendre de quoi il s'agit et se déplacer. Aucune « raison pédagogique » ne supprimera cette subjectivité : il reste à l'introduire dans une autre intelligence, à sans cesse nommer ce qui se passe. Si nous acceptons qu'un enfant est un objet

1. A. Freud, *Initiation à la psychanalyse pour éducateur*, Toulouse, Privat, 1969, p. 70 et s.

contre-transférentiel par excellence, nous prendrons la responsabilité de nous interroger lorsque nous nous verrons entraîner vers des relations passionnelles.

On pensera que je rêve, je devrais savoir que c'est à cet endroit précisément qu'on est le plus aveugle, et qu'on sera dans l'incapacité de prendre distance et s'apercevoir des enjeux. Comment un être ordinaire peut-il entendre sa subjectivité aux prises avec celle de l'autre, réaliser ce travail sans passer par une psychanalyse ou son équivalent, s'engager là-dedans alors qu'il a vingt enfants, un programme et des instructions ? Cette démarche ne serait ni efficace ni généralisable ! On est dans le grand nombre lorsqu'on parle de ce métier. On ne peut pas penser à petite échelle. Ce travail-là appartient pourtant à chacun. Lorsqu'il se sent trop pris par elle ou lui, reconnaître, par exemple, qu'il lui échoit de sortir de ses certitudes, de ses ancrages, de ses stéréotypes : pour ne pas confondre soi et l'autre, ni prendre lui pour soi, ni jouer soi contre elle. Il incombe ainsi toujours à un adulte de penser ce qui surgit, et d'évoluer. Ce serait cela de pris. Nous pouvons même penser que l'autre en face recueillera le bénéfice. Si on se dégage pour soi-même, si on se repère, nul doute que quelque chose rejaillira pour lui.

Serait-ce trop vouloir pour un métier qui n'est pas thérapeutique mais métier du savoir ? Ne vaudrait-il pas bien mieux continuer à œuvrer avec du bon sens, sans se préoccuper de ce que cela lui fait, estimant le risque encouru de toute façon minime et qu'on ne peut éviter ? Pour certains, une seule justification à pareille exigence serait recevable : qu'il y ait un bénéfice au plan de l'instruction. Or c'est le cas. Le but de ce métier est en effet d'éviter les dérapages destructeurs et d'œuvrer pour qu'un espace d'apprentissage soit réservé à chacun. Ce qui regarde un adulte doit être pensé pour justement rendre possible cet espace, pour ne pas le polluer d'éléments supplémentaires perturbateurs, les difficultés relatives à l'accès au savoir étant déjà suffisamment nombreuses. Un tel travail ne réglera pas tous les problèmes. Mais accepter de s'y engager, revient à s'interroger, à bouger, non pas dans la culpabilité mais au nom d'une nécessaire responsabilité. C'est une exigence du métier, sans perspective grandiose à l'horizon, sans positivité à toute épreuve. Nous touchons à « la personne » de l'enseignant. En a-t-on le droit ? Et comment former un enseignant à cela, lui octroyer l'espace pour que se réalise semblable travail ? N'est-ce pas une nouvelle fois trop exiger ? Non, un enseignant n'est pas tout-puissant à forger l'être psychique de demain. Non, il n'a pas à minimiser l'accès au savoir. Mais il contribue déjà, comme adulte, à accompagner des êtres qui grandissent et en cela il est responsable de lui-même. C'est ce versant qui ne peut être ni à réduire ni à surestimer.

Le contre-transfert d'un enseignant pourrait s'actualiser sans frein. Il y a des garde-fous. L'institution, les règles sont une protection minimale pour les usagers. Avoir vingt enfants et passer d'une classe à l'autre peut rendre un contre-transfert moins massif. Tous les romans pédagogiques et toutes nos histoires scolaires sont néanmoins pavés de passages à l'acte et d'abus d'enseignants[1], sans qu'on ait pu de quelque manière les arrêter. Soyons sans illusion : avertir que la fréquentation d'un être humain donne lieu à l'émergence de tels phénomènes ne va pas les empêcher. Loin de là. Nommer que cela existe ne préviendra pas les prises en grippe, les sadismes divers, les harcèlements, les polarisations sur tel ou tel. Pourtant mieux vaut les avoir nommés que de n'en avoir jamais parlé. Ceux qui confondent, pourchassent, ne gardent pas la bonne distance, jouissent de leur pouvoir sadique, excluent, parlent en négativité, ceux qui se sont construits des barricades ne seront pas atteints par de tels propos. Ils résisteront. Ils n'entendront pas que, dans tous leurs gestes, ils trahissent une part d'eux-mêmes et, inconscients, font payer celui qui est en face d'eux.

1. C. Chessex, *L'école est un roman*, Lausanne, Ed. D'en Bas, 1990.

Confusions

Un enseignant fait partie d'une institution. Or tout agent institutionnel met l'autre de la rencontre dans une certaine position. Il l'engage dans un transfert marqué par une fonction, qui dépasse sa personne. Celui qui occulte son rôle ne comprend pas la dynamique première des échanges. Il croit que tout ce qui lui est adressé l'est précisément à sa personne. Il est alors narcissiquement visé, blessé dans son moi. Il en découle affrontements, jugements et rejets.

Une organisation est toujours susceptible de se transformer en un monstre ; s'adresser à un de ses représentants colore la parole de la peur éprouvée, la tonalité de la voix risque immédiatement d'en être agressive. Tout agent institutionnel peut mesurer l'impact transférentiel qu'entraîne l'institution à laquelle il appartient, et se poser à lui-même la question de savoir s'il est prêt à en assumer les retombées. Cette connaissance pourrait au moins désaffectiver les rapports qu'entretiennent les agents d'une institution avec les usagers extérieurs, au lieu de les laisser s'installer sans que cet imaginaire ait été défait. De désigner qu'il y a du transfert opérant n'a pas comme conséquence une déresponsabilisation : « Ces paroles ne me concernent pas, alors je m'en trouve quitte ; je peux ne pas entendre, puisque cela concerne un autre que moi. » Cela le concerne bel et bien, mais pas forcément dans son narcissisme, mais dans la responsabilité de son métier. L'enjeu est de taille : comment entendre sans rejeter globalement, ni crouler sous la culpabilité ? Comment recevoir et poursuivre ensuite le dialogue ? C'est une question de déplacement et de conscience des forces en jeu.

Ce transfert « institutionnel » fait les beaux jours du rapport des parents vis-à-vis des enseignants. Mais il en va de même des enseignants vis-à-vis des parents : leur contre-transfert mobilise bien de leurs paroles, instaure plus d'un malentendu. On peut expliquer cela en termes de rivalité œdipienne. Un enseignant est inséré dans une triangulation : lui, le parent et l'enfant. Et tout cela dans un contexte institutionnel. Nous comprenons pourquoi un tel dialogue est parfois si difficile. S'il ne s'y repère pas dans les inter-transferts multiples dans lesquels il est forcément pris, les rapports entretenus risquent de s'avérer pathologiques pour les uns et pour les autres, épuisants psychiquement, dévastateurs et parfois meurtriers de devenir. Il incombe au professionnel de s'arrêter, parfois, pour entendre la force de ce qui se passe et ce qui est pris dans la tourmente. Cet arrêt aboutit à quelques bénéfices : n'être pas entraîné dans ce qui se révélera à terme trop lourd psychiquement pour qu'on ne prenne les tangentes bien connues de la dépression ou de la maladie somatique.

Marquage

Dans le processus analytique, on dit « œuvrer dans le transfert ». Un psychanalyste est marqué par son patient et « travaillé » par ce marquage. Sa possibilité de compréhension et de parole est liée à un tel travail où il est pris en relation avec un autre. Seul ce travail bénéfique d'inconscient à inconscient produirait un savoir commun porteur de transformation. Les épistémologues de la psychanalyse l'ont plus d'une fois souligné : le psychanalyste produit des connaissances sur le psychisme humain en s'impliquant transférentiellement. C'est à partir de l'*in vivo* d'une relation à l'autre que se produisent des effets de savoir. Travailler dans le transfert, c'est reconnaître la force de ce qui s'actualise entre deux sujets. Le savoir émerge de leurs mutuelles implications. Irréversiblement l'analyste supporte seul le processus enclenché. Quelqu'un d'extérieur à la relation ne peut trouver ce qui doit être dit et fait.

Qu'en est-il pour un enseignant ? Ce savoir construit dans la relation est-il également important ? La réponse est oui, sans hésitation[1]. C'est une nécessité vitale pour lui, on ne peut lui ôter cet outil essentiel comme pour tout praticien aux prises avec le social. Cela lui revient, lorsqu'il semble dans l'incompréhension, de laisser opérer ce travail d'inconscient à inconscient qui lui permettra un jour ou l'autre de dire le mot ou le geste approprié qu'un enfant pourra reprendre. S'il ne peut consacrer à un enfant tout son temps, s'il évite la relation duelle, il est néanmoins nécessaire, lorsque quelque chose bute, de laisser travailler en soi ce qu'il présente et représente. Un enseignant est également seul dans le savoir de la relation à tel ou tel. Il lui faut l'accepter. Et lui seul peut « dire » au bon moment ce qui permettra peut-être que ça se dénoue. Il ne se transforme pas pour autant en psychanalyste, mais il crée l'espace pour que la spécificité de son travail se réalise : permettre à un autre de progresser dans la construction de son savoir.

Accepter de travailler dans le transfert signifie surtout ne plus pouvoir parler dans les termes si habituels « d'être piégé ». On l'entend souvent : « Il me fait faire des choses que je ne veux plus ; il me manipule, comme s'il avait la capacité de faire de moi ce qu'il voulait. » Et un enseignant veut sauvegarder coûte que coûte sa propre volonté. Souvent il en parle avec horreur. Même un enfant, surtout un enfant, semble avoir cette capacité de le piéger. Reconnaître que la rencontre se passe dans le transfert, c'est prendre cette dite « manipulation » comme indicatrice de là où un autre se situe, de ce qu'il réactualise, comment il ne peut faire autrement. Grâce à ce qu'on éprouve, on peut lui parler, se déplacer légèrement, ne pas répondre en miroir et laisser la marge pour qu'il se déplace à son tour. Ce qu'il nous « fait » s'introduit dans le savoir de notre relation. C'est parce qu'on

1. Voir C. Pochet, F. Oury, J. Oury, *L'année dernière j'étais mort, signé Miloud*, Vigneux, Matrice, 1987 ; F. Imbert, *Vers une clinique du pédagogique*, Vigneux, Matrice, 1992 ; *Transferts*, revue du Groupe de recherche en pédagogie institutionnelle, n° 1, 1992.

accepte d'être touché qu'on peut l'accompagner, en prenant la précaution de travailler ce qui nous arrive. Cela va à l'encontre d'une sécurité, d'une protection que donnerait une théorie ou une institution. Nous ne l'accompagnerons pas du bout des lèvres, dans l'indifférence et la technicité.

Admettre que tout un chacun répète et déplace sera un guide pour entendre parfois ce qui se joue. Non pas forcément pour comprendre et expliquer, mais pour ne pas se décourager et continuer à inventer dans le cadre qui est le sien, avec ses outils. Travailler dans le transfert, c'est écouter là où ça se répète, ça résiste, et ne pas croire que tout n'est que mauvaise volonté. Il y faut du temps et de la patience.

Confiance

Si le transfert de l'analysant est une confiance éprouvée à l'égard de l'analyste pour qu'il le sorte de là où il se trouve, le transfert du psychanalyste, écrit François Roustang, serait la confiance qu'il fait au patient qu'il se sorte d'affaire par lui-même. « C'est *cette sorte d'attente* et de confiance, cette croyance qui est efficace et qui, à elle seule, est *transmission de force.* »[1] Ce mutuel étayage permet de traverser résistances, crises et souffrances. On tiendrait également là le ressort principal de l'éducation.

Les forces essentielles d'une rencontre se situent dans cette confiance. Cette force est là, elle n'est pas conséquence de technique ou de *diktat.* Elle provient d'une position intime, de la certitude que nous avons, malgré tout ce qui peut arriver, de ses capacités d'être humain : sans dénier le fait qu'il se trouve devant des blocages et des processus mortifères, on ne l'enferme pas dans un état qui n'aurait aucun devenir ; on ne le juge définitivement sur ses incapacités présentes ; on préserve un espace de possibles. Il s'agit d'une

1. F. Roustang, L'intersubjectivité : contre-transfert et altérité, *Connexions,* n° 47, 1986, p. 171.

position fondamentale où on le voit sans avoir peur de lui, sans le référer à une échelle de valeurs. Nous pouvons appeler cela : acceptation mais avec la perspective de ne pas en rester là. « Si cet espace s'ouvre, le travail effectué devient sa propriété, je le reconnais comme à l'origine de son être, je suis seulement l'inaugurateur de sa démarche. » Charles Baudouin utilisait la métaphore du « passeur » pour signifier cette fonction[1]. Elle est aussi celle d'un enseignant.

Il ne s'agit pas d'une confiance béate, qui finit par arrêter l'autre dans son avancée, parce qu'on lui fait croire qu'il est le meilleur et le plus beau. Cette confiance ne se dit par forcément avec des mots, elle transparaît dans la position que nous prenons face à lui. Chacun se souvient qu'il a un jour réussi ce qui lui paraissait au-dessus de ses capacités, parce que quelqu'un était là pour dire qu'il pouvait le réaliser. Nous grandissons mû par cette force. Toute pédagogie qui la neutralise et consigne un enfant à ne travailler qu'avec le support de lui-même sous couvert d'autonomie et de différenciation se passe d'un des principaux moteurs qui lui permet d'évoluer et de se risquer là où il ne sait pas encore.

Constat

Ai-je réussi à persuader les psychanalystes qu'ils ne sont pas les seuls à devoir s'y repérer ? Beaucoup d'entre eux restent convaincus que la scène enseignante ne se départit jamais du scénario « transfert obligatoire » : l'autre n'a pas le choix ; s'il veut apprendre, qu'il transfère ; il s'agit de le capter, pour que le discours pédagogique le pénètre, qu'il ne se rebelle pas à ce qu'on lui fournit. Ils affirment qu'il ne sert à rien de vouloir extirper les pédagogues de cette scène : ils seraient dans une situation hypnotique et suggestive ; quoi qu'on fasse, ils tendraient toujours à annuler les

1. C. Baudouin, *Christophe le passeur,* Paris, La Colombe, 1964.

différences, à produire du même et à vouloir que règne une certaine fascination.

Depuis que des pédagogues ont voulu nommer ce qui se passe dans leur champ, on a crié au scandale de l'apprenti sorcier qui manipule des passions aussi immaîtrisables. On les a accusés de les provoquer. Mieux vaudrait ne pas en parler. Nier que cela existe. Ce métier fondé sur la transmission du savoir n'a rien à faire des passions affectives. L'idéal d'une neutralité ou l'efficience d'une banalisation sont, presque à chaque fois, invoqués. Les « pédagogues analystes » ont eu beau jeu de répliquer que même si on le nie, cela ne l'empêche pas d'exister. Et qu'en n'en parlant pas, les adultes peuvent en toute quiétude s'enorgueillir de provoquer l'amour de leurs élèves et fonder leur enseignement sur une telle exigence, devenant destructeurs pour tous ceux qui ne souscriraient pas à leur demande.

Etre professionnel implique n'être pas dupe des passions qui nous traversent. Entendre comment une réputation, qui précède un enfant, provoque chez soi certains fantasmes, peurs et angoisses au point que, même sans l'avoir rencontré, on adopte une position transférentielle particulière ; comment telle ou telle particularité d'un parent engage immédiatement dans une place où, à l'avance, le dialogue ne sera pas possible ; comment on met un élève à la place de l'ennemi, parce qu'il fragilise trop et qu'on s'en défend pour sa propre survie ; comment on compte dans la triangulation ; comment les craintes de destruction s'éveillent face à un groupe ou un élève... Un travail de régulation et de mise à distance est nécessaire. Il n'ôte rien à l'authenticité d'un professionnel ou à sa spontanéité ; tout au contraire, il l'alimente en donnant des garde-fous. Comme la confiance faite à l'autre, cette authenticité ne se fabrique pas de l'extérieur. Elle est conséquence d'un travail, de la construction d'un savoir, et bien sûr d'une humanité reconnue. La confiance n'est pas sans exigence ; l'attente confiante, nullement de l'attentisme, et l'authenticité est une longue ascèse.

CHAPITRE VIII

Séduction obligée

Finis les rapports d'autorité. La séduction est le sel de la relation. Sans elle, un enseignant ne serait rien, surtout avec les adolescents. Elle est souveraine dans notre société. Si vous savez séduire, l'affaire est dans le sac. Hors la séduction, que reste-t-il dans la rencontre institutionnalisée pour retenir l'autre, pour l'amener à se persuader qu'il n'est pas de meilleur choix pour lui ? Quand on demande aux enseignants, qu'ils soient dans le primaire ou le secondaire, si la séduction leur est indispensable, s'ils en usent, si elle colore leur relation professionnelle, leur réponse est affirmative. Et certains d'ajouter : « Il n'y a plus que cela qui marche. »

A qui cela sert-il qu'ils soient sous le charme ? A un adulte évidemment. On en convient, comme on avoue son besoin de plaire, d'être accepté, d'établir une bonne relation pour bien travailler. C'est que, séduit, l'autre obéit sans douleur. On peut lui faire faire ce que l'on veut ou presque, sans devoir recourir à l'autorité. Il emboîte docilement le pas, tant il est pris sous le charme. Il ne peut plus résister. Amadoué, il se met à la tâche sans renâcler. Tout ce qu'on obtient, c'est alors par la douceur. Sa concentration, son application, son assiduité, son plaisir s'en trouvent décuplés.

Comment s'y prend-on pour séduire dans une classe ? La recette semble invariable. Il faut, cela va sans dire, être proche des désirs de l'autre, lui procurer ce qu'il attend, ne pas le heurter, lui retourner ce qu'il espère. Cela signifie que l'on s'efforce de donner ce que l'on croit être attendu, que l'on gomme ce qui pourrait venir en différence. « Je m'annule et ne suis que le reflet de lui ; je me fais semblable afin qu'il découvre en moi son double. » Savoir dès lors qui est l'autre et ce qu'il veut puis correspondre exactement à cette image, tel est l'un des trucs. La gentillesse, les sourires et paroles douces sont aussi de mise, pour agrémenter le tableau. Le corps est mis en scène, il a toute son importance. Le *look*, la coquetterie même contribuent à la séduction, disent souvent les femmes, mais aussi les hommes. Quelles que soient les ficelles utilisées, le but est de le combler. On reste à l'accoutumée dans le registre d'un amour indispensable, attentif à ce que rien ne vienne se dresser en travers de la relation. Si l'on se hasarde à rapprocher la séduction professionnelle de la séduction amoureuse, cela passe pour une incongruité. D'ailleurs, le discours s'abstient d'utiliser les termes séducteur ou séductrice. Pour nommer le processus, il est rare que l'on recoure au verbe « séduire », on lui préfère « plaire », « être sympa » ou « être bien ensemble ». Quant à l'efficacité de la séduction, elle ne fait aucun doute. Y aurait-il lieu de s'en plaindre ? C'est bel et bien à la personne de l'enseignant qu'en revient le pouvoir : « Si je séduis, mon savoir, mon enseignement séduisent en conséquence. Sans moi, séducteur, la matière à ingurgiter est rébarbative, le non-sens de certaines pratiques scolaires fait surface. J'ouvre ainsi un élève au monde. Je le tiens captif pour mieux le captiver. » La chaîne se structure ainsi : « S'adapter à lui, le séduire et lui permettre ainsi d'avancer. » La séduction serait le catalyseur du progrès.

Quand un enseignant séduit ses interlocuteurs, quand ceux-ci s'en avisent et le lui disent, c'est habituellement sous la forme d'un compliment. Si on émet des réserves sur le procédé, si on esquisse l'idée qu'une part d'ombre est inhérente à l'entreprise, qu'il y aurait de l'emprise et même de la manipulation, les réactions sont souvent très vives. Dans le discours positif de la séduction, dans les réponses qui viennent lorsque est posée à brûle-pourpoint la question de savoir si ce peut être un stratagème, on émet tout de même parfois un doute sur la loyauté de l'opération. L'éventualité d'une manipulation est suggérée, le besoin de plaisir suspecté. Quant à la diplomatie dont on use pour arrondir les angles, on la remet presque en cause : n'est-ce pas de l'hypocrisie ? Renoncer à séduire — les enfants mais aussi les parents, les collègues et même la hiérarchie — paraît pourtant impensable. D'ailleurs, explique-t-on comme pour se justifier, l'enfant est un séducteur lui aussi, et l'adolescent plus encore. Pourquoi ne pas lui répondre sur le même ton, pourquoi ne pas partager ce pouvoir ? Et puis, que mettre à la place ? Le savoir est désinvesti. L'autorité ne marche plus. La communauté est défaite et n'a plus guère la force de « motiver ses sujets ». Il ne reste donc que la relation au groupe, ou à l'un, sous la bannière de la « séduction réciproque ». On l'admet, on en retire une satisfaction personnelle. La scène n'est pas sans attrait.

La séduction n'est pas manichéenne. Entre noir et blanc on trouve toutes les nuances. Elle remonte à l'origine des temps, est marquée historiquement. En notre XXe siècle, sa connotation a changé, elle est le signe manifeste d'une évolution quant à nos relations au pouvoir. Autant le savoir pour n'en être pas dupes.

1. A CONTRE-JOUR

Ce qui opère dans la relation professionnelle serait isomorphe à la première de nos relations. Il n'y aurait donc pas de quoi s'affoler, ni se choquer. La séductrice originaire serait la mère. Les autres professionnels ne feraient que lui succéder. Cette séduction inaugurative, chacun la clame nécessaire. Elle introduit un enfant au plaisir, jeu du regard et de la captation, elle ouvre à la relation. Elle joue sur intensité et fusion. On se vit dans le regard de l'autre ; elle ramène à soi. Qui n'a pas été ému par ce jeu où une mère est première actrice, où un enfant s'introduit à la relation intersubjective dans cette reconnaissance mutuelle ? Certains disent qu'il y trouve son potentiel de séduction. Cette séduction le laisserait cependant captif et sidéré, il la rechercherait en vain dans ses rencontres ultérieures ; en serait blessé inévitablement, puisqu'elle est éphémère et ne peut être réalisée au vu de la disparité des partenaires. Il y aurait enchaînement fatal : ravissement et chute.

Toute relation ultérieure s'amorcerait de la même manière. Sous le charme réciproque, sous l'intensité d'un regard, d'une voix, d'un geste qui vibre à l'unisson. Une impression prévaut : « J'y suis reconnu. » Cette version idyllique d'une séduction fondatrice des rapports humains, amorce de toute relation, est tempérée par ce que l'on sait d'une emprise qui ne manque pas de s'inscrire dans un tel décor. Cette séduction maternelle, massive, chercherait en fait sa capture, sa domination. Séduction intense, répétitive qui vise à détruire son désir propre en émergence. « Je le séduis dans la mesure où il demeure dans mon regard semblable à moi ; je le laisse choir s'il se différencie. » Alternance de séduction et de rejet, dans le but inavoué de ne pas admettre l'avènement d'une différence. Selon les mots de Roger Dorey, l'emprise traduit « une tendance très fondamentale à la neutralisation du désir d'autrui, c'est-à-dire à la réduction de toute altérité, de toute différence, à l'abolition de toute spécificité ; la visée étant de ramener l'autre à la fonction et au stade d'objet entièrement assimilable »[1]. Les stratégies pour y arriver sont donc multiples. Chacun supporte mal l'autre en sa différence, et la lutte est grande pour

1. R. Dorey, La relation d'emprise, *Nouvelle revue de psychanalyse*, Paris, Gallimard, 1981, p. 118-119.

le réduire à n'être qu'un double ou à ne lui octroyer qu'un statut d'objet.

La séduction se fonde sur une promesse. Des paroles l'introduisent à la certitude que son désir sera réalisé. « Promesse » d'être reconnu, d'être aimé... Tout le monde sait que la séduction est le terrain d'une promesse la plupart du temps non tenue. Elle capte puis laisse dépité. Elle soumet le temps où la promesse est encore grosse d'espoir et de réalisation proche. Ensuite c'est la chute et la résistance, la fuite et la colère : « Il y croyait, et il se retrouve perdu dans sa croyance. On lui a volé jusqu'à son espoir. » Qui a lu le *Journal d'un séducteur* de Kierkegaard[1] ne peut plus en douter. Qui a entendu les sirènes et les voix enchanteresses d'Ulysse le sait également. Le chant est lourd d'une promesse : « Tu m'auras. Mais au moment où ton désir ainsi suscité voudrait se réaliser, je ne serai plus là. M'intéresse de faire naître ton désir, de voir dans tes yeux que je t'ai subjugué ; c'est le jeu de ma séduction et de ta dépossession qui m'attire et toute concrétisation m'horrifie. »

Jouer avec le feu

Entre la séduction festive qui introduit la relation et la séduction emprise qui vise l'autre dans sa différence, la relation maternelle trouve ses bornes. Que la relation professionnelle puisse les reprendre ne semble pas inconcevable, mais ne justifie rien. Que faut-il y entendre ?

Est-il possible de transposer le jeu de la promesse non tenue à la relation avec des enfants, nos partenaires dans la scène professionnelle ? Oui, le mécanisme est le même, procède des mêmes intentions et ce processus surgit d'autant plus fort qu'il s'agit justement d'enfants. Leur promettre la lune, le plaisir, l'harmonie, la fête continue... Un adulte est lui-même dupe de sa promesse, séduit par elle. Il sera stupé-

1. S. Kierkegaard, *Journal d'un séducteur,* Paris, « 10/18 », 1966.

fait de la violence suscitée par la promesse non tenue. La séduction est souvent invoquée pour être une façon d'éliminer l'agressivité. La déception qui lui fait inévitablement suite laisse en fait la place à toutes les violences, d'autant plus sauvages que la relation est tissée de proximités et d'affects.

Si la séduction est effectivement l'amorce d'une relation, nécessaire aux premiers instants de la rencontre pour faire alliance, pour apprivoiser, obtenir la confiance, si elle est le détonateur indispensable pour être en sympathie, elle ne tient pas dans la durée et aurait à se transformer en amour. On dit qu'un séducteur est précisément incapable d'amour, c'est-à-dire d'oblativité. C'est le désir de séduire qui chez lui l'emporte. La séduction se répète alors par l'accumulation des séduits. Etre séducteur, vivre de la séduction, c'est effectivement accumuler, comme les « mille e tre » de Don Juan. Fonder une relation professionnelle sur la séduction est proprement inconséquent. Alors qu'elle devrait contenir fiabilité et constance, la séduction menace à tout instant de rompre, transformant l'idylle en affrontement. S'il y a amorce de relation à travers la séduction, un adulte aurait la responsabilité de la transformer en relation durable, coûte que coûte.

Lorsque la séduction est la seule manière de se relationner, l'autre n'est qu'un alibi de notre narcissisme ; il sert notre gloire, il ne nous est rien et ne doit pas l'être. Toute velléité d'émergence d'un « Je » est étouffée. C'est nous qui avons besoin de la séduction, qui ne vivons que par elle, ne pouvons exister sans elle. « Besoin de son regard qui me confirme en mon pouvoir ; besoin de son attachement pour me sentir préservé de la mort ; nécessité d'une réassurance constante, inépuisable, qui usera de lui pour moi. » La séduction perverse prend toujours le même chemin : « Une captation par une mise en scène, un comblement de ses désirs et une annulation de ce qu'il est pour n'être plus que le miroir de moi. » S'attacher l'autre pour le déposséder de lui-même, son existence n'ayant d'importance que par rapport à la nôtre, telle peut être l'une des conséquences. Cette nécessité adulte est la plus nocive. Elle ne se préoccupe pas de l'autre, tout au contraire ; elle s'en alimente, et devient intolérante à toute incartade. L'avoir pour soi, tel est le lot de certaines relations. Dans la profession, la faute est sérieuse, déontologiquement parlant. Comment permettre à chacun de dépasser la nécessité de plaire ou la hantise de déplaire ? C'est l'un des nœuds les plus embrouillés qui soit. A défaire.

Pour se justifier, on invoque l'enfant ou l'adolescent séducteur : avec son désir, ce serait lui le provocateur, lui qui entraînerait vers un mélange des scènes. De son côté, l'émergence d'un désir dans la relation à l'autre est dans l'ordre de son grandir. Il s'y découvre désirant, y éprouve sa capacité de nous retenir. Violence des sentiments, stratégie de captation, jalousie : tous les éléments du rapport amoureux sont déjà là, en toute légitimité. Un adulte ne peut cependant s'en justifier pour réaliser la chose. La psychanalyse a épelé cette scène et clamé qu'elle devait surtout demeurer potentielle. Du côté de l'adulte, toute réalisation devient effraction traumatique. La scène virtuelle est déjà lourde par la tension psychique qu'elle suscite. Elle se révèle dramatique si on laisse planer un doute, on utilise son appel pour notre propre narcissisme. Opérer sur le registre de la séduction, c'est alors précisément jouer avec ce feu et risquer de s'y brûler.

Pouvoir masqué

Dans la scène de séduction telle qu'elle est communément racontée, il semblerait pourtant que chacun en retire des bénéfices. D'abord le « séduit », qui se trouve plongé dans une atmosphère agréable et esthétique, qui agit sans douleur, vit des instants en intensité, travaille et donc réussit. L'agent de la séduction n'est pas lui non plus en reste, qui en retire une satisfaction narcissique, d'être ainsi aimé, incontesté, soutenu par un regard, heureux d'avoir pu créer ainsi cette atmosphère qui aplanit les obstacles. Au fond, qui ne rêverait pas d'un état de séduction généralisée, où l'on vivrait ainsi captivé ? Serait-ce là un des rêves secrets de pédagogue ?

On oublie, volontairement ou non, une partie de l'histoire. Celle que symbolise parfaitement le joueur de pipeau avec les enfants charmés le suivant presque jusqu'à la mort. Il avait su les comprendre, les prendre, les emmener sans résistance, tant la musique était belle. Le joueur de pipeau en retirait probablement au fond de lui-même une secrète jubilation. Et ils risquèrent ainsi d'aller se noyer sous le charme et sans révolte. Séducteur d'enfants, le joueur l'était. Pour les mener où ? On ne veut pas en parler, on souhaite demeurer persuadé que la séduction ne peut être que bénéfique, aller dans le sens du « bien de l'autre ». Pourtant, derrière la séduction, il y a du pouvoir, une destruction. Dans la relation à un enfant, la séduction ne peut être absente, cela implique dès lors que nous restions toujours attentifs à ses effets pervers. Si on demeure à ce point aveuglés, c'est que nous restons sous séduction. Séduit par la séduction, tel est le destin de l'humain. La profession d'enseigner n'est guère épargnée par cet oracle.

L'histoire de la séduction est ici précieuse à reconstituer. Françoise Lévy en a retracé certains fragments. Elle conclut :

« La violence dit : je veux et je prendrai ce que tu ne veux pas me donner ; il m'y faut (seulement) une force supérieure à la tienne. La séduction dit : je veux, je veux que tu me donnes et pour que tu me donnes, je ne te demande rien mais au contraire je donne ; le rien que je demande c'est au premier abord, le deuxième sera que je ne demande rien que tu ne veuilles donner, mais entre le premier et le deuxième abord j'aurai joué du pouvoir, celui qu'on nomme de séduction, instrumentant une *force faible* qui de toi-même te mène dans ma direction. » Dès lors, il y aurait, dans la séduction, « tout un continent noir, une manutention très habile et fine du pouvoir, une politique discrète d'asservissement qui se donne l'air de la liberté, une clé cachée, un chiffre, connu de l'un et ignoré de l'autre, une *entreprise* »[1].

1. F. Lévy, Continent noir de la séduction, *Traverses*, n° 17, 1979, p. 58.

La séduction masque une relation de pouvoir et obtient en douceur ce qu'elle aurait dû obtenir par violence ou obéissance crue. Le séduit agit comme s'il était l'initiateur de ses actes, alors qu'il ne fait qu'obéir à une volonté autre que la sienne. C'est là que l'ombre s'étend : il participe à la séduction, croit en sa liberté alors qu'il n'est que l'objet d'un vouloir autre. Présenté ainsi, ce processus horrifie ; il confronte chacun à la possibilité d'être trompé sans le savoir ; leurré, puisque persuadé d'agir selon sa volonté propre alors qu'il n'est qu'objet manipulé. Aliénation suprême, où nulle révolte n'est possible tant que la séduction opère. C'est après coup, lorsqu'elle se démasque, que le dégoût apparaît. Un adulte cache à un enfant, par le recours à la séduction, la violence contenue dans leur rapport. Et cela au bénéfice d'une fascination à deux ou à plusieurs.

De la séduction, on est toujours fasciné. Par le fantasme, on sera à jamais pris. La séduction nous fait glisser vers l'inévitable pouvoir que chacun prend sur un autre et qu'une fonction peut offrir. La séduction est inséparable du problème d'une confrontation avec la loi. Une confrontation que l'on souhaite aujourd'hui tellement éviter. Etre porteur d'un « non », d'une différence, accepter le conflit que cela implique, semble n'être pas supportable. On préfère vivre dans l'esthétisme d'une séduction mutuelle, n'être jamais le mauvais qui contraint, qui marque les limites. Une séduction généralisée nous fait échapper à cette épreuve. Séduire, c'est dire oui toujours, pour qu'il soit comblé par nos soins. Assumer un « non » est pourtant essentiel, comme est essentielle la mise en place d'interdits structurants, où on apprend que tout n'est pas possible dans notre univers humain, et que tout ne vous est pas destiné.

On débouche sur l'éternelle question de l'autorité, question toujours récurrente et parallèle à celle de la discipline. La séduction est une manière enjouée de croire qu'on va en être délivré. C'est ce que souhaite souvent un enseignant, ce qui le hante, et qui cause l'urgence de ses questions. « Si ni la force ni la douceur, ni la bonne volonté ne marchent, alors quoi d'autre ? », pense-t-il. La séduction, la promesse, l'adaptation à leurs besoins semblent être la seule issue possible. On oublie que le savoir, le projet, l'intérêt sublimé ont une force de vie plus importante, et que la séduction est souvent un jeu de dupes, surtout lorsqu'elle est là pour nier le problème de l'interdit et de la loi. On ne cesse de se laisse séduire par le rêve d'une harmonie de tous les instants, et n'acceptons pas que l'on grandisse avec de la différence, de la confrontation, de l'opposition. N'avons-nous pas justement à conserver ce rôle de détenteur d'une loi qui, objet tiers, permet à chacun de se situer et de ne pas confondre les places ? L'éducation change. D'une pédagogie noire à une pédagogie libertaire, d'un écrasement narcissique à une toute-puissance, de l'humiliation à la glorification. L'histoire fabrique du psychique, et nous sommes pris dans le mouvement. Pourtant, au lieu de faire comme si tout cela était naturel, on pourrait entendre où nous sommes entraînés.

2. NUANCES

Il importe de ne pas imputer à un enseignant ce qui ne lui appartient pas en propre. Notre époque voit la séduction se généraliser. Elle est au cœur du politique, comme du pédagogique. L'homme « stratégique » est un séducteur, et c'est avec esthétisme et sans violence apparente qu'il s'y prend pour se rendre victorieux de ses semblables[1]. Les médias, l'image véhiculée chaque jour, ne cessent de jouer sur ce registre. Il n'est donc pas étonnant que le procédé soit plébiscité par certains enseignants. Les psychanalystes se sont beaucoup inter-

1. E. Enriquez, L'individu pris au piège de la structure stratégique, *Connexions*, n° 54, 1989/2.

rogés sur l'émergence séductrice dans le face-à-face thérapeutique. Etant particulièrement concernés, ils ont dû théoriser. Cela n'indique pas que la chose soit résolue, pour tous et à chaque instant. Ce serait présomptueux de croire qu'ils échappent aux effets séducteurs pour les avoir pensés, et qu'ils peuvent faire la leçon aux autres métiers qui, eux, vivent encore en méconnaissance et se plongent dans la séduction comme dans une eau bienfaisante.

Faut-il alors avoir peur de la séduction ? Jean Baudrillard[1] parle de cette peur comme relevant d'une incapacité de vivre : une infirmité. Nous avons considéré que séduction pouvait rimer avec emprise, annihilation de toute différence, propension à une annexion ou même à une éradication. Elle correspondrait aussi avec tromperie, illusion, destruction, utilisation, réduction de l'autre au statut d'objet. Elle serait surtout au bénéfice du séducteur, pas du séduit, même si ce dernier, pris dans son propre miroir, trouve ce qu'il désirait. Nous le savons pourtant, dans tout aspect humain, rien de pire que de croire en un tout négatif. La frontière est toujours incertaine, le bien et le mal se côtoient et s'échangent suivant les circonstances.

Séduisant

Y a-t-il une autre version de l'histoire ? Pourrait-il exister une séduction mutuelle où l'autre serait révélé à lui-même, étonné d'être tiré hors de lui ? Une aventure, où il se sentirait non pas floué, mais dévoyé de sa route, ayant trouvé dans l'affaire ce qu'il ne cherchait pas ? Où il n'y aurait plus de victime et de passivité, mais une autoséduction et un surplus d'être en fin de piste ? Où il n'y serait pas séduit par son désir à lui retourné, mais bien par l'autre d'un désir inimaginable qui le sort de sa clôture[2] ? Y aurait-il des choses et des êtres

1. J. Baudrillard, *De la séduction,* Paris, Galilée, 1979.
2. D. Sibony, *Le féminin et la séduction,* Paris, Grasset, 1988, p. 19.

séduisants, dont la séduction ne tiendrait pas de la stratégie et du paraître, mais de l'être et de l'authenticité ? Des êtres séduisants sans qu'ils le sachent, qui sans se forcer attirent et charment. Des optimistes[1] croient une telle scène envisageable. A-t-elle une résonance dans la relation professionnelle ? Oui.

Cette séduction de l'être qui ne serait pas que stratégie consciente joue dans une profession comme ailleurs. Dolto, qui a dénoncé vigoureusement la séduction dans les rapports du thérapeute à un enfant, n'avait-elle pas pour elle une présence, une corporéité, une voix, une aura, une réputation qui ne pouvaient pas ne pas intervenir dans le lien qui se tissait entre elle et un enfant. Il n'y a pas de trucage, pas de mésusage, mais cela existe et ne peut être dénié. Le « séduisant »[2] ne se fabrique pas, ne s'apprend pas. Il est hors norme et hors mode. Pas de recette, pas de stratégie. Peut-être l'est-il par une quête humaine menée, sans outrecuidance, sans certitudes définitives, sans forfanterie, avec des risques pris. Là où gît son défaut, là où s'inscrit sa fragilité, sa séduction opère.

Le savoir, un projet peuvent être également séduisants s'ils permettent à un sujet de progresser. Un cours *ex cathedra* aussi, s'il laisse l'écoutant dans l'amorce d'une appropriation personnelle du savoir. Pierre-Henri Jeudy a décrit *l'homo theoricus* séduisant. Sibony en a également tracé un très beau portrait tout en nuances[3]. Le savoir peut être séduisant suivant comment on le parle, comment on se risque dans sa transmission : « Est-ce que je veux convaincre mes interlocuteurs, c'est-à-dire les vaincre ? Ou les embarquer dans la fragilité de ma parole qui se cherche et sait montrer ses fai-

1. Voir P. Sansot, Une question ontologique : la séduction, *Traverses*, n° 18, 1979 ; A. Lhotellier, La séduction, mystification ou création, *Etudes psychothérapiques*, n° 67, 1987 ; D. Sibony, *Le féminin et la séduction, op. cit.*

2. P. Sansot, Une question ontologique : la séduction, *op. cit.*

3. P.-H. Jeudy, Mimétiques : jeu de la mort ?, *Traverses*, n° 17, 1979 ; D. Sibony, *Le féminin et la séduction, op. cit.*, p. 65.

blesses et ses ratés, où un sacrifice de moi-même est toujours à l'horizon ? » Dans les métiers de transmission de savoir, notre parole indique surtout un certain rapport à l'objet enseigné. Rapport ludique, humour distancé, parole hésitante ? Et alors on ne sait plus ce qui, du savoir ou de celui qui le transmet, crée le charme. Cela opère, les interlocuteurs se mettent à leur tour à chercher. Force et fragilité s'allient dans lesquels ils se reconnaissent : ils y construisent leur propre savoir. Tout autres sont cette parole et son effet, quand on veut habiter une certitude. Si on exige qu'ils y adhérent sans question, on entre dans un rapport de forces où ils apprendront certes, mais sans jubilation. Nous connaissons l'enseignant sans faille qui, ayant tellement peur de montrer son ignorance, en devient gêné et gênant.

Le savoir de la science n'a pas besoin, diront certains, de cette qualité-là, il convainc par lui-même. L'homme de science ne devrait pas être un tribun. Pourtant l'on ne peut s'empêcher d'entendre que notre présence, notre authenticité et notre parole font partie de notre transmission. Notre compétence et cette présence séduisante vont de pair. Il ne serait pas ici question de besoin impérieux de séduction, mais d'une rencontre festive de la parole, séduction dialogique qui laisse chacun différent. Nul doute que le parcours ne soit pas de toute tranquillité. Le glissement vers une séduction-stratégie toujours possible : jamais on n'est assuré de ne pas tomber dans un narcissisme clôturant. Tout séduisant ne saurait éviter une interrogation sur sa séduction lorsqu'il est dans un métier dc l'humain tel celui de l'enseignement. Une séduction de l'être peut se pervertir. Nul doute, sans cesse on devra s'y repérer puisqu'elle est un jeu qui ne s'arrête qu'avec la mort.

Figure de maître

Reste ouverte la question du pouvoir et de la séduction. Le charisme pédagogique ne date pas d'hier. L'image du chef séduisant une foule comme idéal de l'enseignant ne fut pas seulement vanté par quelques-uns mais aussi par des pédagogues psychanalystes. Nous retombons dans le phénomène hypnotique, tension vers un moi idéal et dépossession du moi pour le profit des autres ou d'un seul. Phénomènes d'identification et d'idéalisation toujours susceptibles de poindre. Etre arrivé à créer un bloc qui marche tout d'un, sans conflit, attaché au guide, est souvent valorisé comme une réussite, puisqu'il n'y a plus de problème de discipline. Le charisme est aujourd'hui démodé, nous ne retrouvons plus beaucoup de ces personnalités, à la tête d'un établissement ou d'une classe, qui donnaient un élan et un programme autour duquel disciples-élèves se réunissaient. Grâce aux qualités d'un seul, tout tenait. Figure du maître[1] généralement insupportable dans la quotidienneté, souvent mégalomane, qui marchait à l'intuition et au génie, et faisait ainsi tourner le quotidien et un projet. A la figure charismatique a succédé, comme dans l'entreprise, l'ère du technocrate, celui qui règle tout par la raison et la science. Mais lui aussi semble avoir cédé le pas. Nous en serions précisément au séducteur stratégique. Demeure cependant inscrite dans notre mémoire la figure charismatique, parce que nous la voyons surgir sur d'autres terres et qu'on ne peut pas ne pas nous souvenir combien nous pouvons facilement être séduits par un seul, nous déposséder de nous-mêmes et obéir à qui nous dit de vivre ou de mourir. Et que, parfois, on a la nostalgie de certains de ces êtres qui n'étaient pas vides d'eux-mêmes et qui, dans les bonnes circonstances, finissaient par nous révéler à nous-mêmes, devenir « enseignant » par ce qu'ils étaient et savaient.

La séduction renvoie forcément à une question : « Comment se situer face au pouvoir ? » Le pouvoir n'est pas que négatif, même s'il a pour soi essentiellement un goût de mort et de contrainte ; même si on garde surtout les traces de ses

1. E. Enriquez, *Les figures du pouvoirs,* Paris, Arcantère, 1991.

excès. Le pouvoir inhérent à ce métier, on n'en parle plus ou presque plus aujourd'hui. Et pourtant, comme tous les métiers de l'humain, le pouvoir est une réalité non occultable. Aucun garde-fou possible à son exercice, sauf celui de notre responsabilité. D'où l'importance de ne pas taire, et de se tenir en éveil sur les possibles abus de ce pouvoir, la séduction pourrait en être un. Dans les métiers de l'humain, le pouvoir est là, nu ; pouvoir arbitraire du fort, pouvoir de l'injustice, que rendent possibles la fonction et la disparité des forces en présence. Cet exercice d'un pouvoir sans partage et sans garde-fou, les métiers d'éduquer, de gouverner et de soigner se le partagent. C'est en quoi ils se ressemblent, et c'est en quoi ils ont la nécessité d'une éthique. Mais c'est plutôt le silence feutré qui prévaut, en espérant qu'il n'y ait pas de dérapage trop scandaleux et, s'il y en a, ils seront étouffés, compris et appréhendés comme des accidents, et non comme des protubérances normales d'une relation qui refuse toute interrogation sur la toute-puissante inhérente à son action. L'éducation et l'enseignement d'aujourd'hui ne pouvant plus se permettre de rendre trop visible leur pouvoir, la séduction en est souvent le masque.

Y a-t-il, ici également, une autre version de l'histoire ? Où chacun garderait sa place, accepterait opposition et risque, sans s'identifier à elle pour en faire son territoire exclusif ; où chacun serait celui qui facilite, permet la circulation de parole, reconnaît aux autres un savoir différent du sien sans le ressentir comme un danger pour son statut ; où il n'y aurait plus de petit chef jouissant de ses prérogatives, mais un être humain exerçant une responsabilité pour qu'on puisse travailler ensemble ? A tout le moins, cette version ne semble pas être encore tout à fait écrite...

CHAPITRE IX

Accès au savoir

Apprendre concerne un sujet dans son entier, et non pas seulement son intelligence et sa raison. Chacun y construit des repères indispensables pour sérier la réalité, la nommer, faire qu'elle ne soit plus si floue, inconnue. C'est à la fois accéder à un savoir déjà-là, mais également se forger des repères sans lesquels tout serait possible, extérieur et intérieur étant menaçant parce qu'insaisissable. Chacun peut en espérer un surcroît d'*être* et pas seulement d'avoir.

Idéalement, le savoir est neutre, extérieur à soi : on travaille sur des symboles et on accède à des codes qu'on ne peut transformer. Le rapport au savoir est cependant toujours lié à ce qu'on est, et si on ne s'y retrouve pas dans son sexe et son rapport aux autres, tout se mélange, le savoir se colore ; on dit quelque chose de soi dans son désir de savoir ou son refus ; l'affectif s'affiche. Apprendre confronte immanquablement au vide, à l'échec, à la non-maîtrise. Ce peut être dangereux, parce que justement ça déplace, fait grandir, éloigne de la proximité des autres, oblige à affronter son intériorité. Apprendre est angoissant, mais lorsque la compréhension se fait, du plaisir s'éprouve, voire de la jubilation. « Ça y est, j'ai compris. »

Si le savoir n'est qu'un gavage ; si on se contente de la répétition en écholalie, des exercices en obsession, apprendre risque alors de devenir traumatique et on passe à côté de ce savoir structurant, de cette victoire intime qui laisse tant ému. « Le regardons-nous, l'écoutons-nous apprendre, parlons-nous de ce qui se passe pour lui ; inventons-nous d'autres chemins lorsqu'il bute ? » L'accès au savoir de l'un passe forcément par un autre qui semble posséder ce qu'il n'a pas encore. « Le comprendrons-nous lorsque savoir et imaginaire se télescopent ou nous fâcheons-nous parce qu'il n'y arrive pas malgré nos explications rationnelles ? » Ici comme ailleurs, lorsqu'un adulte est mis en position de permettre d'apprendre, il oublie comment lui-même s'y prend. Le choc est parfois rude de réaliser le fossé qui sépare son fonctionnement professionnel de ses apprentissages personnels ; des évidences adviennent qui rompent avec bien des discours et croyances.

La complexité de l'acte d'apprendre échappe au pédagogue, au cognitiviste, au sociologue, au psychanalyste. Elle ne peut être cernée par une seule approche, toute centration est pathogène et toute vision isolée, restrictive. La difficulté d'apprendre demande une pensée singulière qui ne peut éluder aucune composante, puisqu'il s'agit d'*un* enfant, dans cette école, avec ces parents-là et face à tel ou tel programme. Aucune didactique, technique, application de nos sciences actuelles ne peut prétendre non plus venir définitivement à bout des difficultés rencontrées par un enfant.

1. IMBROGLIOS

Un illustre Genevois, Théodore Flournoy[1], avait au début de ce siècle fait une enquête sur les lettres colorées. Il s'était enquis de cet étrange phénomène qui poussait cer-

1. T. Flournoy, *Des phénomènes de synopsie*, Paris, Alcan ; Genève, Eggiman, 1893.

taines personnes à percevoir la voyelle *a* comme jaune. D'autres, avait-il découvert, avaient horreur de la consonne *r*, car ils l'associaient au noir. Il s'inquiétait encore de voir un mathématicien jongler avec les chiffres en évitant soigneusement le chiffre 3 qu'il exécrait. Il fallait, disait-il, concéder que les lettres et les chiffres pouvaient provoquer préférences ou rejets ; ce qui passait pour neutre était bel et bien teinté affectivement.

Les batailles théoriques furent importantes sur la relation d'objet et le primat du *moi* sur l'objet. Bien des psychanalystes se penchant sur notre rapport au monde ont souligné que nous annexions d'abord le monde à nous-mêmes. « La couverture qui *me* recouvre[1] est d'abord *ma* couverture à nulle autre comparable ni substituable et je ne saurais m'en séparer sans angoisse. L'extérieur est partie de moi, je ne puis m'y reporter dans un premier temps sans le ramener à moi. » Demander à un enfant qui se confond avec le monde, ne s'y retrouve ni dans son corps, ni dans son sexe, ni dans ses filiations, de raisonner avec des symboles, c'est l'exposer à rencontrer des difficultés dans le registre du savoir. Il faut avoir pu se détacher de l'objet, lui donner une existence hors de soi, être un « Je » qui exprime ses désarrois en son nom, pour accéder à la manipulation des symboles. Et même, à tout instant, les affects peuvent colorer l'objet auquel on se reporte, qui n'est plus désormais l'objet commun. Sa manière de le considérer ou de l'éviter, ses refus ou incompréhensions deviennent énigmatiques à qui refuse alors d'entrevoir qu'on se projette dans l'objet pour lui donner un profil bien particulier.

Dès lors, un chiffre n'est plus seulement un chiffre. Le zéro peut être insupportable et dangereux ; la multiplication ou la division réveiller des peurs. Le « lit » de lire peut être confondu avec la couche de papa et maman qu'un interdit

1. B. Bettelheim, Le parti pris de l'échec scolaire, *Survivre,* Paris, Laffont, 1985.

condamne[1]. Une lettre peut devenir menaçante ; la fin des mots paraître inadmissible. L'erreur est parole codée où il s'entre-dit. S'il investit ainsi une « discipline de savoir », l'apprendre qui s'y rapporte peut en être dynamisé. Ou l'accès en être impossible, l'apprentissage étant ressenti comme trop angoissant. Ou s'il raisonne à partir de la coloration affective apportée, il produit des réponses jugées aberrantes, le savoir s'étant érigé en lieu d'énonciation de son désarroi, émaillé de recoupements opérés à travers des similitudes de mots ou des projections intimes.

Un adulte éprouve lui aussi l'impossibilité de raisonner lorsqu'un objet est trop proche, lorsque s'y joue une partie de lui-même. Il pourrait comprendre que la coloration donnée par tel sujet à tel objet a un sens, une pertinence, une nécessité interne à laquelle il est illusoire de penser pouvoir se dérober totalement. Le fantasme recouvre inexorablement le réel : le savoir n'y échappe pas qui voit se dessiner les aléas de l'investissement de l'objet. Et même la passion du savant n'est pas qu'intellectuelle[2].

Moi, le savoir et les autres

La scène est trompeuse, on pense que l'essentiel se joue dans un face-à-face entre le savoir et soi-même. Or ce qui se passe entre soi et le savoir est inexorablement pris dans un réseau de relations qui n'est pas sans influencer la qualité du face-à-face. On pourrait même aller jusqu'à soutenir que c'est bien souvent ce réseau de relations avec les impondérables qui lui sont attachés, qui en détermine le profil.

Même si, au départ, cela ne se jouait qu'entre lui et le savoir, les personnes dont il dépend ne vont pas tarder à entrer dans la ronde. Comment démêler cette complexité ?

1. F. Dolto, *L'échec scolaire,* Paris, Vertiges du Nord, 1989.
2. S. Freud, *Délire et rêves dans la « Gradiva » de Jensen,* Paris, Gallimard, coll. « Idées », 1982.

... Est-il en difficulté ? Son erreur est immédiatement soulignée, elle apparaît aux yeux des autres comme un échec. Que n'a-t-il point réussi ? Et « la mauvaise note », sanction la plus banale, ne le regarde pas lui seulement. Elle va se répercuter sur la dynamique de ses proches, que son faux-pas vient perturber : vont-ils s'angoisser, l'enguirlander, le punir, désespérer, être indifférents ? L'échec appelle leur réaction, devient monnaie d'échange. Ne voit-on pas que son rapport au savoir nous appartient ? On désire qu'il sache. On est quelquefois persuadé qu'il n'y arrivera jamais, ou on croit au contraire que rien ne lui résistera tant il est pour nous merveilleux. Et projetant nos désirs sur lui, on le désinvestit de tout projet qui lui appartiendrait en propre. On se réjouit qu'il brille ou peu nous en chaut ; un autre dans la famille occupe déjà la place de celui qui réussit. On lui dit qu'il ressemble à un oncle décrété n'avoir jamais été bon à rien. On souhaite ses succès, le clame mais au fond on a peur qu'il nous dépasse. On dévalorise le savoir mais voudrait néanmoins l'en voir auréolé...

Il est banal de s'apercevoir qu'échec et réussite sont immanquablement contenus dans la triangulation œdipienne, qu'ils engendrent l'amour et la haine, l'obéissance et la désobéissance, l'acceptation et le rejet. Ainsi, par amour, il peut échouer ou réussir. Il « se plante » pour vous être agréable, inconsciemment, lorsque malgré vos discours vous voulez qu'il ne vous fasse pas la pige ; pour vous donner raison, lorsqu'on l'étiquette incapable, lorsqu'on le dévalorise en lui signifiant qu'il a de qui tenir, qu'il est bien l'héritier de telle lignée de l'histoire familiale. Il chute, pour ne pas vous blesser davantage quand il vous sent menacé. Il échoue pour rester avec nous qui voulons le garder petit ; apprendre, il le sent bien, l'éloignerait de nous. Communément, c'est réussir qui se fait au nom de l'amour, pour nous « faire plaisir ». Il est plus difficile d'entendre que parfois il y parvient aussi en échouant. Au lieu d'un : « Il le fait exprès parce qu'il ne nous aime pas », il y a un : « Il échoue pour ne pas nous trahir », à ne pas prendre comme volonté consciente mais comme poussée inconsciente. Il peut ainsi rester fidèle à une injonction secrète, à un univers de valeurs : fidélité de lui qui est ou se croit lié et ne s'autorise pas à paraître déloyal ; fidélité parfois à un disparu.

Il y a aussi évidemment des échecs par vengeance ou par punition. Des échecs par peur de la séduction. « S'il réussit, il vous fait tellement plaisir qu'il vous conquiert, vous subjugue et gagne sur un autre ; alors, échouer est moins dangereux. » Des échecs en manière de sauvegarde : « Il est à ce point le prolongement de vous que, s'il réussissait, il en perdrait son identité ; échouer protège son narcissisme. » Mais qu'on ne s'y trompe pas. On pourrait à chaque fois remplacer échouer par *réussir* : « Il réussit pour vous punir parce que vous ne croyez pas en lui ; parce qu'il compte si peu pour vous ; parce que vous n'avez pas réussi vous-même. Il réussit pour vous séduire, ou pour sauver son narcissisme. Il réussit pour ainsi vous désobéir... »

Il faut comprendre qu'échouer a aussi ses bénéfices. On s'occupe du fautif : il devient le centre des préoccupations et, dans le drame, il pense enfin exister. Echouer peut être également moins dangereux que réussir : il n'a plus à prendre de risque, il peut aller jusqu'à « choisir » d'échouer en ne faisant rien, en maîtrisant ainsi l'échec pour en éviter un plus grave encore s'il avouait vouloir réussir et n'y parvenait pas en dépit de tous ses efforts. Réussir peut être *a contrario* dangereux et angoissant. Qui n'a jamais mis en place des scénarios pour amoindrir ses performances, les dévaloriser et ainsi s'en protéger ? Réussir pourrait en effet entraîner une catastrophe. C'est approcher une toute-puissance. « Que va-t-il bien m'arriver après ? »

Je n'ai fait qu'évoquer grossièrement ce qui peut, dans la relation, motiver à échouer. Nombreux sont ceux qui le disent, et Bettelheim mieux que quiconque : « Si un enfant échoue, nous devons supposer que les motivations qui le poussent à ne pas étudier sont plus fortes que celles de l'enfant qui obtient des succès scolaires. »[1] Est-on prêts à renoncer aux clichés de l'enfant démotivé, paresseux ou volontairement incapable ?

Nous sommes confrontés à un entrelacs de désirs où des paramètres multiples interviennent : son rapport au savoir, à la réussite ; la classe sociale à laquelle il appartient ; la triangulation familiale ; sa place dans la fratrie ou la présence en son sein d'un enfant handicapé, d'un aîné ou d'un cadet dit doué. Aucune constante, sinon celle qui l'aliène à cette dynamique, à la manière qu'a un adulte d'investir ou de désinvestir le savoir ainsi que sa capacité de supporter un autre différent au lieu de le penser comme prolongement de lui-même : tout cela n'est jamais sans répercussions. Ainsi au jeu de la triangulation nul n'échappe. Qu'il soit enfant d'intellectuel ou d'ouvrier, cela implique les mêmes affres où réussite et échec se conjuguent[2]. Son rapport au savoir et le retentissement de ses avatars est certes différent, mais la complexité est la même. Dans le premier cas, l'échec sera vécu comme « anormal » et l'on tentera par tous les moyens d'y remédier ; tandis que dans le second, il sera pris comme relevant de l'ordre des choses et la « juste » sélection scolaire sera acceptée, avec l'inéluctable dévalorisation qui l'accompagne. La dimension relationnelle vient toujours rencontrer d'autres dimensions, en particulier la dimension sociale[3] du rapport au savoir.

Curiosité, désir et sublimation

D'où viennent les enfants ? Comment la lune est-elle faite ? La curiosité enfantine, curiosité de soi, du monde et des autres, se manifeste par des questions incessantes, la série

1. B. Bettelheim, Le parti pris de l'échec, *op. cit.*, p. 195.
2. V. de Gaulejac, *La névrose de classe*, Paris, Ed. Hommes et groupes, 1987.
3. Ph. Perrenoud, La triple fabrication de l'échec scolaire, *in* B. Pierrehumbert (éd.), *L'échec à l'école : échec de l'école*, Neuchâtel, Delachaux & Niestlé, 1992.

des « pourquoi ». Tant et tant d'interrogations qui signent la nécessité de tout humain de poser des jalons, de mettre des mots, d'atténuer son angoisse, de comprendre, et qui attestent qu'il peut et veut se confronter au chaos, à l'inconnu. Cette « soif » de savoir est l'essence de sa croissance et de son développement personnel[1].

Cette curiosité première, que partagent tous les enfants, n'est pas sans intriguer. Comment les adultes l'accueillent-ils ? Comment répondent-ils à son désir de savoir ? Acceptent-ils ses questions ou rient-ils de sa naïveté ? Renvoient-ils ses réponses à « plus tard », soulignant son incapacité actuelle. Lui font-ils sentir qu'il est des questions interdites, des réponses impossibles ; que sa curiosité est malsaine, qu'il n'a pas à les interroger, qu'eux seuls y ont accès ? Quelque chose se passe en tout cas, puisque très souvent la curiosité disparaît, se tarit. Répression ? Il faut bien envisager cette hypothèse. Mais pas seulement : si à chacune de ses phrases il est applaudi, est tenu pour prodige, alors sa curiosité s'enfuit aussi ; il est entretenu dans l'illusion qu'il n'a rien à apprendre qu'il ne sache. Le désir de savoir ne vient à naître pour chacun que du deuil de sa toute-puissance, de sa capacité à endurer le vide, la faille. Que de sa « castration symbolique » disent les psychanalystes, c'est-à-dire de sa capacité psychique de souffrir de n'être pas tout, d'être manquant, d'être prêt à faire l'épreuve du doute, de l'interrogation. S'il est applaudi à tout rompre, il n'en fera jamais l'épreuve et il vous imposera une déception : notre engouement l'a appauvri et trop enfermé dans son narcissisme, il n'a plus la force de s'affronter à l'apprendre qui demande qu'il puisse accepter d'échouer, supporter cette pénible épreuve.

Freud a mis l'accent sur la conversion de la curiosité sexuelle, originaire, en curiosité épistémique et montré que la répression de la première entraînait celle de la seconde. Cette

1. B. Bettelheim, Le parti pris de l'échec, *op. cit.*, p. 212.

conversion qu'il a nommée « sublimation » ne peut être imposée, elle s'opère ou non en investissement d'objet, en déplacement socialisé : d'un plaisir d'organe à un plaisir du savoir avec une énergie qui se maintient. Freud s'est montré peu prolixe sur ce processus essentiel. Nous savons au moins que la sublimation n'est pas à entendre sur le modèle du besoin avec sa possible satisfaction par un objet, mais bien du désir qu'aucun objet ne peut satisfaire. Ce qui entraîne chacun, à tout âge, dans une aventure sans fin. Enriquez l'exprime ainsi :

« La sublimation apparaît comme désir (et plaisir douloureux) de penser, comme quête passionnée de vérité, comme construction d'un objet scientifique, artistique ou relationnel (...). Penser de manière passionnée, chercher la vérité alors que tout le monde sait qu'elle se dérobe toujours, travailler à partir des questions qui nous angoissent le plus, vouloir tout dévoiler, tout bouleverser (...) C'est dire que souffrance et joie, dépression et activité créatrice vont de pair, que l'invention est impensable sans douleur et sans plaisir, car elle met en cause le rapport du sujet à lui-même. »[1]

Est-il possible d'accompagner un enfant dans cette aventure ? Oui évidemment, mais à condition d'avoir pour soi-même préservé son désir de savoir. Et reconnu également qu'apprendre est angoissant : les repères de chacun, ses certitudes sont bousculées, ses ignorances révélées, ses défenses fragilisées ; le moi est mis en danger, la réussite jamais assurée et l'échec jamais définitivement conjuré. Face à l'inconnu, on s'affole. Si une dose d'angoisse trop importante lui est attachée, le savoir peut devenir phobique. Et l'on voit, selon le concept de Freud, se lever l'inhibition[2] : « un retrait du moi » devant une épreuve jugée insupportable. L'objet « savoir » devient menaçant, l'éviter est mesure de survie, et le refuge trouvé dans l'indifférence ou l'inertie. Un adulte est-il responsable de la trop grande angoisse suscitée ? Parfois oui, quand au lieu d'accompagner un enfant dans l'éprouvé de

1. E. Enriquez, Idéalisation et sublimation, *Psychologie clinique*, n° 3, 1990, p. 88-89.
2. S. Freud, *Inhibition, symptôme et angoisse*, Paris, PUF, 1971.

cette inévitable angoisse, on rend l'expérience du connaître traumatique, tout en proférant un discours d'humanité, de plaisir qui croit pouvoir annuler la tension inhérente à l'entrée dans l'institution du savoir ; quand on l'accentue par pur plaisir de lui faire peur ; quand on joue avec elle lorsqu'il lui faut visibiliser ce qu'il sait, présenter ce qu'on demande, avec l'inquiétude de savoir s'il va correspondre ou non. Si notre responsabilité n'est pas d'œuvrer pour gommer l'angoisse inhérente au savoir, il convient de l'accueillir, n'en pas rajouter et surtout lui révéler qu'elle est nécessaire.

Sens recherché

Comment et quand un adulte est-il d'accord pour apprendre ? Pour se confronter à l'effort de s'approprier ce qui lui échappe encore, de passer outre les difficultés rencontrées, de ne pas fuir au premier échec et de recommencer jusqu'à ce qu'il y arrive ? Quand accepte-t-il de sacrifier à la facilité d'une position déjà acquise, de se risquer à échouer, de consacrer son temps à tenter de comprendre ce qui lui est encore énigme ? Il reconnaît au moins ceci : il ne s'engage dans un tel projet que lorsque celui-ci a, pour lui, du sens ; lorsqu'il en a compris les orientations ; lorsqu'il sait pouvoir en retirer quelque bénéfice ; lorsque, dans sa marche, il œuvre avec d'autres, peut-être même pour une communauté. En effet, si l'apprendre proposé n'a pas de sens, s'il n'en comprend pas les finalités, qu'il lui est imposé, il sait bien qu'il développera de nombreuses résistances. L'être humain ne peut sans dommage obéir à une injonction, simplement parce qu'on lui dit qu'il ne peut faire autrement. Cela paraît une évidence, pourtant très rarement invoquée.

Avons-nous permis, à l'école, de comprendre par exemple ce que lire signifie ? Avons-nous jamais songé à lui transmettre qu'il trouvera dans les livres des choses qui l'aident à vivre, qu'il découvrira le monde et lui-même, partagera l'angoisse des autres, que lui seront proposés une filiation et même un territoire symbolique[1] ? Que lire, c'est aussi être avec un autre lorsqu'il est absent, continuer à dialoguer. Donner du sens à l'acte de la lecture est vital, pour éviter d'en faire un acte rébarbatif, et parce que l'écrit est aujourd'hui bousculé par l'image, qui demande apparemment moins d'effort. Hors cela, aucune méthode, aussi moderne et scientifique fût-elle, ne pourra vaincre sa résistance face à ce qui est non-sens pour lui. Le partage entre « sens » et « apprentissage » est aberrant : l'un ne va pas sans l'autre. Le sens retrouvé, les difficultés ne seront nullement vaincues, loin de là, mais chacun aura peut-être la ténacité de les affronter. Qu'il s'agisse de la lecture, de l'écriture, des mathématiques ou, plus tard, de l'histoire, de la physique, de la géographie, le sens de toute discipline est pris dans une société, dans une culture, et dans des questions qui ont à voir avec l'humain et ses responsabilités. Ce sens existe, il peut lui être restitué. Cela est possible, à condition seulement que nous l'ayons préalablement recherché, nous qui souvent éludons cette étape tant nous sommes habitués à fonctionner et à ne considérer le savoir que comme un outil.

Chacun se greffe au « savoir » comme objet extérieur, l'investit afin qu'il lui devienne objet désirable, et donc que se tisse une relation durable entre soi et lui. Ce lien, où le savoir devient expérience essentielle pour soi, est par-dessus tout précieux. S'il n'a pas pu être forgé ou qu'il a été détruit, le savoir ne pourra être acquis — s'il l'est — que comme un emplâtre, comme une excroissance qui laissera vide. Un adulte peut permettre qu'on découvre cet accrochage vital au savoir. Avec comme médiation des techniques et des scénarios didactiques, il œuvre dans la singularité d'une rencontre avec lui, en l'accompagnant, en l'écoutant, en saisissant au juste moment sa question et en la reprenant pour qu'elle ne reste pas lettre morte ; en l'accueillant là où il est, là où son

1. D. Pennac, *Comme un roman,* Paris, Gallimard, 1992 ; C. Bobin, *Une petite robe de fête,* Paris, Gallimard, 1991.

rapport au savoir est inscrit, en respectant sa complexité relationnelle et culturelle[1].

A cela il sera probablement rétorqué que le « savoir » doit, avant tout, être imposé à celui qui n'apprendrait que parce qu'on l'exige. Il ne s'agirait pas d'aller chercher plus loin : obéissance et conformité. Un enfant ne peut comprendre pourquoi il apprend. Cette faiblesse doit être corrigée par l'encadrement d'un adulte qui lui assigne ce qu'il faut apprendre. Nous tenons là deux interprétations de la chose, inutile d'essayer de convaincre ni de trancher.

Une motivation dévoyée

Depuis le début du siècle, les psychologues ont souligné qu'il fallait être « motivé » pour apprendre. Cette condition, fort pertinente, n'a pas eu que des conséquences heureuses. La première dérive est venue du discours omniprésent sur sa « démotivation », cause de ses difficultés. Et chacun de se lamenter en invoquant notre modernité, les plaisirs faciles de la télévision, la mauvaise éducation, etc. S'il est démotivé, affirme-t-on, on ne peut rien lui apprendre : il fuit le savoir, s'ennuie en classe et résiste à apprendre. Cette allégation est de celles qui ferment à jamais notre pensée. Un instant un adulte est pris de vertige, en pensant à ce qu'il propose, à l'ennui qu'on peut en éprouver. Mais très vite il se reprend, il est rassuré par tous les autres enfants qui, eux, n'ont pas été touchés par la même maladie.

La seconde dérive réside dans la volonté à motiver l'enfant et la croyance que cette motivation surviendra si l'on part de lui, si on utilise son vécu pour y greffer un apprentissage. Cette dérive est surtout présente dans le primaire ; elle est à la base de bien des méthodologies et se présente comme

1. Voir F. Imbert, *Vers une clinique du pédagogique,* Vigneux, Matrice, 1992 ; *Transferts,* revue du Groupe de recherche en pédagogie institutionnelle, n° 1, 1992.

le *nec plus ultra* de la motivation. Le bouquet de fleurs apporté un matin de printemps devient le soutien de la leçon de botanique ou de logique. Sa taille se trouve reportée sur quelque diagramme de Venn. Le texte intime qu'il a remis à un enseignant est prétexte à un exercice d'orthographe. Son prénom, matériau de son apprentissage à lire, peut être découpé et subir quelque curieux accouplement. Son corps, son affect sont utilisés pour le motiver. Il est mis au centre, pressurisé ; doit fournir la matière sur laquelle — puisqu'elle vient de lui, elle ne peut que l'intéresser — il va pouvoir se concentrer. Pour la géométrie, c'est sa maison qu'il dessine ; pour la leçon de choses, le camion reçu est exhibé ; en rythmique, son nom est introduit dans les paroles de la chanson. Ses amitiés, ses particularités, le métier de ses parents sont supports d'apprentissage, sans qu'il soit consulté sur cet usage[1]. S'il résiste à écrire son prénom, s'il ne veut pas dessiner son portrait, s'énerve, agresse et se soustrait, il est désigné du doigt. On ne comprend pas son désintérêt, sa résistance, sa fuite, sa pauvreté apparente et les motifs qu'il a de s'esquiver, de se protéger.

On néglige de considérer les conséquences possibles qu'on encoure à vouloir, de force, entourer l'apprentissage d'affects. Le savoir est « naturellement » investi affectivement par un sujet, et il nous suffit déjà d'avoir à accueillir cette coloration particulière. Dans l'espace scolaire, l'intimité peut se dévoiler et prendre un enseignant à témoin : mais il s'agit d'un message auquel un autre message répond sur un même registre affectif, qui échappe à la logique et à la raison. L'utilisation forcée de l'intimité pour motiver l'apprendre et la disparité des registres où un adulte répond à un enfant sont particulièrement redoutables.

Outre ce dérapage toujours possible, où la résistance à l'apprendre peut être suscitée par du trop proche, on confond

1. Voir E. Vellas, *Partir de l'enfant pour l'instruire*, Genève, mémoire FPSE, 1986.

investissement sur le savoir et utilisation de son vécu. Investir le savoir, c'est n'être certes pas extérieur à un projet, c'est y trouver un sens pour soi et les autres. Mais ce n'est en aucun cas en occuper l'unique centre, en être l'unique origine. Ce qui le pousse à apprendre, c'est un projet avec d'autres, une quête de sens, un désir de savoir. Francis Imbert[1] parle de dispositif de savoir sur lequel se brancher, de projet auquel participer. La psychanalyse, si elle parle de désir de savoir, n'a jamais préconisé l'usage de l'affect ou du « vécu » du sujet pour le conduire à penser logiquement. Bien plus, cette manière d'envisager le « moteur » de l'apprentissage contribue à le leurrer, à le conforter dans sa toute-puissance : rien n'est plus beau que ce qui vient de lui. Entre l'exclure de l'apprendre et l'obliger à occuper le centre du processus, il y a à inventer autre chose, ce qu'avait entendu Célestin Freinet dans la mise en place de ses techniques.

Pour soi

Dans le registre de la « motivation », on a bien compris que la relation à l'autre pouvait faire émerger l'apprendre pour « faire plaisir ». Avec, en contrepartie, cette certitude : « S'il m'aime, il le fera pour moi. » Utilisation de son amour — de sa dépendance — pour l'inciter à apprendre. A vouloir activer ce moteur, il y a un risque : c'est qu'il se grippe. Ancrer uniquement son apprendre dans le « faire plaisir à », c'est insister sur sa dépendance et le laisser ignorer qu'il apprend d'abord pour lui-même en relation avec un autre. A force d'être dans cette dynamique, il se désertera, et si la relation se brouille, sa motivation tombera. Il sera dépossédé de lui-même et de ses capacités. On l'aura renforcé dans sa subordination, exploité dans son amour, et délesté de sa responsabilité. A trop utiliser ce qui se passe « naturellement », on tombe dans la manipulation. Et, tôt ou tard, il se découvre

1. F. Imbert, *Pour une praxis pédagogique*, Vigneux, Matrice, 1985.

grugé. Sans soutien, il se sent seul et sans secours, sans goût pour le savoir. « C'est d'abord pour moi-même que j'apprends. » Le réaliser, c'est l'acquisition la plus importante qu'un être puisse faire, que personne ne pourra lui rapter et qui lui servira, dans sa vie comme dans son métier.

Nous désirons d'autre part qu'il apprenne, nous désirons pour lui et le lui disons. Il est envahi par notre désir d'adulte. Soutenir son désir — ce qui est essentiel et nécessaire — ne revient nullement à désirer à sa place. Octave Mannoni l'écrivait[1] : le désir d'un adulte tue l'émergence du désir d'un enfant. Il est rarement entendu qu'un espace à soi doit être préservé, non usurpé ; qu'il importe de pouvoir choisir un objet qu'on n'a pas désigné par avance comme désirable, dans la conquête duquel on ne l'ait pas forcément précédé. Or, lorsqu'un enfant est en difficulté, ce n'est pas un adulte seulement qui désire qu'il y arrive, mais deux, trois, quatre. Le voilà talonné, avec pour toute issue l'adoption d'une position de résistance. On oublie que ce n'est ni notre proximité ni notre volonté à tout prix qui peuvent lui permettre de se regreffer sur ce qu'il rejette. La difficulté appelant la proximité, on l'entraîne immanquablement dans ce cercle vicieux : assiégé, il ne va trouver la force de se dégager qu'en ne répondant pas à la sollicitation, à l'empressement.

Françoise Dolto a raconté à ce propos l'histoire d'enfants qui se raccrochent au savoir après qu'on les a laissés dans une classe, sans rien leur demander. Simplement à leur dire qu'ils pouvaient être là, à distance, reconnus à cette place ; peu à peu ils ont pris à nouveau intérêt à ce qui se passait, maîtres d'un territoire à partir duquel ils pouvaient s'en aller en d'autres, protégés du parasitage de nos demandes toutes-puissantes. Cela oblige à faire le deuil de notre activisme ; que nous travaillions à nous tenir à bonne distance, sans abandonner, sans renoncer à enseigner ; que nous mettions en place des disposi-

1. O. Mannoni, Psychanalyse et enseignement, *Un commencement qui n'en finit pas*, Paris, Seuil, 1980.

tifs de savoir qui le laissent respirer dans un espace respecté. A quoi on préfère actuellement la multiplication des interventions, la pression constante des adultes tranquillisés : ils « font » quelque chose, même si leurs efforts se heurtent à l'inertie d'un enfant. Ce qui permet l'investissement du savoir demeure mystérieux, toujours singulier ; un adulte ne trouvera pas de truc généralisable, il est condamné à inventer, sans jamais minimiser « l'objet du savoir » et son pouvoir d'attraction.

Extérioriser, montrer, démontrer, faire des expériences, exprimer et agir, c'est à quoi l'on encourage aujourd'hui, arguant que le faire amène à l'intelligence des choses, permet le développement des facultés logiques et du raisonnement. Auparavant, apprendre advenait dans le contexte d'un recevoir, d'une passivité imposée. L'extériorisation se faisait à la demande. Qu'il faille avant tout se tenir coi fut dénoncé au début du siècle. Apprendre mobiliserait les pulsions actives et les psychologues ont recommandé de les favoriser comme support de l'apprentissage. On en oublia que les pulsions passives étaient également nécessaires et que, pour certains enfants, elles étaient primordiales. La passivité, en effet, peut n'être que de surface, un intense travail intérieur se déroulant, grâce auquel l'apprendre est possible. C'est qu'il y a diverses passivités. L'une est activité réceptive, l'autre est apathie et désinvestissement. Dolto l'a redit avec justesse[1]. A privilégier l'activisme, on entrave chez certains enfants leur manière d'intégrer ; on favorise le manifeste aux dépens de l'intériorité, du discret. N'est-ce pas également entretenir la confusion entre activité et activisme ? L'activité n'exclut pas la passivité et le recevoir. Il s'agit, là aussi, d'une question de distance, à partir de laquelle apprendre est possible. Pour chaque enfant, la position active ou passive comporte certains dangers. C'est à l'entendre que nous éviterons de l'enfermer dans des normes entraînant de multiples déviances.

1. F. Dolto, *L'échec scolaire, op. cit.*

2. PARTAGE D'INTERVENTIONS

Autour de la difficulté scolaire, tournent plusieurs métiers. Leur intervention n'est pas innocente : enseignant, psychologue, logopédiste, psychomotricien, psychanalyste, psychopédagogue, éducateur, répétiteur, tous revendiquent une place et une action. D'un côté, les métiers qui sont définis par le vocable de thérapeutique ; de l'autre, ceux qui ne le sont pas.

Performances

Plusieurs occurrences sont envisageables. Ils dépendent — mais pas seulement — de l'ampleur de la difficulté d'un enfant dans l'accès au savoir.

Première figure : si sa difficulté renvoie à une autre, celle-là affective, ne faudrait-il pas alors la double intervention du thérapeute et de l'enseignant, chacun faisant un métier différent ? Le premier travaille avec le psychisme d'un enfant et sa fantasmatique ; le second continue de l'instruire et ne s'occupe en rien de l'origine de ses troubles. Chacun son territoire : à l'un, l'affect et la thérapie qui vise un apprivoisement face à soi-même ; à l'autre, le cognitif et l'instruction. Pour certains, cette solution serait idéale. Si la thérapie ne se préoccupe pas de l'apprendre, elle aurait néanmoins sur lui un effet qu'aucune autre intervention ne pourrait produire. Au lieu de réduire son symptôme, de s'y attaquer frontalement, elle l'entend, et parfois sa difficulté disparaît. Maud Mannoni[1] en a tracé maints récits. Les psychanalystes se targuent de nombreux succès en la matière. Cette solution est

1. M. Mannoni, *Le premier rendez-vous chez le psychanalyste*, Paris, Denoël-Gonthier, 1965.

cependant pleine d'embûches. Le temps du thérapeute n'est pas le temps de l'enseignant, qui invoque continuellement les heures qui passent et l'année qui se termine ; qui ne comprend pas qu'on le laisse sans rien connaître de ce qui se trame, ou qui a si peur de détruire ce qui se construit de l'autre côté. A moins que ne voyant rien advenir « efficacement », rien se transformer après quelques séances, il ne dévalorise le travail thérapeutique, pense qu'il n'est vraiment pas utile, et le sabote consciemment ou inconsciemment.

Deuxième figure : quelque soit l'origine de sa difficulté, la thérapie est exclue, parce qu'elle est refusée par les parents, parce qu'institutionnellement il ne peut y avoir de thérapeute, parce qu'idéologiquement la pédagogie doit et peut se suffire à elle-même. Cette solution se justifie pleinement lorsque la difficulté est mineure, ne relève que du cognitif ou d'un trou dans ses connaissances. Le plus souvent, elle est un pis-aller. Le « psy » étant encore assimilé à folie, présenté comme mesure pour résoudre une a-normalité, les parents résistent, s'enfuient, refusent de souscrire à une démarche de ce type, la première rencontre les ayant laissés — disent-ils — traumatisés ; et l'enfant va, à défaut, vers un répétiteur qui finira par être mis dans une drôle de position. Que va-t-il faire ? Se substituer au thérapeute manquant ? Faire son travail ? Certes, mais comment ? C'est la valse des solutions de rechange, des leçons supplémentaires de mathématiques qui se mettent à dériver en entretien plus ou moins clinique ; des séances d'orthographe où il n'est plus question de règles et de grammaire. Avec le risque certain d'en venir à annuler les frontières et se vouloir thérapeute alors qu'on est là officiellement pour donner une leçon de choses.

Troisième figure : l'enseignement est exclu, au profit de la thérapie et de l'éducation. Là, à vrai dire, un enfant va très mal. Pris dans son conflit intérieur, soumis à des traumatismes, bouleversé par ses proches, enfant de l'angoisse, ses pulsions n'ayant trouvé ni digues ni médiations, il ne serait pas prêt à se migrer sur le terrain de l'apprendre. Il faudrait avant tout une intervention thérapeutique qui le restitue à lui-même, et un travail éducatif qui complète le travail thérapeutique. Educateur et thérapeute travailleraient ensemble, l'intervention d'un enseignant étant remise à plus tard. Une telle solution ne peut se réaliser que très rarement, lorsqu'il est mis dans une institution hors l'école, et encore. L'exclusion de l'apprendre scolarisé est la position de beaucoup de psychanalystes, qui ne pensent pas que l'enseignement puisse être bénéfique pour sa difficulté.

L'absence d'un des métiers influence le possible travail des autres. Elle provient d'une décision délibérée pour tel ou tel enfant. Ou d'une position générale soutenue par une institution ou une administration. Ou d'une position épistémologique radicale. Chacun est mis face à son rôle, à ce qu'il a appris, à son autre collègue, au flottement de ces professions et à la hantise de jouer à l'apprenti sorcier. Le clivage entre les métiers est strict, tout glissement est dénoncé.

Il reste une quatrième figure, qui a ma faveur et peut se résumer ainsi : à chacun son métier certes, mais dans une même direction et assorti d'une pareille réflexivité. L'enfant éprouve parfois d'étranges difficultés avec les chiffres et les lettres, avec l'espace, avec le crayon ou la plume. Ses difficultés sont langage codé. Un enseignant qui le rencontre est susceptible de lui apporter certains repères, de chercher avec lui les procédés qui l'accroche et peuvent l'aider. Ce travail-là ne se substitue pas au travail du thérapeute, mais avec des moyens différents, va dans le même sens : qu'un enfant s'y retrouve.

Chacun, qui fait son métier avec ses moyens, est obligé de s'interroger sur ce qui rend l'apprendre difficile, non en rivalité avec une autre profession, mais avec la même conscience qu'un enfant peut progresser sur divers terrains si on se garde intelligent de ce qui se passe. C'est la position de quelques-uns qui travaillent actuellement entre psychanalyse et éducation[1]. Ce n'est pas jouer au thérapeute pour qui ne l'est pas, mais garantir la justesse de son action, interroger les situations qu'on offre pour qu'elles ne soient pas destructrices, et entrer en dialogue au bon moment. Si on délègue la difficulté à un spécialiste, on évite d'interroger sa pratique. A terme, cette délégation est dangereuse, accentuant le clivage entre les professionnels et dès lors leurs rivalités ; le spécialiste ne manquera pas de se plaindre de la cécité de son partenaire adulte, voyant parfois même son travail annulé par les interventions maladroites ou violentes de ce dernier.

Il convient d'opérer, avons-nous vu, une distinction entre éducation, thérapie et instruction. Ces métiers ont des finalités différentes mais leur pratique effective ne recouvre pas forcément, à l'intérieur des frontières tracées, des terrains strictement délimités. On pourrait penser à des espaces séparés par une limite, qui se définiraient comme totalement distincts et ne pourraient même pas dialoguer à cause de leur radicale différence. L'un des territoires — le thérapeutique — serait jaloux de ses prérogatives, théoriserait son champ d'action et œuvrerait pour que sa spécificité ne lui échappe pas. Les autres éprouveraient peut-être de l'envie, tenteraient de lui ressembler, n'éprouveraient plus leurs limites, culpabiliseraient et se trouveraient à l'étroit dans leur sphère.

Beaucoup de métiers ont un contentieux avec ce que l'on nomme thérapeutique. Ils ont également des difficultés à penser leur pratique, parce qu'ils manquent de repères propres et sont démunis face à ce qui apparaît comme la clarté d'une démarche thérapeutique dont toute ambiguïté serait exclue. Ils ont l'impression de transgresser ou de s'approprier ce qu'ils ne devraient pas. Certains sont tentés par l'exil : de passer d'un territoire à l'autre, avec l'espoir d'acquérir, enfin, une identité ferme ; d'autres passent par le territoire de l'autre et puis s'en retournent pour tenter de vivre avec leur double référence,

1. Claudine Blanchard-Laville, Corinne Daubigny-Vermeersche, Claire Doz-Schiff, Francis Imbert, Domitille Favreau, Jeanne Moll.

dans l'angoisse d'une identité partagée dont certains affirmeront qu'elle constitue leur richesse.

La solution la plus commode semble être de rester dans son territoire. Alors, espère-t-on, les repères seront plus aisés et le doute moins grand. Cependant, par rapport à la réalité rencontrée, une simplification s'opère dont on est, ou pas, conscient. Ainsi, enseigner reviendrait à transmettre le savoir, à s'occuper, comme didacticien, de l'intelligence et de l'accès à la connaissance, et seulement de cela. Ainsi, un psychomotricien mettrait le corps en jeu, juste le corps et rien d'autre. Ainsi, un orthophoniste se bornerait à rééduquer l'oral ou l'écrit en souffrance et en différence. Des méthodes sont élaborées. Le but n'est pas thérapeutique, affirme-t-on, il est uniquement pédagogique. Rester sur son territoire, même à simplifier la réalité qu'il recouvre, pourquoi pas ? Ce n'est pas sans bénéfice.

Entre vouloir « être comme » sans en avoir ni le cadre ni les compétences, et ne rien entendre d'autre qu'un sujet « découpé » à réadapter, il y a cette position qui nie ni les frontières tracées ni les dissemblances quant à la démarche ou au cadre, et qui tente de rendre l'acte professionnel porteur et non inhibiteur. Etre enseignant, c'est apprendre et enseigner, le but n'a pas à être bradé. Mais des effets thérapeutiques peuvent en résulter, si on a réfléchi à ses actes, paroles et outils et que l'on ne s'est pas contenté de déléguer purement et simplement la difficulté à d'autres.

Soyons modestes ; si un enfant stagne avec l'un et progresse avec l'autre, ce n'est pas que l'un est mauvais et l'autre bon, mais que, dans cette rencontre-là, il a trouvé — par un long cheminement — de quoi prendre, comprendre et progresser. Cela dépasse la définition des métiers, les divisions entre médecins et non médecins. Mais cela demande beaucoup de travail. A chacun son métier, comme le dit Dolto, mais à chacun de l'exercer en lucidité. En prenant le risque de nous déplacer, nous saurons l'accompagner dans les méandres de son rapport au savoir.

Positions enseignantes

L'enjeu est toujours d'estimer si « l'espace du savoir » peut se révéler structurant, ou est un moindre mal ou un mal tout court infligeant à l'enfant d'avoir à vivre de continuelles situations d'échec, d'angoisse, de persécution. Ma position est claire. A certaines conditions, cet espace peut s'avérer psychiquement structurant. Aussi, même pour celui que l'on dit être en difficulté psychique ou en difficulté culturelle, il importe de maintenir des territoires, des réseaux où lire, écrire, compter, se repérer dans le temps et dans l'espace sont proposés. Il s'agit évidemment d'écouter ce qu'il prend et rejette, ce qui lui fait peur, ce qu'il réussit et échoue, comment ça le met parfois hors de lui, comment il s'approche ou s'éloigne, par où il s'apprivoise. Cela contraint sans cesse à interroger le sens de ce qu'il dit, entre-dit, et entrevoir dans quel dialogue on s'engage.

Désigner le lien entre affect et cognition, renvoie toujours un enseignant à la question : « Suis-je habilité à entendre pareille détermination, suis-je autorisé à m'en préoccuper ? » A quoi je réponds : « Oui, dans certaines limites. » Il lui appartient de conduire et reconduire une constante interrogation sur l'erreur, lorsqu'elle se répète, qu'elle fait échec à ses explications logiques et rationnelles. Au lieu d'entrer dans le rejet de qui résiste à ses tentatives pédagogiques, il aurait à travailler le sens que cette erreur pourrait bien receler. Certes il n'a pas à fouiller dans l'inconscient, mais il peut admettre qu'un enfant a ses raisons de la faire, même si cela lui reste incompréhensible. Cela revient à travailler pour lui-même l'erreur commise et répétée, sans croire qu'il détient sa vérité ou qu'il puisse espérer y accéder ; à se laisser traverser par cette autre dimension, et peut-être, un jour, après longtemps, à trouver les mots de la quotidienneté et faire émerger du sens là où règne une confusion. Il suffit parfois de reconnaître un enfant dans l'intelligence de son erreur[1], pour qu'il puisse dépasser une difficulté. Il suffit parfois d'essayer de comprendre avec lui, pour que quelque chose se passe. C'est en tous les cas continuer à le brancher sur des « dispositifs de savoir », sans pour autant être dans un activisme forcé.

Un adulte a besoin de techniques, d'exercices, d'objectifs, d'une progression. Il lui faut, tout aussi indispensable, réfléchir, travailler le matériel recueilli, s'interroger sur ce qui se passe, élaborer et parler. C'est une réflexion *après coup* qui lui permettra d'avancer ; c'est un travail sur soi et à propos de ce que l'autre bouleverse, qui lui fournira les mots pour nommer l'angoisse qui surgit, l'exercice échoué, la compréhension qui ne se fait pas. Sur le papier, rien de moins évident. Cependant cette reconnaissance de la part fantasmatique greffée sur le savoir n'est rien moins qu'improbable dans notre contexte rationaliste. Elle bouscule en effet beaucoup trop nos représentations habituelles, et plus d'un enseignant a peur de s'y risquer : « Ce n'est pas de mon ressort. » C'est oublier qu'il a comme mission une transmission du savoir : permettre à un autre d'accéder à un savoir, avec les difficultés qui ne manqueront pas d'arriver. Même s'il s'en défend, il interfère en le rejetant avec sa difficulté incompréhensible. Face à un enfant de tout âge ou un adulte brouillé avec le savoir, il convient d'œuvrer pour que l'accès au savoir leur soit à nouveau possible. Cela fait partie pleinement du métier.

Certes, il y a des difficultés qu'un enseignant ne résout pas à lui seul. Son intervention ne peut en aucun cas se transformer en relation duale selon le modèle trop souvent idéalisé du thérapeute. Mais lui échoit, comme à tout adulte, la responsabilité des paroles de tous les jours qui introduisent un enfant dans le monde humain, dans le sens de ce qu'il vit par rapport à lui-même et aux choses. Ces paroles ne sont évidemment formulées que par quiconque est prêt à bousculer

1. B. Bettelheim, K. Zelan, *La lecture et l'enfant,* Paris, Laffont, 1983.

ses croyances et ses défenses. La perspective d'un imbroglio des relations, qui facilite ou interdit l'accès à tel ou tel savoir, l'engage à se délester au moins de l'image d'un enfant en incapacité, mauvais de n'être pas conforme ? L' « échouer par amour » ne bouleverse-t-il pas considérablement la donne ? Soyons sans illusion, ce qui se noue ainsi ne se dénoue pas facilement. Il s'agit souvent de pouvoir faire le pas et d'aller consulter un thérapeute pour que, dans le transfert, la chose enfin surgisse. Bettelheim le souligne, comme d'autres d'ailleurs, une difficulté ne se laisse pas réduire simplement par la gentillesse et la compréhension. Ni ne se résout par la banalisation. Une difficulté se travaille sur différents registres, en gardant l'essentiel, à savoir la confiance sans laquelle aucun travail ne peut être accompli.

Apprendre dans l'espace scolaire relève d'un cadre social, avec ses normes prégnantes, ses rouages qui dépassent un sujet, et avec un adulte qui s'adresse non pas à un seul élève mais à vingt et plus. N'est-il pas alors aventureux de parler, comme je l'ai fait, de la singularité du rapport au savoir ? A force de parler d'affect, ne risque-t-on pas de se faire déborder, et de perdre le cap ? Il ne s'agit aucunement de nier norme, code, contraintes et déterminations sociales. Ce « déjà-là » est nécessaire au grandir d'un être humain, sujet historique d'une société donnée. Chacun développe cependant un rapport particulier à la norme. Une détermination provoque mille et une attitudes et finit par être transformée par sa poétique. Le travail d'un enseignant serait de ne privilégier ni la norme dite sociale ni la poétique de chacun, mais leur articulation. Dans l'accès au savoir aussi. C'est à ce prix qu'il y comprend quelque chose et aide celui qui se trouve marginalisé à rétablir son appui sans se perdre. Il s'agit d'un travail sur le sens de ce qui arrive à l'un ou à l'autre sans céder aux explications rapides et commodes, ni recourir aux exclusions définitives. A partir d'une norme pour tous, un enseignant travaille immanquablement sur une différence, surtout lorsqu'une difficulté surgit.

CHAPITRE X

Parler, vraiment ?

Aborder le registre de la parole demande quelques repères. Non pour étudier la linguistique, mais opérer des différences, par exemple entre ce qui relève de la langue — donc de la linguistique — et de la parole. Ferdinand de Saussure a inauguré cette distinction en travaillant le registre de la langue. Son successeur à l'Université de Genève, Charles Bailly, tenta de donner une théorie spécifique à la parole — que l'on appela plus tard : théorie de l'énonciation. Il soulignait que la parole n'était pas logique et intelligence mais surtout affect. Si la langue est un système, un code social qui n'appartient à aucun individu en propre, la parole est l'appropriation du code général par un sujet, à la jointure de l'individuel et du social. Appréhender la parole, c'est donc tenir compte de la subjectivité. « C'est dans et par le langage que l'homme se constitue comme *sujet* »[1], écrit Emile Benveniste. A travers ces mots et cette affirmation, nous touchons à la rencontre essentielle qui eut lieu entre la psychanalyse et cet abord de la parole. Historiquement et épistémologiquement, la parole a été promue comme le médium principal de la cure psychanalytique. « Qu'elle se veuille agent de guérison, de formation ou de sondage, la psychanalyse n'a qu'un

1. E. Benveniste, De la subjectivité dans le langage, *Problèmes de linguistique générale*, Paris, Gallimard, 1966, p. 259.

médium : la parole du patient »[1], écrit Lacan. Cet accent mis sur la parole nous est précieux car il place la subjectivité et l'intersubjectivité en son centre. En quoi est-il essentiel de l'entendre ? L'actualisation de la parole n'est plus alors conçue comme simple mécanisme de traduction, mise en acte d'un système où il serait surtout question de bonne actualisation ou d'actualisation défectueuse. Evoquer le sujet, c'est souligner que l'acte de parole ne peut être dissocié de sa dynamique psychique. Dans la parole nous disons « je » et à travers elle nous révélons nos difficultés d'exister. Toucher à la parole, c'est toucher au sujet. Des précautions sont donc à prendre. La parole est scellée à celui qui la rend vivante, que ce soit dans une actualisation consciente ou inconsciente de son histoire. Le négliger conduit à bien des violences.

« Toute énonciation est, explicite ou implicite, une allocution, elle postule un allocutaire »[2], écrit d'autre part Benveniste. Toute parole s'adresse à un autre dont elle attend d'être reconnue. Elle appelle une réponse, ne fût-ce qu'un silence. Lacan l'exprime avec d'autres mots : « Ce que je cherche dans la parole, c'est la réponse de l'autre. Ce qui me constitue comme sujet, c'est ma question. »[3] La parole ne se passe pas de l'autre. Elle est là pour tenter de le rejoindre, le contraindre, l'ordrer, le questionner, le faire obéir. « Je lui parle, il faut donc que je puisse le reconnaître différent de moi. » Il n'est pas de paroles sans cet entre-deux. Un enfant à qui l'on ne s'adresse pas authentiquement ne peut parler à son tour. Bien des lieux institutionnalisés oubliant que la parole est intersubjective cèdent alors à un « dialogue de sourd » ou au monologue.

Quoi de plus banal que d'utiliser la parole dans l'espace

1. J. Lacan, Fonction et champ de la parole et du langage en psychanalyse, *Ecrits*, Paris, Seuil, 1966, p. 247.

2. E. Benveniste L'appareil formel de l'énonciation, *Problème de linguistique générale*, 2, Paris, Gallimard, « Tel », 1983, p. 82.

3. J. Lacan, Fonction et champ de la parole et du langage en psychanalyse, *op. cit.*, p. 299.

de l'enseignement ? « Enseigner c'est parler »[1], écrivait Blanchot. La parole considérée comme un des véhicules de la connaissance... Notre pédagogie moderne n'a-t-elle pas justement essayé de casser ce que l'on appela la « pédagogie intellectualiste », celle qui privilégie le verbe pour transmettre le savoir ? Jean Piaget n'a-t-il pas dénoncé cette volonté d'enseigner dans et par le discours ? On apprend en manipulant, en expérimentant, disait-il. Mais plus on monte dans les degrés scolaires et plus importe la parole de l'enseignant. En fait, dans le cadre scolaire, il n'existe pas seulement une parole qui se tisse autour d'un objet de savoir, qui explique, donne peut-être des ordres pour qu'un autre apprenne tel mot ou telle formule ; il y a aussi celle qui tente d'obtenir « je ne sais quoi » d'un autre et qui, suivant sa tonalité, le reconnaît et libère un instant le futur, ou tente de le détruire, pèse sur ses épaules. On s'adresse à lui, jour après jour. Or est-ce qu'on entend ses propres mots ? On ne s'écoute pas.

Quant à la parole de l'autre — le dénommé « apprenant » —, elle est devenue précieuse dans les didactiques nouvelles. « Partir de sa parole est mieux que de le maintenir en silence », dit-on ; certes, mais la parole n'émerge pas ainsi, comme suscitée par un impératif, il est des situations où le mutisme est une saine manière de se protéger ; pour parler il ne suffit pas d'actualiser mécaniquement un code, il en va du sujet, de sa reconnaissance, de son désir d'accrocher l'autre. Le sait-on toujours.

Sur la parole, beaucoup de malentendus. Il peut être utile d'en lever quelques-uns. Aboutir à une éthique de la parole est une urgence dans n'importe quel lieu de rencontre professionnelle, dans tout espace où existe une disparité entre ceux qui l'occupent, où les uns ont des objectifs pour les autres.

1. M. Blanchot, *L'entretien infini*, Paris, Gallimard, 1969, p. 4.

1. « JE » PARLE

« Je prends un magnétophone et je parle. Puis je transcris ma parole sur le papier. Comme tu t'exprimes mal !, me dis-je. J'en suis horrifié. Hésitations, phrases inachevées, redoublements, bruits de corps, mots avalés, paroles noyées dans des "explétifs" incohérents, des "eh" et des "hein" ! Pensant qu'il me faut remettre tout cela en bon français, je me corrige, ma norme devient l'écrit. Je rajoute des "pas", replace des "il", bannissant ces indécents "i" qui font trop populaire. Après cette expérience traumatique, pris au piège de la force de l'écrit[1], je jure de me corriger, de ne plus jamais parler avec un tel relâchement... » Faisant cela on perd la spécificité de l'oral[2] qui a justement besoin de ces bruits de corps, de ces moments de repos, qui se cherche en même temps qu'il dit. Il importe de le reconnaître, et peut-être saurons-nous alors mieux expliquer à un enfant la différence entre la parole écrite et l'oral, lui faire comprendre quelles lois les régissent. Sa parole étant délivrée, probablement sera-t-il capable de s'atteler à l'écrit et à subir ses contraintes. Mais si on lui demande de s'exprimer correctement, en bonne et due forme, il ne lui reste plus alors qu'à se taire.

La parole n'est pas qu'intellectuelle et logique ; elle est « sentimentale », affirmait d'autre part Bailly[3]. Les psychanalystes iront plus loin : « Dans ma parole gîte mon inconscient. Je l'entredis, je ne maîtrise pas le "ça" ; le "ça" parle bien plus que je ne le crois dans mes lapsus, dans mes dénégations. » Ce que l'on appelle nos fautes ne sont parfois que des

1. M. de Certeau, *L'invention du quotidien*, t. 1, Paris, « 10/18 », 1980, p. 274.

2. C. Hagège, *L'homme de paroles*, Paris, Fayard, 1985.

3. Ch. Bailly, *Le langage et la vie*, Genève, Droz, rééd. 1965 ; *Précis de stylistique*, Genève, Eggimann, 1905.

erreurs de sens, cela s'entend à peine. Il faut être bien attaché à la logique, à une structure intellectuelle de la langue, à la correction pour n'y voir que des fautes de français. Dans nos erreurs, il y a notre vérité, le sens de nos maux. En nous corrigeant le censeur refuse ce que nous entre-disons, n'entend pas le sens, juge la forme. Il est hors de son champ de pensée que la parole puisse être autre chose qu'un moyen de communication, qu'elle évoque plus qu'elle n'informe, comme l'écrit Lacan[1]. Elle signifie. Elle me sert à vivre[2]. « Là où je me dis, entre-dit métaphoriquement, là où mon sens atteste la prégnance de mon histoire, où mes redondances, mes répétitions, mes bruits de corps, ma voix formulent une vérité qui m'échappe. »

La vie n'est pas non plus une leçon de choses. A chaque chose ne correspond pas un mot. Les mots ne sont pas la doublure, ni le doublon, ni le doublet du réel. Le signifiant n'a pas, comme le formulent les linguistes, un rapport unique au signifié. Il ne s'agit pas de subtilités de théoricien : à ne percevoir les mots que comme revêtement des choses, on oublie que dans la parole le mot prend un sens particulier, qu'il est lié à un contexte, à notre histoire et à celle de notre interlocuteur ; que son sens dépend non pas de son rapport au réel mais à la multiplicité de ses liaisons conscientes et inconscientes[3]. Certes, nous restons dans le code de notre langue, acceptons ce qui est reconnu par tous, appelons « table » une table, mais en y glissant un sens particulier qui nous appartient. Le sens de nos mots ne peut se réduire au code. « Je recrée la réalité à travers ma parole. » Nos mots sont ambigus, contradictoires, multicolores, indécis, c'est pourquoi nous pouvons inventer et que notre parole est garante d'un espace de liberté qui échappe à toutes tentatives

1. J. Lacan, Fonction et champ de la parole et du langage en psychanalyse, *op. cit.*, p. 251, 299.
2. E. Benveniste, *Problème de linguistique générale*, 2, *op. cit.*, p. 217.
3. J. Lacan, *Les écrits techniques de Freud*, Paris, Seuil, 1975.

de normalisation. Il est bon de se rappeler cela lorsque nous recevons la parole d'un enfant. De ne pas rabattre sa parole sur du réel[1].

Mensonges

Généralement on se méfie de la parole. Cette personne ment, se dit-on, parce qu'elle a la possibilité de mentir. La suspicion est d'autant plus grande s'il s'agit d'un enfant. Une vraie hantise. On veut qu'il dise la vérité, et aussitôt on vérifie. Qu'un enfant vous annonce un matin que « son papa est parti » pour s'apercevoir le lendemain que ce « n'est pas vrai », et c'est l'effondrement. « Il m'a menti, je ne peux plus le croire. Il a triché, il m'a abusé, il a trahi ma confiance. Il ne discerne même pas la réalité de l'imaginaire, c'est grave, très grave. » Et vous le punirez. Alors entre vous s'installera la méfiance, la suspicion. Vous vérifierez ses paroles, vous prononcerez des mots qui menaceront son avenir. Depuis bien longtemps, dans le siècle qui nous précède en tout cas, il semble que le mensonge hante les adultes, qui le perçoivent comme le signe d'un développement mauvais d'un sujet. L'autre leur échappe, il n'est pas là où il devrait être. Ce quelque chose leur fait horreur. Mais quoi ? L'enjeu est important. Rien moins que le déni de la réalité psychique. Le déni que mentir est dire vrai par rapport au sujet. Et que lorsque nous proclamons dire vrai nous sommes probablement dans le mensonge[2]. « Tu ne sais pas que tu dis la vérité. (...) Tu ne la dis si bien que dans la mesure où tu crois mentir et quand tu ne veux pas mentir, c'est pour te garder de cette vérité »[3], écrit Lacan. Notre parole dit notre vérité au moment même où nous la formulons, c'est cela qu'il s'agit d'entendre. Et nous ne pouvons l'entendre si on continue à

1. J. Lacan, Fonction et champ de la parole et du langage en psychanalyse, *op. cit.*, p. 290.
2. J. Lacan, *Les écrits techniques de Freud, op. cit.*, p. 254, 288-290.
3. J. Lacan, *L'identification,* séminaire 1961-1962, inédit, p. 17.

croire que la parole trouve son aune de vérité dans les faits, si on se refuse à ce qu'elle repose sur la réalité psychique, qu'elle exprime nos fantasmes et nos désirs. En un mot, qu'elle nous recrée.

Freud a opéré vis-à-vis de ses malades un détournement. Les femmes hystériques étaient à son époque tenues pour des menteuses, des dissimulatrices, des comédiennes. Il a cru, lui, en leur parole, et ce faisant il a su découvrir avec elle leur vérité. Comme au XIXe siècle, l'enfant plus que tout autre, mais aussi l'assisté, l'enseigné sont encore tenus pour des dissimulateurs dont on se méfie. Dans la parole, « je *me* dis » et cela n'a rien à voir ou presque avec la réalité extérieure. « C'est parce que je suis capable de mentir que je suis un sujet. » C'est parce que le langage peut mentir qu'il contient la vérité. Nous nous inventons d'autant plus que la réalité nous rend impuissants, c'est là une des mesures de survie pour qui n'est pas ce qu'il voudrait être. Comprendre ce statut de la parole est important.

Saisir ensuite que « les mensonges » des enfants sont à la mesure du monde de contraintes et d'obéissance où ils sont mis, en un mot de la relation de pouvoir dans laquelle ils sont pris. Le mensonge est arme du faible. Plus le pouvoir est aveugle, plus le mensonge est leur manière de se protéger. Plus ils vivent dans la crainte, plus ils désirent échapper aux conséquences d'un pouvoir sur lequel ils n'ont pas de prise. Ce mensonge atteste qu'ils savent prendre soin d'eux ; il témoigne de leur intelligence et non de leur fourberie. Une chose est de permettre à un enfant de faire, pas à pas, la différence entre réalité intérieure et réalité extérieure, entre désir et réalisation, et une autre d'entendre que la parole nous convoque là où on ne s'y attendait pas.

Ambiguïté

« Il me répond et je lui dis qu'il ne m'a pas écouté, que ce n'était pas cela que je lui avais transmis comme information. Qu'une fois encore il n'a pas correctement décrypté mon message. Il est dans l'erreur, il n'a pas été dans la rime de ce que je suis pour entendre exactement le sens de ma pensée. Je me fâche contre ces perpétuels malentendus, et voudrais vraiment que mon interlocuteur soit exactement dans la prolongation de ce que je viens de dire. Sa réponse en témoigne, il s'est trompé. » Notre idéal est resté fixé à une parole qui serait transparence, à une phrase qui n'aurait qu'un seul sens, qui serait l'exacte réplique de notre pensée. Il nous reste des théories de la communication ce schéma d'adéquation entre le message lancé et celui retourné : exact accrochage qui témoignerait de la bonne communication. On ne peut réduire les phrases à la somme de leurs mots, le sens de ce qui se dit est toujours recréation à la mesure de ce que je suis. Personne n'a tort dans son interprétation, chacun a reconstruit son sens précieux, et c'est là ce qu'il importe d'entendre.

Si nous voulons vraiment qu'il nous comprenne exactement, alors engageons un dialogue où il nous exprime ce qu'il a entendu, et nous lui désignerons la différence inéluctable entre sa pensée et la nôtre. On argumentera que dans le social il n'y a pas de place pour l'interprétation. Un ordre est un ordre, une consigne ne peut être lue diversement, une tâche assigne un acte et un seul ; un sujet doit arriver à la clarté, expulsant sa subjectivité pour s'adapter au message ; l'adaptation est ce à quoi on doit aboutir, sous peine d'anormalité. Certes, il existe des instants où le message ne peut être interprété de multiples manières, mais toute situation de paroles ne s'y réduit pas. On détruirait tout être humain à exiger une pareille adaptation. Il en mourrait de vide intérieur. Nous pouvons apprendre à repérer les divers registres de la parole, à ne pas poétiser selon les circonstances, mais un tel décalage n'est-il justement pas parfois producteur de trouvailles, même sur le registre de la cognition ? Et rappelons-nous que ce sont bel et bien les dictatures qui ont voulu réduire l'ambiguïté du sens pour mieux maîtriser l'individu.

D'autre part, si je ne me fais pas comprendre, c'est normal. Notre pensée n'est pas logique immédiatement. « Si ma parole s'embrouille, c'est à mon interlocuteur de m'aider. J'ai le support de son écoute, c'est avec lui que j'arriverai à cerner la suite de mes propos. S'il me dit n'avoir pas compris, alors je recommence, et formule patiemment une parole qui se cherche. » Parler, c'est ne pas pouvoir effacer. C'est être condamné à ajouter des mots après des mots, se reprendre sans cesse, mettre des négations, à la poursuite de sa pensée.

2. MISES EN DIALOGUE

Entre nous et lui des paroles, forcément. L'impact de nos paroles sera d'autant plus grand que nous sommes dans une position reconnue sur l'échelle du savoir : médecin, psychanalyste, enseignant... Nous avons le pouvoir des mots, le pouvoir de questionner, de le reconnaître ou non. Ce pouvoir, bien sûr, l'autre nous le prête, mais on peut en mésuser. Toute parole est « allocutaire », dit Benveniste ; en terme plus simple : elle s'adresse à l'autre. Et c'est bien lui qui est visé. On peut l'humilier, l'attaquer, le nier, l'enfermer, le définir, le refuser, le moquer, le violer, le tuer avec nos mots. Notre parole n'a pas besoin d'être agressive, elle peut sembler gentille et le détruire. Plus nous avons le pouvoir des mots, plus notre parole est puissante à son égard. Cette parole qui blesse, le poursuit de ses assertions en scellant un destin, le détermine psychiquement bien plus que la trop commode hérédité.

A la question

L'ordre et la question sont aux mains des puissants ou des adultes s'adressant à des enfants. « La question » n'est pas ici celle que définit Blanchot[1] : la poétique de la pensée, attestant

1. M. Blanchot, *L'entretien infini*, *op. cit.*, p. 12 et s.

de la vive curiosité. Elle n'est pas la question que je me pose à moi-même, à la recherche d'un inconnu, d'un encore pas compréhensible, mais celle que l'on pose, à quoi il est soumis et à laquelle il ne lui est pas possible de se dérober sinon par le silence, sinon par le biais d'un répondre n'importe quoi. N'être plus soumis à la question, c'est avoir échappé à une position d'impuissance. L'ordre s'implante et son aiguillon est là pour longtemps. Elias Canetti[1] évoque cette parole qui nous habite, à laquelle on ne se dérobe pas même lorsque celui qui l'a prononcée a depuis longtemps disparu. L'enfance n'échappe pas à l'ordre donné. Nous pourrions seulement nous entendre prononcer les mots de l'obéissance. Chaque fois que nous nous adressons à lui, on l'assigne en tant que sujet ou objet ; on l'exclue, ou on l'entraîne dans un dialogue. L'ordre et la question le pose non comme sujet responsable de sa parole et de ses actes, mais comme un « pas encore » qu'il s'agit de toujours guider et maîtriser.

La haine se distille au fil des mots. Haine de soi, haine de l'autre, haine d'un différent de soi ; la parole est un de ses médiats. Le ton trahit, le rythme des mots également. On veut la destruction de l'autre et la parole en est l'une des armes, même si dans le discours prononcé on est apparemment raisonnable, justifiant nos interventions par sa faute ou son indignité. Harcelant, sarcastique, ironique, nous parlons sans cesse sans nous entendre, tant la rencontre humaine est fondée sur la peur, masquant une fragilité qui ne veut pas être reconnue. Certes, dira-t-on, c'est le lot de tout humain. Mais lorsqu'une telle parole émerge dans une relation professionnelle, on ne peut que s'étonner. La parole fait à ce point partie du rapport à l'autre qu'elle n'est même plus soumise à notre réflexion. Dès lors elle peut s'actualiser en conséquences destructrices.

1. E. Canetti, *Masse et puissance*, Paris, Gallimard, 1986.

Silences

Ce qu'on supporte le moins, c'est son silence. Il nous fragilise, et nous devenons « méchants ». S'il ne dit rien, il nous échappe. On ne sait pas ce qu'il pense, on perd notre maîtrise. Son silence, on l'interprète, comme étant contre nous. Alors, comme on le dit parfois, on veut entendre « le son de sa voix ». On le questionne, le harcèle, le poursuit, et on ironise. Mais notre pouvoir s'effrite sur son silence. Il nous nargue, nous y verrons de l'effronterie, de la mauvaise volonté et nous n'échapperons pas à l'idée de devoir faire reculer sa volonté que l'on sent « inébranlable ». S'il se tait, c'est qu'il a un secret, et il en devient d'autant plus dangereux.

Lorsque la parole devient scolairement précieuse, le silence (autrefois si apprécié) devient gênant. Il visibilise l'affrontement et le pouvoir qui existent dans une rencontre professionnelle. Il montre que parler rassure celui qui a la responsabilité de la relation. Le mutisme dans lequel un enfant se tient échappe à sa compréhension. Ou plutôt non, on lui donne le nom de « résistance », d'opposition : l'enfant est un « rebelle ». Mais on n'interroge pas ce qui le fait rester dans sa citadelle, ce qui le fait parler ailleurs avec les autres, et se taire dans l'espace scolaire. Souvent son mutisme est réaction à une violence, à l'arrachage qu'il a subi aux premiers jours de la séparation, à l'accueil glacial qu'on lui fit, à son parler à lui qui ne correspond pas au nôtre, à notre parole qui le refusa, à notre univers fonctionnalisé. Se taire est le reste de son pouvoir, celui qui marque son territoire.

« Parle », assène-t-on aux enfants. Comme si l'on pouvait parler sur commande ; comme si, dans la peur, on osait se risquer. Il parle, écoutons sa voix qui tremble, trop douce ou trop forte, elle dit l'émotion. Il se risque à parler, l'angoisse au ventre car il sait bien qu'il se révèle. Il s'offre à notre jugement dans le temps même de ses mots. Ne va-t-on pas reprendre ce qu'il dit, l'épingler et savoir qui il est ? Il parle..., peut-être ferait-il mieux de se taire pour échapper à notre maîtrise. Il est des lieux où la parole est dangereuse, et qui se tait est sage. Au lieu de le poursuivre, que s'établisse plutôt un espace où il puisse de lui-même prendre la parole.

Embrouilles

« A qui est-ce que je parle ? Est-ce à lui en tant que sujet vivant ou à lui objet de mes soins ? » S'adresser à lui, c'est le rencontrer, lui avec son nom et prénom. Il n'est pas « un jeune », « un ado », « un bébé », « une dame », comme si ce nominatif suffisait à le signifier. Lorsqu'il est présent, pourquoi apparaît-il souvent dans notre conversation entre adultes à la troisième personne ? La parole restitue chacun comme sujet. « C'est parce que je m'adresse à lui comme sujet, qu'il se met à exister. » En restant seulement objet de notre parole, nous le nions. C'est en cela qu'il convient de renoncer à l'image d'une parole mécaniciste, où son existence n'aurait nulle importance.

A qui parlons-nous, le sait-on ? Cette question importune : « Il y a moi, il y a toi, et nous nous parlons. Donc je lui parle. Il me répond en écho. Il n'y a pas à aller chercher midi à quatorze heures ! » L'humain s'arrête souvent à la surface de ce qu'il vit. Une personne s'adresse à une autre. Mais quel autre ? Celui qui est physiquement devant elle, évidemment. Ce qu'elle lui dit le concerne lui, cet autre. Rien n'est pourtant moins certain. Si on a aucun doute sur ce schéma trop visible du locuteur et de l'interlocuteur, on ne comprendra pas grand chose.

Lacan disait : « Dans son essence, le transfert efficace dont il s'agit, c'est tout simplement l'acte de parole. »[1] Parler, c'est dire quelque chose de soi que l'on adresse à un autre, c'est dialoguer avec ce que nous projetons sur lui : « Je le prends pour quelqu'un d'autre ; en lui, je me regarde, c'est à

1. J. Lacan, *Les écrits techniques de Freud, op. cit.*, p. 127.

cette image que je m'adresse. » Celui à qui l'on s'adresse, on l'a fabriqué avec ce que l'on suppose de lui, avec notre imaginaire. Nos mots s'adressent à cette réalité hybride. Le drame, c'est que nous ne voulons rien en savoir, alors nous ne comprenons plus rien. On se braque sur des mots qui ne nous sont pas vraiment destinés. Alors fleurissent les quiproquos, s'engagent les malentendus ! Nous sommes toujours en train de supposer, de supputer, de donner des connotations aux faits et gestes de celui que nous rencontrons. Nous « interprétons » ses intentions, ses motifs, ses manques. Nous nous mettons à sa place ou plutôt nous raisonnons comme si nous étions lui, et nous tentons une explication. Faisant cela, on ramène tout à soi évidemment, et le dialogue s'en ressent. « S'il ne m'a pas salué, c'est que je suis en faute. S'il n'a pas fait ses devoirs, c'est qu'il me nargue ; s'il pleure, c'est parce que... » Dans cette recherche de la cause, on fait fleurir son imaginaire ; le jeu des miroirs est infini. Le pire est que ces supputations provoquent agir, réagir et paroles. Nous actualisons notre imaginaire et l'autre, surpris, reprend le même jeu. Dès lors, nous risquons bien de déborder en agressivité, de nous en tenir à l'incompréhension, d'en venir à l'exclusion et donner corps au passage à l'acte.

Ces « embrouilles », on les vit quotidiennement dans notre vie privée. Mais dans la vie professionnelle où un autre est en jeu, on ne peut s'en contenter. Et cela demande un travail considérable. Quitter d'abord l'assurance que l'on comprend l'autre. Accepter que l'on est aveugle et égocentrique, que l'on colore un autre à notre teinte, que nos suppositions sont toujours sujettes à caution, que nous ne pouvons pas fonder sur elles nos actions ni les prendre pour la vérité : notre parole adressée à lui s'en ressent immanquablement. Suspendre alors nos certitudes, se méfier de nos interprétations immédiates. Et recourir à la parole, car, seule, paradoxalement, la parole défait cet imaginaire. C'est par le dialogue qu'on se rend compte du décalage entre notre réalité et celle de l'autre. On prend dès lors la mesure de nos projections.

Dans le rapport professionnel à un autre, qu'il soit adulte ou enfant — d'autant plus s'il est institutionnalisé —, seule une circulation de parole peut éviter que des situations se nouent sur leur versant mortifère.

Regardons un peu autour de nous. Dans les institutions, c'est souvent l'engluement imaginaire qui prévaut, avec ses violences, ses exclusions, ses passages à l'acte et ses paroles meurtrières. Là où des lieux de paroles ont été établis — pas une parole bavarde, parole alibi, parole vide, mais une parole qui, au contraire, régule, médiatise —, on respire et travaille autrement.

Interprétation

Que fait-on de son savoir d'adulte, acquis par exemple sur les bancs de l'Université ? Quelle place octroie-t-on à ce savoir dans la parole qu'on lui adresse ? Souvent le savoir acquis n'y est mis qu'au service du narcissisme ; il vient là recouvrir notre incapacité chronique à supporter l'angoisse liée à l'incompréhension. Face à lui, on veut paraître intelligent, alors on cherche une explication. Et rapidement on trouve une cause. Souvent on s'en contente, rassuré par l'intelligibilité trouvée. De la théorie, on déduit. On est rassuré, et on profère parfois son explication sans se douter que cet usage du savoir pourrait avoir de tristes conséquences. On reste néanmoins désorienté car cette explication ne donne aucun moyen de lui permettre d'aller ailleurs que là où il est. On croyait savoir et puis... On ne veut pas jouer au psy. Jouer au psy, c'est donner à l'autre une explication psy. On s'en abstient la plupart du temps, tellement on a peur d'être accusé d'exercice sauvage de la psychanalyse. Mais ce n'est pas à chaque fois que l'on se retient au bon moment.

Quelle responsabilité de parole endosse tout adulte vis-à-vis d'un enfant ? Il existe des paroles « de bon sens » qui sont au pouvoir de chacun et de sa responsabilité d'humain, qui humanisent — « mettre des mots sur la souffrance »[1], écrivait Dolto —, qui médiatisent le réel. Elle viennent lorsqu'on a perdu ou fait l'analyse de son pouvoir[2]. Ces paroles-là, nous pouvons les prononcer. Elles sont la sécurité de son insécurité, les repères de son désarroi. Ces paroles, qui tentent de mettre des mots sur l'inconnu, sont-elles envisageables pour un enseignant ? Ne s'agit-il pas d'une usurpation ? Tel est le souci. Parler à un autre, lui transmettre un repérage de sens, est au contraire du devoir de chacun. Dans la relation professionnelle, même si celle-ci est d'abord centrée sur la transmission d'un savoir, ce registre-là existe. Nous sommes obligés quant à la parole que nous adressons.

Une parole pleine — celle qu'on appelle en psychanalyse interprétation — ne surgit que dans le transfert. La parole qui repère, fait sens, qui sans rien dire de nouveau lui permet d'évoluer ; le geste, l'invite, qu'il reprend parce qu'ils viennent au bon moment et qu'il y est prêt, ne surviennent que si nous avons accepté de travailler dans la relation. Cette brusque intuition qui fait de l'effet, nous constatons qu'elle a été précédée d'un long chemin de doute, d'interrogation, de travail en dessous, et n'a de pertinence que dans cette relation-là, à ce moment précis. Ce n'est pas une application d'un savoir extérieur, mais un savoir qui surgit de cette relation et de sa temporalité. Il ne s'agit pas d'une explication, ou de la recherche d'une prise de conscience, mais d'un « acte » qui fait sens dans un contexte donné. Pas une effraction d'un savoir psychologique, mais un bon sens qui a mis du temps à se construire en relation avec nous et lui.

Cette parole est aussi au pouvoir des professionnels sans qu'ils se sentent pour autant des psychanalystes sauvages. Une telle parole n'advient pas tous les jours — bombardage dérisoire —, mais au bon moment, et avec les mots justes.

1. F. Dolto, *L'image inconsciente du corps*, Paris, Seuil, 1984, p. 367.
2. J. Oury, *in* C. Pochet, F. Oury, *L'année dernière, j'étais mort... Signé Miloud*, Vigneux, Matrice, p. 186.

Rien de pire que l' « interprétation » quotidienne, véritable viol de l'intimité. Rien de pire que jouer au psychanalyste avec son enfant et décortiquer ses faits et gestes en les commentant de vocabulaire soit-disant psychanalytique. Reste, précieux, le partage d'expérience, le repérage qui remet notre humanité commune à sa place, qui transfère le sens d'une existence et de ses épreuves. Moments qui sont rares dans la quotidienneté professionnelle, mais qui n'en existent pas moins.

La psychanalyse a mis effectivement au centre de son processus ce qu'elle nomme « interprétation », qui n'est pas là pour faire apprendre, ni expliquer, ni donner des ordres, ni faire preuve d'une intelligence que l'autre n'aurait pas, ni endoctriner, ni présenter des arguments pour convaincre. Ce sont des paroles qui viennent du vocabulaire commun, que l'inconscient du psychanalyste fabrique avec celui du patient, qui n'affirment pas. L'interprétation, comme le souligne Dolto, n'introduit rien de nouveau, elle tisse des liens entre ce qui est déjà exprimé. « Ce n'est rien de nouveau », « que des questions », « ce sont les mots de l'autre qui sont repris »[1] au bon moment, bien entendu en communication d'inconscient à inconscient. Cette parole-là peut advenir dans le champ d'une rencontre autour du Savoir, même entouré de vingt élèves. Certains enseignants en témoignent[2].

Non-dits

Nous avons des secrets dont parfois nous-mêmes ne savons rien, et nous nous étonnons que ce non-dit lui soit pathogène. Or c'est bel et bien ce qui es tu qui opère et rejaillit en symptôme. Souvent nous voulons le protéger en ne disant rien. Mais il sait que quelque chose d'important est en

1. F. Dolto, *Psychanalyse et pédiatrie,* Paris, Seuil, 1971, p. 145 ; *Dialogues québécois,* Paris, Seuil, 1987, p. 89.
2. Voir les ouvrages de la pédagogie institutionnelle.

train de se passer, et son désarroi s'en trouve augmenté. Il cherche à savoir ce qui lui est caché, et parfois ses gestes trahissent ce qu'il a compris malgré nous. Si nous osons lui parler de ce qui est si difficile à dire, si nous abordons pour nous-mêmes nos secrets, si nous avons le courage de lui faire partager ce qui pourrait le faire souffrir, cela aura très certainement moins de nocivité. Qu'il s'agisse de mort, d'histoire ancienne, de son père ou de nous, qu'il s'agisse d'un événement, de son passé, de ce qui nous est arrivé, il importe parfois que nous ne nous taisions pas. Peut-être va-t-il réagir, pleurer, peut-être sera-t-il mal, ce que nous voulions lui éviter. Pourtant cette abréaction est moins nocive que son indifférence et sa recherche inconsciente de cette part cachée. De cette certitude, on ne doit cependant pas en déduire qu'il nous faille tout dire, tout révéler, tout faire partager : notre sexualité, nos soucis quotidiens, dans cette transparence qui paraît être d'une bonne modernité. On tomberait dans la perversité, il n'y aurait plus d'ombre. L'exigence du « tout dire » est terroriste. En y souscrivant, on viole.

Un enseignant aimerait parfois aussi connaître ses secrets. Parfois, il provoque ses confidences, souhaite son dévoilement. « Dis tout sur toi, cela te fera du bien. » Cela est dangereux, car il n'est souvent pas à même d'accueillir ses confidences dans le lieu institutionnel de l'école ; il y est souvent plus question de voyeurisme déguisé sous une intention de bien faire et on s'arrange très souvent pour n'en pas assumer les retombées et les responsabilités. Toute parole extirpée n'est pas une bonne parole. Il est vrai qu'on espère en une parole réparatrice. On a retenu la leçon de la psychanalyse, où la confiance en la parole est grande dans la thérapeutique, où par la parole déroulée nous reconstruisons notre histoire. Cette parole ne peut cependant se transporter dans aucun autre lieu du social. La simple confession ne se confond pas avec le pouvoir, effectivement thérapeutique, de la parole.

La psychanalyse a mis la parole au centre du processus de guérison. Parole qui appartient à chacun et qui est, elle-même, porteuse d'une histoire inscrite dans les interstices de ses silences, de ses cafouillis, de ses lapsus. Parole qui tutoie l'inconscient, le porte et le transporte, permet finalement de l'apprivoiser. Cette parole pleine est rare. Elle nous reconstitue et nous recrée, elle ne fait pas fi de nos affects ni des productions de notre corps, elle leur donne un sens, les fait exister. On y croit ou pas à cette fonction thérapeutique de la parole. Si on n'en doute pas, reste à entrevoir ce que l'on en retient dans le lieu d'une autre profession. On se fourvoie si on en fait un impératif du tout dire. En revanche, si désormais nous croyons en la parole comme médiation entre les humains et comme repère de vie, si nous nous efforçons de maintenir le dialogue, de construire des lieux où la parole circule, où nous reconnaissons un autre dans son existence en s'adressant à lui, alors peut-être avons-nous compris l'essentiel. Si dans toute institution, une telle prise de parole était rendue possible, si les règles et les lois qui la régissent devenaient objet d'échange, alors peut-être éviterions-nous bien des violences, bien des impuissances, et plus d'une exclusion.

Il importe donc, encore et toujours, de faire l'éloge du dialogue. Celui-ci ne nous est pas naturel, il recèle toutes les difficultés, met à l'épreuve nos égocentrismes. Pourtant, quelle que soit notre fonction, nous avons à rechercher cette sagesse dialogique, en n'oubliant jamais l'autre à qui nous nous adressons.

QUATRIÈME PARTIE

A l'ombre des théories

CHAPITRE XI

La carte de nos ignorances

Lorsqu'un futur enseignant s'interroge sur les difficultés qu'il rencontrera dans un proche avenir, des peurs surgissent. Il ne les rencontrera pas toutes, tant s'en faut : certaines sont en pointillé ; d'autres apparaissent en majuscule. D'abord il a cette impression confuse de pouvoir être dépassé par la complexité ambiante. Confronté à des éléments qui lui échappent et l'entraînent, rejeté sur une position d'ignorance tellement déstabilisante. Il pense devoir se mettre à la recherche de repères qui le protègent de ce sentiment désagréable. Il rêve de tout comprendre.

Il éprouve du désarroi devant ce qu'il souhaite prévisible, qu'il essaie de rendre tel en se préparant minutieusement à l'avance, notamment grâce à une judicieuse structuration de la matière et du temps, et à l'apport d'un précieux matériel. Toujours cependant ça semble en partie lui échapper, avec cette solitude qui lui colle à la peau. C'est comme si rien n'était bien stable. Les repères ne sont plus universels, il est renvoyé à ses scrupules. Où s'arrêter face à un enfant ? Quel est son rôle ? Il est préoccupé, constamment en remue-ménage, et serait tenté de se stabiliser sur des choses simples mais solides, sur des procédés que d'autres assureraient infaillibles.

Son sentiment de pouvoir se tromper est envahissant : il peut commettre des erreurs d'autant plus graves qu'elles touchent un autre être humain : « Qu'est-ce que j'ai fait, aurais-je dû m'y prendre autrement ? » Hésitation sur le juste et le faux, impression de flottement, certitude de ne pouvoir vivre dans cette incertitude. Comment en effet supporter de ne pas être rassuré à chaque fois et garanti ? Cette hantise, il la met au compte d'un défaut personnel ou d'une trop grande jeunesse. Plus tard, pense-t-il, je saurai ; pour l'instant je dois faire « comme si », si je ne veux pas m'épuiser à chercher à chaque instant le bien et à douter de moi. Blesser les enfants, pourra-t-il l'éviter, et aussi les parents de ces enfants. Comment leur parler ? Certains se heurtent si facilement. Il dira certaines vérités. De quelle autorité ?

Un rêve l'a parfois fait choisir ce métier. Le rêve d'être toujours disponible, serein, d'insuffler le plaisir d'apprendre tout en ayant plaisir à être présent. Son désarroi est d'autant plus fort qu'il a des idéaux. Sur comment il devrait être, aucun doute ; mais demeure le malaise de ne pas vraiment y ressembler. Son amour des enfants pourra-t-il le protéger de toute difficulté ? Il l'espère mais n'en est déjà plus tout à fait certain. Et si les enfants le haïssent ? Il a tellement besoin d'être aimé, de travailler dans une certaine harmonie. Il s'imagine... L'épreuve arrive : « Tu ne m'aimes pas ; tu me résistes, ne m'entends pas, es hors de mon atteinte, tu te fermes. » Il ne peut lui pardonner de ne rien vouloir de lui. Ce sera, lui semble-t-il, la déroute. Il craint que ses sentiments n'interfèrent. Comment pourrait-il assurer sa profession si la colère ou la tristesse l'envahit ? Exercer ce métier exigerait, il le croit, de n'avoir aucun problème personnel, y parviendra-t-il ? Il est hanté par sa fragilité. Et au loin la perspective de ce qui lui fait si peur : le pouvoir pris par les autres, les élèves. Ne plus « les avoir en main », qu'ils lui échappent et que s'installe ce cercle vicieux qui de la répression accentue la résistance, qui du dialogue rompu va vers le règlement de compte.

Il sait n'être jamais à la bonne distance. Trop proche ou trop éloigné ; englué dans une demande et pris dans les rets d'un imaginaire. Il affirme parfois se repérer à ses sentiments ; il les considère comme un bon outil dans sa relation à l'autre, mais a peur alors du manque de rigueur de sa pratique. Il aspire alors à une science qui lui donnerait des concepts clairs lui épargnant d'aller grappiller à droite à gauche : un peu de sociologie, un peu d'anthropologie, un peu de psychologie, ce qui le rend amateur en tout et crédible en rien. Il se méfie des théoriciens, de ceux qui font de grands discours mais ne vont plus « au charbon ». Ou en vient à les idéaliser.

Il se demande sans cesse quel rôle on lui fait jouer. Il est prêt à se tenir pour prisonnier d'exigences venant d'en haut. Ne sera-t-il pas amené à faire ce qu'il s'était promis de ne jamais faire ? Sans qu'il s'en rende compte, aller contre ses propres espoirs ? N'être plus, par exemple, celui qui permet l'accès au savoir mais celui qui interdit la connaissance à plus d'un. Broyé par des enjeux sur lesquels il n'a pas de prise, tenu dans un piège que tout concourt à rendre invisible, sa liberté ne serait alors qu'un leurre. En quoi résidera sa créativité ? Il risque de s'ennuyer à répéter ainsi, cours après cours, le programme imposé. Insatisfait, il redoute de le devenir. Le savoir, les disciplines scientifiques, il peut espérer les maîtriser. Il sait ses manques, c'est rassurant. Le programme, il se l'approprie. A ce propos il appréhende surtout de ne pas suffisamment bien préparer ses élèves au degré scolaire suivant et de recevoir les commentaires acerbes du collègue ; il en est narcissiquement humilié et les adultes ne se privent pas d'utiliser cette arme.

Reste qu'il redoute d'avoir parfois mal à soi, mal à l'autre, mal à l'institution, et surtout la boule au ventre. A l'orée du discours qui accepte d'énoncer ses peurs : le goût amer de l'impuissance. Il voudrait tant ne pas la ressentir cette impuissance qui déboule par surprise. Il vacille un instant..., très vite il la fuit. Il ne peut croire qu'il se défendra bientôt par un cynisme protecteur, une distanciation indifférente, qu'il tiendra des propos désabusés et en viendra au calcul du moindre effort et du moindre coût. Et pourtant en regardant certains anciens, cette perspective n'est pas si inimaginable. Comment se protéger du surgissement de l'indifférence ?

D'un contexte à l'autre, les peurs et angoisses s'atténuent ou s'accentuent. Elles concernent les alentours d'un métier. A-t-on à remplacer les peurs par des certitudes ? A vrai dire, nommer de telles peurs pourrait le rassurer : elles le pousseront probablement à réfléchir quotidiennement au sens de ce qu'il fait ; il détient là l'une des meilleures garanties quant à son action et à ses paroles. Qui n'en éprouve aucune, même pas en de très brefs passages, gagne une tranquillité pour lui-même, mais sa trop unilatérale certitude peut devenir dangereuse pour telle ou telle de ses rencontres professionnelles.

1. ÉTAT DES LIEUX

Que dire du métier de l'enseignement ? Que son action s'adresse à des êtres vivants : ils s'appellent « élèves » ; ils se prénomment Lucie, Anna, Claudio. Que son agent a la fonction d'enseigner ; il possède également un prénom et des états d'âme. Sa finalité est le Savoir. Leur rencontre a comme théâtre une institution, un cadre marqué par des enjeux sociaux, qui s'enfonce dans les présupposés de notre culture ; autour gravitent d'autres humains.

Il semble audacieux de se lancer dans le pointage des caractéristiques d'un métier, surtout celui de l'enseignement ; présomptueux, le théoricien qui s'adjugerait le droit de saisir la réalité dans ses concepts et affirmerait en énoncer la vérité. L'intention n'est pas de laisser, un instant, croire que ces tracés se confondent avec la réalité de ce métier : ce sont uniquement *des* repères qui dessinent la carte de nos ignorances.

Répertoires

Tout métier a, comme support et agent, un être humain. Peut-être une banalité, mais on peut l'oublier. Le professionnel est convoqué comme sujet, son psychisme entre en jeu avec son histoire inconsciente : aucun intérêt à faire comme si cela n'était pas. La rencontre est donc intersubjective, avec toutes ses tensions ; la violence y est possible ainsi que la mobilisation des pulsions destructrices. Elle est faite d'imaginaire. Que l'on soit sur la scène du Savoir n'y change rien. Tout au contraire. La subjectivité est première : être professionnel, c'est accepter de la travailler, l'engager dans une réflexion. Ne pas la nier. Subjectivité et intersubjectivité colorent ainsi ce métier où comprendre, se repérer, se distancer n'est pas alors une mince affaire : il y règne une incertitude constante, de la panique parfois, souvent de l'angoisse. Nous sommes dans un métier de l'humain.

A l'individuel s'articule le social, sans que l'un puisse se passer de l'autre[1]. Le psychanalyste rejoint le sociologue ; le sociologue ne peut le rejeter. Un enseignant a un prénom et des états d'âme, avons-nous dit, mais aussi une fonction qu'il exerce dans une institution, une société et une culture particulières. Dès lors qu'il est porteur de l'institution, il ne peut sc passer de comprendre les rouages d'une organisation, d'y repérer sa marge de manœuvre, ne serait-ce que pour mesurer l'espace de créativité qu'il peut s'approprier s'il ne cède pas au discours leurrant d'une totale détermination.

Tout le monde s'accorde aussi sur le fait que l'école participe à la construction du lien social. Rouage d'une société dont elle transmet les valeurs, elle a cependant comme mission de travailler sur ce qui n'est pas encore. Un enseignant aurait à renoncer constamment à ce qui l'a formé pour advenir là où il n'a pas encore de repères. D'autre part, on y tra-

1. Voir les travaux de Philippe Perrenoud.

vaille avec des groupes susceptibles d'être transformés en communautés. Des règles de vie sont nécessaires. Il y a du pouvoir en jeu. Si on n'y prend pas garde, l'épreuve de force risque de court-circuiter la transmission du Savoir ; et de manquer cet apprentissage primordial : comment peut-on se donner des lois de vie pour s'entendre ? La violence, le rejet, le racisme grèvent le rapport à l'autre : à l'école on s'y confronte à chaque seconde.

Permettre à un autre de s'approprier les savoirs constitués, tel est l'objectif de cette profession, ce qui la distingue des autres métiers de l'humain. La didactique occupe ce champ non contesté. Généralement, le clivage entre intelligence et affect est bien ancré. L'accès au savoir se moque pourtant des frontières théoriques. Il dépend aussi des relations tissées, des triangulations difficiles, des déplacements de culture et d'identité. L'échec scolaire est l'un problème prioritaire, il convoque à inventer et comprendre comment et pourquoi, pour lui ou elle, il s'est fabriqué ; à s'interroger sur le désir d'apprendre, et par quelle voie accompagner chacun dans la singularité de son rapport au Savoir.

Le mot de « complexité » qualifie ce métier. Ce mot, devenu à la mode, a perdu de son acuité. Un article d'Edgar Morin[1] en avait tracé les avenues pour les sciences humaines. Malgré l'engouement récent pour ce mot, je le maintiens pour définir ce métier. Aucune théorie, aucun regard ne l'embrasse et ne peut prétendre le réduire à sa seule approche. Ni les cognitivistes ni les sociologues, psychologues, pédagogues, psychanalystes ne peuvent prétendre couvrir à eux seuls le terrain de l'enseignement et de l'éducation. Toute convergence sur une seule approche est dès lors aventureuse et porteuse d'effets pervers. Parler de complexité n'est pas refuser le découpage, et mettre tout dans tout ; c'est reconnaître l'importance de l'articulation entre ce qui fut

1. E. Morin, Le défi de la complexité, *Lettres internationales*, n° 12, 1987.

découpé. C'est forcer chacune des sciences humaines à relativiser son approche ; à consentir d'être interpellée et dérangée par d'autres abords ; à souffrir d'en être marquée et d'en dévoiler les inscriptions.

« *A priori* »

« Il y a des moments dans la vie où la question de savoir si on peut penser autrement qu'on ne pense et percevoir autrement qu'on ne voit est indispensable pour continuer à regarder ou à réfléchir »[1], écrit Michel Foucault. Le métier d'enseigner est traversé par des *themata* obsessionnels, c'est-à-dire par des conflits qui ne cessent de se répéter. Pour les repérer, rien de mieux que de considérer la succession des batailles théoriques, comprendre ce qui les unit ou différencie ; entendre les propos qui ne cessent de revenir à quelques années de distance. Nous frémissons parfois, c'est comme si tout était voué à un éternel recommencement, certes en un langage différent, mais qui, dans le fond, atteste d'une identité obsédante. Lorsqu'il y a répétition, les psychanalystes y décèlent un élément qui, refoulé, n'a pas pu accéder à une symbolisation : un même qui nous entraîne inévitablement vers une pauvreté, enchaînés que nous sommes dans un travail de Sysiphe.

Le terrain de l'enscignement n'échappe pas à la résurgence de batailles, au face-à-face des tenants de telle ou telle position. Cette dualité figée a été dénoncée, car penser de la sorte c'est tomber dans le piège d'une confrontation imaginaire, sans tierce sortie. Nous connaissons ces duels entre deux éléments. Il s'agit de l'instruction et de l'éducation ; du savoir et de la relation ; de la raison et de l'intuition ; de la technique et de l'amour ; du social et du sujet individuel ; de l'intellect et du cœur... Ils émanent de deux antagonismes

1. M. Foucault, *La volonté de savoir* (*Histoire de la sexualité*, I), Paris, Gallimard, 1976, p. 14.

plus fondamentaux : cœur et raison ; sujet et social. Tantôt l'un tantôt l'autre rêve de s'imposer. Nous aboutissons sûrement à une impasse : puisqu'il y a simplification de la réalité, il ne peut résulter de gagnant définitif. Un jour ou l'autre, l'adversaire refait surface et l'emporte. L'aller et retour est incessant. Il est évident que, pour reconnaître cette complexité où les deux termes sont intimement intriqués, nous devons nous extraire d'un tel dualisme. Travailler dans l'affect retentit au plan cognitif ; travailler dans le cognitif se répercute dans l'affect. Il importe donc de penser autrement, entretenir une dialectique, une structure dialogique entre les positions antagonistes. L'avenir appartient à leur articulation, à leur présence contradictoire, et non dans le choix de l'un et l'exclusion de l'autre, dans une succession infinie.

Une remarque d'ordre historique s'impose : ce qui était débat philosophique est devenu, au fil des années, débat d'experts. Avec la constitution des disciplines des sciences humaines, des chercheurs se sont identifiés à l'une ou l'autre orientation ; s'y sont taillés un champ de compétences et entretiennent avec leur objet un rapport d'exclusivité. La « scientification » n'a pas forcément éclairé le débat. Elle nous engage même dans une difficulté supplémentaire, puisqu'il ne s'agit plus tellement d'un conflit d'idées, mais d'une affaire de personne et de narcissisme, de territoires à sauvegarder, de pouvoir et de postes à prendre. Certains enseignants font remarquer que ce sont précisément là des querelles de théoriciens et qu'eux ne se permettent pas de tels clivages, n'actualisent de telles coupures. Ils ont raison ; mais nous ne pouvons pas non plus négliger le poids des discours sur leur pratique, ni l'attrait que recèle pour chacun toute simplification.

Si beaucoup de scientifiques révisent, par eux-mêmes, leur position et relativisent ainsi leur approche, il revient cependant aux philosophes et aux historiens de pointer les impasses, de dénoncer les schématisations et de désigner les *themata*. Non qu'il faille offrir à la philosophie un rôle de critique dévalorisante ou de possible discours totalisant, mais celle-ci — comme probablement la psychanalyse — introduit chacun dans une réflexion quant à son geste, exige de lui qu'il interroge ses *a priori.*

Antagonismes

On s'accorde ainsi sur le fait qu'enseigner vise à transmettre un savoir ; qu'instruire l'enfant, c'est lui apprendre à lire et à écrire, à développer son intelligence, à grandir en savoir, à s'approprier ce que les générations avant lui ont accumulé. « Instruire », telle est la consigne que chaque plan d'études, que chaque projet de loi met en avant. Personne ne songe à la remettre en question. A y regarder de près, on se préoccupe beaucoup des programmes, de leur agencement dans le temps, des matières, de la didactique et de la méthodologie, en un mot du contenu.

Le savoir se transmet, rien à redire à cela. Un truisme. Mais se suffit-il à lui-même ? Est-il donnée première et dernière ? Nous le savons, grandir n'advient que si l'humain est en relation avec un autre semblable ; il se perd s'il n'y a pas un autre humain pour l'accompagner. Ce qu'il y a de plus puissant dans la guérison pour un homme, c'est un autre homme. Ce qui vaut pour guérir vaut-il pour instruire ? La question est posée : le métier d'enseigner est-il au nombre des « métiers de l'humain » ? A consulter une certaine littérature, on pourrait en douter. Pourtant même si un enseignant souhaite être réduit à un « pur savoir », il ne peut s'empêcher de parler. Parlant il se présente comme sujet s'adressant à un autre sujet, il s'expose dans le même temps qu'il prend son objet dans ses rets.

L'autre est un enfant, un élève, assigné à une chaise par la société. Pour apprendre. L'adulte espère que cet enfant-là sera d'abord intelligence ; un petit de lui-même, un être essentiellement « rationnel », et donc, par un tour de passe-passe, « raisonnablement » bon. S'obstine la nostalgie d'un être de raison identifié à son objet de savoir, tourné vers un autre être de raison tendu tout entier vers l'apprendre, vers l'acquisition d'une logique sans faille. Et par plus d'un détour, on entretient un schéma qu'à chaque instant, cependant, des variables inconnues, non prévues, viennent déranger.

Certains bercent, pour les générations futures, le rêve de l'avènement d'un homme logique, scientifique jusque dans les problèmes relevant de son intimité et de sa relation avec les autres. La société technicienne n'a cependant pas résolu le problème intérieur de l'homme[1]. Sa souffrance ne lui vient pas de son entendement, mais de sa relation à lui-même et aux autres. Creuset de sa folie, cette autre scène l'est aussi de sa création, de son art. L'homme ne se réduit pas à sa raison, laquelle échoue à le gouverner.

Il n'y a ainsi pas plus de savoir désincarné que d'être sans savoir. Toute transmission de savoir se soutient d'une relation entre êtres humains. Qu'un élève-sujet y interpelle un enseignant-sujet, qui pourrait le nier ? Bien évidemment, la situation d'enseignement n'est plus le tutorat d'antan. Mais vingt ou quarante enfants ne suffisent pas à escamoter la part qu'on prend dans une classe en tant que personne, ni ce qui se tisse entre nous et eux. C'est dire qu'il ne peut être question d'avoir à choisir entre le savoir ou la relation, entre l'intelligence et le cœur. Or, dans l'espace de l'enseignement, on semble ne penser qu'en opposant le sentiment à l'intelligence, ... la bête à l'ange. On assiste, selon les modes, à des clivages qui mettront l'accent sur l'un et croiront pouvoir ignorer l'autre. Les excès commis font réapparaître ce qui est dénié, qui vient prendre toute la place, et on revient à la case départ ! L'instruction l'emporte un temps, puis on dénonce pareille centralisation pour miser sur la relation. A chaque nouvelle crise on suggère, qu'il « vaudrait la peine d'essayer d'atténuer le mal »[2]... ; ou

1. R. Chevalier, Sortir du XXe siècle, *Lettres internationales,* n° 12, 1987.

2. O. Mannoni, Sur la pédagogie de l'enseignement secondaire, *Psyché,* n° 47, 1950, p. 690.

« qu'il est impossible d'accepter, à l'école, pareil clivage »[1]. A chaque fois, il est quelqu'un pour professer que l'idéal voudrait que l'un et l'autre soient maintenus.

Qu'est-ce qui insiste à ce point pour qu'on revienne toujours à un pareil partage, alors même que dans la pratique on sait que ça ne tient pas ; que même le technocrate du savoir s'engage dans la relation, au titre même de son aveuglement ? On le sait, tendre à maîtriser le savoir quand l'autre accule à la perplexité, est une manière de s'en protéger. Tandis qu'avancer dans le savoir comporte une certaine sécurité, rencontrer Charlotte ou Alaric dévoile, force à les reconnaître à partir de qui on est. Plus de garde-fou, l'autre démasque vos cachotteries ; il ne plie pas à votre volonté. C'est que la relation humaine est porteuse de doutes, d'incompréhensions, de rapports de pouvoir, de violences, de séductions ; elle provoque, interpelle, fait éclater toute neutralité, entraîne vers des tensions psychiques et des angoisses. Le « savoir et la méthode » sont plus commodes ; ils peuvent servir d'abri et d'alibi. Posséder un objet de savoir[2] est rassurant ; accepter que j'y suis pour quelque chose face à l'autre humain l'est moins. Les maintenir l'un et l'autre tient en effet de la gageure.

D'autres soutiennent qu'ils sont là au titre de commis de l'institution scolaire, d'agents de sélection, que leur liberté est réduite, leur marge de manœuvre infime, qu'ils doivent se plier aux programmes, aux ordres venus « d'en haut », aux statistiques, à la courbe de Gauss... Il y aurait des contraintes telles que rien d'autre ne peut intervenir et que, face à l'inhumanité de la machine scolaire, mieux vaut éviter de s'interroger sur l'impact de ses paroles et de ses gestes. Pour survivre et n'être pas rongé de culpabilité, il ne resterait plus qu'à obéir, être l'agent rationnel. Pris dans l'engrenage d'une

1. M. de Certeau, *La culture au pluriel,* Paris, « 10/18 », 1973, p. 146, 147.
2. O. Mannoni, Sur la pédagogie de l'enseignement secondaire, *op. cit.*

organisation, un enseignant aurait ainsi à gagner à ne pas entendre qu'il s'adresse à un autre être humain. L'un de ses réflexes de défense serait de se protéger pour n'être pas meurtri soi-même. Les dénégations fleurissent, les replis sur les techniques se multiplient et la fonction s'érige en bouclier. Et c'est bien ainsi que naît la violence entre les humains, une telle annulation de l'autre entraînant des passages à l'acte sans même qu'on en aie conscience.

Si ça ne cesse de se répéter, il y a des raisons qu'il ne sert à rien de négliger, sous peine d'angélisme. Je ne sais vraiment pas si, un jour, nous serons à même d'y mettre fin.

2. RÉPÉTITIVES RÉSISTANCES

Dans un métier où l'incertitude n'est pas tuée par des affirmations bétonnées, dans un métier où le doute n'est pas expulsé par des simplifications trop rapides, le savoir construit par les sciences humaines peut faire figure, au lointain, de la sécurité qui manque. Un enseignant l'espère au bout d'un parcours livresque qui le délivrerait de ses errances. Savoir idéalisé, qui renforcerait sa maîtrise et sa compétence, et lui donnerait quelques beaux succès, avec l'espoir d'une base certaine où pouvoir travailler avec des filets. « D'autres savent, je peux m'approprier leur savoir et n'être plus dans mon ignorance. » Mieux cerner, mieux appréhender les difficultés, avoir des outils, être appareillé.

Un enseignant le cherche ce savoir, mis en mouvement par l'urgence et son implication dans une pratique quotidienne. Lorsque cela se passe bien, la confrontation aux théories le « déplace ». Ce qu'il lit l'aide à avancer, à mettre des mots, à se sentir différent. Une compréhension s'est produite. Cette réflexion lui a permis de reconnaître ce qui avait fonctionné en méconnaissance. Sa question le fait vivre professionnellement. Peu à peu il perd même l'illusion que les théories seront à même de tout résoudre. Il n'en espère plus d'application, ni de généralisation, mais a la certitude intérieure d'un changement.

Lorsque cela se passe mal, un autre couplet surgit, celui du rejet de l'enseignement de certains théoriciens. « Les théories, c'est bien joli, mais en pratique on pare au plus urgent. » Le choc est rude, passionné. Ce n'est pas ça. Déçu, on interroge le formateur sur l'assurance de son savoir, sa manière de n'en être point distant. On est agacé par cette théorie qui n'est pas directement utilisable. Gargarisme des mots. Pas une seule théorie n'est d'ailleurs cohérente, elles sont contradictoires. C'est à la diversité qu'on est livré. Il y a multitude d'hypothèses, il y a batailles de théoriciens. Qu'ont-ils donc à apporter, les dits théoriciens, œuvrant sur la scène universitaire ou de la formation ? Ils n'ont pas l'air d'entendre que ses quotidiennetés sont plus prosaïques, confrontées à l'urgence, aux joutes épuisantes, au grand nombre d'enfants ! Les discours qu'ils prononcent ne tiennent pas face à cette réalité journalière. Ce métier exigerait de l'intuition, du *feeling,* toutes choses bien peu scientifiques. « Je ne suis pas un chercheur, et ne désire pas l'être. Ils me culpabilisent de ne pas m'y prendre comme il faudrait, mais s'y débrouilleraient-ils mieux à ma place ? », se plaint un « praticien ». Tenir des discours, il peut d'ailleurs aussi le faire ; agir est une autre question. Quelle place lui laissent-ils en effet ? Applicateur de leurs théories, suiveur de leurs hypothèses ?...

A l'origine d'un malentendu

En 1912 est fondé, à Genève, un « Institut Jean-Jacques-Rousseau » ; les initiateurs en sont des « savants »[1]. Ils veulent donner à l'enseignement une base scientifique, une assise

1. Edouard Claparède, Pierre Bovet, Adolphe Ferrière, Charles Baudouin, Jean Piaget, parmi les premiers.

sérieuse, objective. En un mot, introduire les enseignants au savoir de la science. Du côté des praticiens, l'entreprise engendre des espérances : « Ces savants vont être en mesure d'améliorer notre pratique, de nous faire connaître les ressorts de nos actes ; en comprenant mieux, nous exercerons notre métier, avec davantage d'assurance et de justesse. » La philosophie, en ce temps-là, avait déjà apporté quelques repères, émis des propositions, rattaché les enseignants à quelque grand nom. Les sciences humaines, nouvellement créées, avaient à cœur de se singulariser pour ancrer objectivement leurs judicieuses hypothèses. On avait donc raison d'espérer, même si quelques-uns en étaient à se méfier, dès le départ.

Consulter l'histoire du mouvement des instituteurs genevois au sein même de l'Institut Jean-Jacques-Rousseau, c'est déceler ces phases d'enthousiasme, d'espoir et de soutien, auxquelles succèdent des retraits sur des positions anti-intellectualistes. Le dialogue s'est parfois transformé en colloques grevés de malentendus. Chacun dans sa sphère, chacun avec son langage ; l'un demande comment s'y prendre, en espérant qu'un autre plus savant le lui dira ; lequel s'en tient à sa théorie, parle à travers ses concepts, professe que c'est plus compliqué qu'il n'y paraît, qu'on ne peut raisonner sur du particulier, mais qu'il y a à apprendre, et à tendre vers plus d'objectivité.

Il y eut donc, chez certains praticiens, de l'espérance ; et chez d'autres, pas mal de « résistance ». Le mot est lâché, souvent connoté négativement comme le signe de quelque arrière-fond réactionnaire. Habituellement, la résistance qu'on pointe chez l'autre s'assortit d'un rejet dès lors qu'il ne souscrit pas à ce qui est proposé. C'est lui qui a tort, qui ne comprend pas ; il est particulièrement stupide, rétif ou conservateur. La résistance de l'un met l'autre en situation d'impuissance, qui l'assimile à de la désobéissance. La relation se transforme en champ de bataille où se croisent les jugements et s'élèvent les doléances. On peut alors vouloir forcer, exiger, et souvent cela se solde par une crispation mutuelle. Chacun s'enferme dans son raisonnement, et l'on se déteste cordialement. A camper ainsi sur leurs positions respectives, les antagonistes ne s'autorisent aucune autre issue que celle d'une répétition de la scène. Entre les praticiens et les théoriciens, on assiste fréquemment à de tels face-à-face stériles.

La psychanalyse peut aider à nous déplacer. La résistance n'est nullement une réalité négative, elle a son intelligence, elle représente un défi pour la pensée. Freud met très tôt à jour ce mécanisme, reconnaissant qu'un sujet avait raison de regimber. Il se rendit, par exemple, compte que la technique de l'hypnose et de la suggestion provoque des résistances chez le patient. Aussi l'abandonne-t-il. Une résistance peut indiquer que la situation dans laquelle on a été mis est inadéquate ; la « réaction » est donc saine. Freud fut ensuite confronté aux résistances opposées par un analysant à tel ou tel élément de son histoire. Comment lever l'obstacle ? S'y attaquer ? Rien de plus destructeur : la résistance n'est ni à forcer, ni à suggestionner, ni même à interpréter, mais à entendre. On ne fait que la renforcer en s'y attaquant de front. Au psychanalyste d'accepter qu'un patient ne peut progresser plus vite et plus avant. Et d'apprendre que la résistance du patient, c'est d'abord la sienne, qu'elle le concerne en premier lieu, qu'il lui revient de l'interroger au lieu de s'en décharger. Les résistances indiquent donc à chaque fois qu'on touche à quelque chose de sensible, d'intolérable, que le moi est mis en danger.

La résistance serait dès lors à concevoir comme un élément dynamique ; ce que corroborent certains philosophes. « Espérer, c'est résister »[1], écrit Max Frisch ; il est des résistances, des inadaptations qui ont grande valeur humaine. Alors, au lieu de récriminer, soyons reconnaissants à l'autre

1. M. Frisch, Espérer, c'est résister, *Lettres internationales,* n° 10, 1986.

de nous indiquer ce qui n'a pas encore été entendu. Cette conception psychanalytique de la résistance n'explique pas tout : elle laisse notamment de côté les conséquences des oppositions de statuts, des jeux de pouvoir. Elle a pourtant l'avantage de nous inviter à interroger la résistance des gens du « métier » et à entendre précisément en quoi elle opère. Et si l'exercice ne vise qu'à produire des hypothèses, il a néanmoins le mérite de dépasser l'habituel face-à-face.

Irrationnel fondé

Dans son pamphlet intitulé *Sisyphe ou les limites de l'éducation,* Siegfried Bernfeld écrit en 1925 : « Des forces considérables s'opposent à la création d'une science de l'éducation. La langue elle-même n'a pas de mot spécifiquement conçu pour la désigner ; en tout cas, il est certain que l'opinion publique n'est pas prête à penser scientifiquement. »[1] En charge d'une maison de cure à Malévoz, en Valais, le psychanalyste André Répond déclare à son tour peu d'années après : « En théorie, pour être parfaite, l'éducation devrait être l'application ferme, raisonnable, intellectuelle, systématique d'un plan qui tiendrait compte des prédispositions de l'enfant et du but à atteindre. De nombreux ouvrages ont été écrits sur cette matière mais leur utilité a été nulle. C'est que, en effet, ils ont surestimé à un point extrême les facteurs intellectuels de l'éducation, c'est-à-dire qu'ils ont fait de celle-ci une œuvre avant tout de l'intelligence, alors qu'au contraire elle est essentiellement affaire d'affectivité et d'instincts. Or qui dit sentiments prédominants, dit irrationalité, dit encore force aveugle, peu ou pas soumise à la correction de la raison et parfois même soustraite complètement à sa connaissance. »[2]

1. S. Bernfeld, *Sisyphe ou les limites de l'éducation,* Paris, Payot, 1975, p. 12, 16, 34.
2. A. Répond, Les difficultés de l'éducation et des éducateurs, *Les buts de l'éducation et ses difficultés,* Lausanne, Secrétariat vaudois de l'enfance, 1930, p. 11.

L'une des spécificités du métier de l'enseignement et de l'éducation résiderait donc dans la rencontre avec un enfant, qu'il soit ou non de notre chair. Or celui qui supporte l'acte d'éduquer ne se confronte pas seulement à cet enfant vivant pour lequel il formule un projet, mais aussi et surtout à l'enfant qu'il a été, au souvenir idéalisé qu'il en garde, à l'enfant « refoulé » qui lui souffle la majorité de ses réactions. Lorsqu'il use de mesures ici et maintenant, celles-ci s'ancreraient davantage qu'il ne le croit dans ses propres besoins pulsionnels, bien qu'il les justifie souvent par des rationalisations. Le lien éducatif ne serait jamais exempt de projections imaginaires, d'illusions et de démesures ; y régneraient, souverains, les compulsions inconscientes et les désirs insatisfaits, une histoire masquée qui ne cesse de se répéter ; toutes les fausses raisons, et le jeu de l'amour et de la haine, ces violences qui ne disent pas leur nom. L'autre-enfant réveillerait dans la rencontre non pas l'esprit scientifique, mais les forces inconscientes. Qui s'y hasarde s'expose à s'y brûler et pourrait bien s'y épuiser. Comme le rêve, le rapport à l'enfant convoque des forces souterraines. La subjectivité dont dépend l'acte d'éduquer serait bel et bien l'un des bastions de la résistance à une connaissance de la réalité. Elle rendrait d'autant plus compréhensible le fait qu'un vœu de logique et qu'un amour de la vérité soient si malaisés à préserver.

Telle est la première hypothèse : face à l'humain, il est difficile de penser « rationnellement », d'où les heurts avec ceux qui exhortent à une approche scientifique ; d'où les résistances évoquées dans ce métier-là qui a l'être humain comme objet et comme projet. Cela signifie-t-il qu'aucune objectivité ne pourra jamais advenir ? Certainement pas. Il doit bien exister une manière de penser l'irrationnel, un processus pour produire du savoir dans une telle implication.

Praxis commune

La résistance des « praticiens » ne relève cependant pas d'une seule réponse. J'ai découvert, à la lecture d'un ouvrage de Geneviève Delbos et Paul Jorion[1], que le métier d'enseignant n'est pas le seul à s'opposer à la classique approche scientifique. Le choc résulterait de la rencontre entre une *praxis* quelle qu'elle soit, et une approche scientifique.

Plus d'un auteur actuel[2] traite de la praxis. Il en existe plusieurs définitions et approches, je retiendrai celle de Castoriadis : « Nous appelons praxis ce faire dans lequel l'autre ou les autres sont visés comme êtres autonomes et considérés comme l'agent essentiel du développement de leur propre autonomie ». Et d'ajouter : « La vraie politique, la vraie pédagogie, la vraie médecine, pour autant qu'elles ont jamais existé, appartiennent à la praxis. »[3] Comment la définir en terme simple ? Michel de Certeau en parle comme d'un « art de faire ». Son exercice renvoie à une personne : donnée première et incontournable. C'est-à-dire que l'on ne peut penser une praxis en faisant l'impasse sur les humeurs, l'histoire, les sentiments, les difficultés, le style, les connaissances, les croyances, les attaches sociales, les déterminations historiques, etc., de celle ou celui qui l'exerce. Une praxis travaille ensuite toujours dans la singularité. Ainsi dans l'enseignement : « Ma rencontre avec Lena autour d'un problème mathématique n'est pas la même que celle avec France sur le même problème. Ma relation à Walter n'a rien à voir avec celle de ma collègue

1. G. Delbos, P. Jorion, *La transmission des savoirs*, Paris, Ed. de la Maison de l'homme, 1984.

2. Voir les travaux de Jacques Ardoino, Cornelius Castoriadis, Michel de Certeau. Et en particulier de Francis Imbert, *Pour une praxis pédagogique*, Vigneux, Matrice, 1985.

3. C. Castoriadis, *L'institution imaginaire de la société*, Paris, Seuil, 1975, p. 103.

avec ce même Walter. Et l'instant présent est toujours nouveau, même si j'éprouve un sentiment de “déjà vu”. » On n'y serait jamais dans du « général », mais pris dans un réseau de particularités qui dépendent de la complexité des éléments en jeu et de leur combinaison. La complexité en est donc l'une des caractéristiques. S'y conjuguent une multitude de facteurs qui donnent son caractère propre à l'acte de l'instant. « Ainsi dans ma réponse à Jean-Marie, interviennent tout à la fois ce que je suis, mon histoire ainsi que mon humeur liée à la situation actuelle, à des contingences externes ; jouent aussi ce que je comprends de cet enfant, ce à quoi je rattache mon système explicatif. Et puis, il y a les autres, la classe, son fonctionnement, le jour particulier où cela advient et ce qui s'est passé sans que je le sache à la récréation. S'y inscrivent encore la saison, le jour de la semaine, l'heure de la journée, le degré de fatigue des uns et des autres. Sans oublier mon rapport à cet enfant en relation avec les autres, avec sa place dans la communauté ; ma relation à sa mère et son père, le décalage entre ma culture et la sienne, la manière dont nous investissons l'un et l'autre le problème qui nous réunit ; mon indifférence ou ma sensibilité à son physique, à sa manière de s'habiller... Et réciproquement. » Influences multiples qui touchent tous les domaines des sciences humaines : la sociologie, la psychologie, la cognition, le politique, etc. Retenir qu'un seul élément condamne à rater le coche ou biaiser la situation. Une praxis serait donc obligée de se confronter à cette complexité pour penser son acte. Elle est dès lors aussi un art de l'instant, dans la mesure où cela se passe dans l'*hic et nunc* : on ne peut attendre le lendemain ; le geste est de l'ordre de l'urgence. La vivance de la situation exige que l'on soit rivé à l'actualité.

Quelle intelligence requiert une praxis ? Une chose serait certaine, elle n'obéit pas à une logique hypothético-déductive. L'intelligence de l'instant, de la singularité et de la complexité, est une intelligence particulière : celle du désordre.

C'est à la *metis* grecque[1], cette intelligence rusée, qu'il faudrait nous reporter. Mode particulier de connaître, elle implique « un ensemble complexe, mais très cohérent, d'attitudes mentales, de comportements intellectuels qui combinent, écrivent Jean-Pierre Detienne et Marcel Vernant, le flair, la sagacité, la prévision, la souplesse d'esprit, la feinte, la débrouillardise, l'attention vigilante, le sens de l'opportunité, des habiletés diverses, une expérience longuement acquise ». Une telle intelligence s'applique à des « réalités fugaces, mouvantes, déconcertantes et ambiguës qui ne se prêtent ni à la mesure précise, ni au calcul exact, ni au raisonnement rigoureux »[2]. Elle était le guide de tous ceux au temps des Grecs qui, de l'aurige au politique, du forgeron à l'orateur, du pilote au chasseur, au sophiste, au charpentier, au stratège ou au médecin, sont aux prises avec une réalité fuyante et mobile, exigeant « la justesse et la sûreté du coup d'œil », une « finesse de l'esprit » : un « art de mesure fugitive », ponctuel, où l'on ne réussit que par la ruse, où l'on saisit l'occasion avant qu'elle ait filé. Comme si ce « savoir-faire » était indissolublement lié à un temps accidenté, toujours réponse singulière faite au bon moment ; comme s'il était un art de la mémoire qui développerait « l'aptitude à être toujours dans le lieu de l'autre, mais sans le posséder, et à tirer parti de cette altération mais sans s'y perdre »[3].

Ainsi en va-t-il pour le récolteur de sel, ce paludier qui parle au détour de l'ouvrage de Delbos et Jorion, là-bas sur une côte bretonne. Lorsqu'il évoque sa pratique, c'est un « savoir-y-faire » qu'il évoque où il tente de ne « pas se laisser avoir », d' « être à l'affût du bon coup ». Aux pourquoi, quand, comment... il répond par des « ça dépend » et

1. M. Detienne, J.-P. Vernant, *Les ruses de l'intelligence, la métis des Grecs*, Paris, Flammarion, 1974.
2. *Ibid.*, p. 9-10, 295, 297, 300.
3. M. de Certeau, *L'invention du quotidien*, Paris, « 10/18 », 1980, p. 141-142, 163.

convient qu'il recourt toujours à quelque truc, tout en sachant que son « application est circonscrite à un cas singulier ». Il ne cache pas qu'il doit « parler à ses marais », faute de quoi ils pourraient ne pas lui donner ce qu'il en attend. Lui, le paludier, ne semble pas permettre qu'on l'écarte : il est là, avec ses humeurs, ses sympathies et ses antipathies : « Mettez les hommes entre parenthèses et ils vous rappelleront leur existence vous laissant un souvenir cuisant de cet oubli. » Face à la réalité faite d'eau et de sel, de ciel et de sable, « il n'est pas concevable qu'il mobilise en permanence toute son attention sur le réel dans son entière complexité ». Alors, il ne « prévoit, ni n'interprète, ni n'analyse, mais se contente de coller au donné vécu, de coïncider à tout instant avec le monde dans son flux essentiel » ! A l'entendre, « le savoir est toujours simple lecture. “Ça se voit” ». Il se passe aisément de la cause et de ses conséquences, ces « enfants de l'explication » et se guide à bien d'autres signes. Il travaille inlassablement dans l'incertitude. La visite de son marais reste le seul moyen dont il dispose pour percevoir l' « aléatoire, l'imprévisible, dès qu'il se manifeste afin de pouvoir éventuellement prendre une décision »[1].

Ainsi en va-t-il aussi d'un enseignant. Et chacun, dans son métier, de se heurter alors à ceux qui ont une certaine conception de la vérité et de la science, de ce qui est raisonnable et mesurable. Il faut admettre qu'un certain projet de la science est bel et bien à l'opposé de « l'intelligence de l'instant ». Etre dans la science, c'est habituellement croire pouvoir taire sa subjectivité pour asseoir une objectivité ; c'est penser dans une a-temporalité. Deux intelligences différentes s'opposent, celle du désordre et celle de l'ordre. Il serait vain de vouloir hiérarchiser ces intelligences : chacune est adaptée aux situations qu'elle tente de réguler. Or des théoriciens ont longtemps demandé aux praticiens de fonctionner comme

1. G. Delbos, P. Jorion, *op. cit.*, p. 147, 161, 162, 166, 178, 187, 196, 214.

eux, c'est-à-dire dans une objectivité excluant toute subjectivité, dans la loi et la généralité, avec pour tout secours un raisonnement causaliste et explicatif. Alors que dans la pratique règne une inéluctable contingence, ils les ont enjoints de s'appuyer sur des certitudes. Les frictions entre les deux métiers ont souvent trouvé leur origine dans la méconnaissance, chez des théoriciens, des particularités d'une pratique, et dans leur volonté de transformer les praticiens à leur image. Certains, devenus les raisonneurs expérimentalistes que l'on souhaitait, ont perdu leur authenticité, leur intuition, leur spontanéité, cette finesse de contact si importante pour s'y repérer ; ils se sont égarés à vouloir se raccrocher aux théories pour les appliquer consciencieusement.

Les priorités des uns et des autres semblent à tel point dissemblables qu'on se demande qui mettra fin à leur incompréhension chronique faite de désenchantements réciproques. Comment faire cesser le malentendu : pour des théoriciens, prendre en compte les justes résistances provoquées ; pour des praticiens, pouvoir sortir d'eux-mêmes afin de se confronter aux connaissances accumulées depuis le début du siècle ? L'un et l'autre ont à opérer des changements pour dépasser leur vieille opposition[1]. Une évolution conséquente a déjà eu lieu, de part et d'autre. Les gens du métier n'ont plus aussi peur de se confronter à ce qui souvent les dérange. Et les sciences humaines s'étant interrogées sur certains de leurs postulats scientifiques, aidées en cela — et même à leur corps défendant — par l'approche psychanalytique, ne sont plus si éloignées de la pratique théorique exigée par une praxis. Car une praxis a besoin d'une théorie, c'est même là son principal problème. Elle n'y tourne pas le dos. Elle s'appuie sur un savoir, « mais celui-ci est toujours fragmentaire et provisoire »[2].

1. W. James, *Causeries pédagogiques*, Paris, Payot, 1934.
2. C. Castoriadis, *L'institution imaginaire de la société, op. cit.*, p. 104.

CHAPITRE XII

Histoires savantes

Les théoriciens opèrent comme si la science allait de soi, ne partagent que très peu leurs préoccupations, leurs difficultés, leur pratique de scientifique. Et ils s'étonnent qu'on les rejette. Ce serait pourtant à eux de dévoiler les dessous de leur passion, les règles de leur jeu, les présupposés de leur démarche. C'est à ce prix que la science peut espérer n'être pas repoussée purement et simplement sur de faux motifs.

1. GESTUALITÉ SCIENTIFIQUE

Pour comprendre le pari de notre science contemporaine, peut-être faut-il revenir aux temps et aux pratiques de sociétés que l'on nomme : « sociétés primitives ». On y voit des Anciens — des Sages — qui ont le « pouvoir » de raconter des histoires qui donnent du sens à l'existence. Chacun a besoin, pour vivre, de comprendre ce qu'il fait sur cette terre, dans ce peuple ; de savoir comment expliquer le soleil et les pluies : la société où chacun vit est en quelque sorte responsable du sens octroyé. Il existe ainsi des histoires explicatives appelées mythes, récits où des Dieux et des hommes créent un ordre dans le désordre du monde. La vie, la mort, la naissance, la fécondation, le malheur, les interdits, la punition liée à la transgression s'y trouvent intégrés. Ordre intérieur, ordre et désordre extérieurs, rythmes des saisons et récolte de la nourriture, ennemis ou amis... ainsi s'égrènent les représentations qu'un peuple se donne pour n'être pas saisi par l'angoisse de l'inconnu. Ces récits oraux, ces paroles tissent un réseau signifiant auquel chacun se réfère, où chacun se trouve déterminé à sa place. Dans son désarroi, l'humain y trouve son compte. La structure du récit lui laisse peu de liberté, il ne peut être autre chose que ce pour quoi il est promis, qu'il peut lire dans le ciel ou sur les tables du destin. L'homme se meut au cœur d'un symbolique qui l'aide à vivre.

Dans notre Occident, en cette fin du XXe siècle, les grands mythes explicatifs se sont effondrés et les idéologies pourvoyeuses de sens ont disparu. Une passion, celle du savoir et du connaître, a pris leur place. Mais la science ne fournit pas « le sens de toute chose », elle n'a pas les mêmes vertus que les mythes, ne donne pas à l'homme les repères qui lui manquent et qui sont indispensables à sa survie. Il faut abandonner le rêve d'une science qui ordonnerait le sens de notre quotidienneté. Il est des circonstances où c'est folie de ne croire qu'en la Raison[1]. L'humain est dès lors renvoyé à sa propre pensée, à la production d'un sens qui lui appartient, à sa responsabilité, avec, toujours à l'horizon, la menace qu'y rechignant il en appelle à une idéologie ou à un homme qui pense pour lui. Nous savons où cela mène. Il lui reste à construire à partir de la symbolique qui est la sienne, dans une responsabilité qui lui revient, et dont Emmanuel Levinas affirme qu'elle « est ce qui exclusivement m'incombe et que, humainement, je ne peux refuser »[2]. On ne peut demander à la science de nous en délivrer.

1. E. Morin, Le défi de la complexité, *Lettres internationales*, n° 12, 1987, p. 7.
2. E. Levinas, *Ethique et infini*, Paris, Fayard, 1986, p. 97.

Mode d'emploi

Quel est alors le pari de la science ? Quels moyens la passion de connaître s'est-elle donnée pour aboutir ? Comment construit-elle ce qu'elle produit ?

En premier lieu, il y a la fragmentation de l'objet à connaître. Si le mythe est vue d'ensemble, l'approche scientifique ne s'exerce que sur une partie de l'objet nature ou de l'objet humain. Le découpage est le prélude inévitable à la construction d'une science. Pour la nature, ce sera la géologie, la physique, l'astronomie, etc. Pour le sujet humain : son corps, son sexe, sa parole, son intelligence, son être social, son inconscient... interrogés par la médecine, la psychologie, la sexologie, la psycholinguistique, la psychologie cognitive, la sociologie, la psychanalyse...

Le geste du scientifique vise ensuite à étudier un objet partiel, non à travers son appréhension subjective, mais en recourant à une méthode, à un appareillage qui garantisse l'objectivité recherchée. La méthode que se donne chaque science, les outils qu'elle construit lui permettraient de connaître le réel. Le chercheur se scotomisant et devenant interchangeable est censé ne pas influer sur les résultats obtenus. Telle est la conception drastique de la science « positiviste », inaugurée par Auguste Comte et qui prétend à l'objectivité, à l'exclusion de la subjectivité du chercheur soutenu par un appareillage neutre.

La démarche scientifique produit des résultats qui conduisent à la détermination de concepts et de lois de fonctionnement. Elle est obligée toutefois de recourir au langage, jamais tout à fait fiable, encore qu'elle tente de s'en passer par la mathématisation de ses résultats pour expulser toute équivoque susceptible de nuire à la rectitude de ses formules. Ainsi s'explique la fascination des sciences pour la mathématique qui les délivrerait de toute ambiguïté. Mais les sciences humaines aboutissent rarement à la pureté souhaitée ; elles transforment les mots qu'elles utilisent en concepts que l'on peut définir rapidement comme étant « leurs » mots, elles créent un jargon !

Que les résultats obtenus soient des vérités intangibles, des certitudes hors de tout soupçon, anhistoriques, furent l'espoir de certains scientifiques. Depuis pas mal d'années, beaucoup sont revenus à plus de modestie et de relativité. Les sciences de la nature sont convenues, par exemple, que l'objet qu'elles interrogaient n'était pas une nature inerte mais une nature vivante qui imposait au regard qui se posait sur elle de se déplacer lui aussi, les contraignant à ne pas se contenter de ses résultats présents. Nous pouvons prendre la mesure de ce que cela implique pour les sciences humaines, dont l'objet, le sujet humain, historiquement déterminé, ne cesse d'évoluer. On a reconnu aussi que la méthode et l'appareillage, qui devaient être neutres, sont nécessairement biaisés ; qu'ils influent sur les résultats et les connaissances. Impossible d'échapper à un tel impact. Ce qui est trouvé l'est immanquablement dans certaines circonstances qui conditionnent ce qui est cherché. On avait également cru éliminer le sujet chercheur au profit d'une objectivité liée au corpus de sa science. Peu à peu, on dut reconnaître qu'il intervient avec ses aveuglements mais aussi avec ses brusques dégagements créateurs, ses ruptures qui sont à l'origine de ses découvertes. Reste la fragmentation des sciences face à l'objet vivant, il s'agirait d'en accepter les limites, de rechercher les modes d'articulation et de relever le défi de la complexité. Dès lors, la notion même de vérité fut remise en cause. Il en découla une autre conception de la science : qui reconstruit, produit des modèles en constante évolution ; qui, avec son langage, dessine une fiction de réalité, toujours susceptible d'être remaniée ; qui prend ses concepts pour des hypothèses vouées à la transformation.

En sciences humaines, quelques scientifiques ont même convenu ne pas être les seuls détenteurs de la connaissance de l'humain, la partager avec les poètes, les philosophes et les romanciers. Le roman, écrit Hermann Broch, a toujours été « une impatience de la connaissance »[1]. Le scientifique semble avoir beaucoup à apprendre de la littérature[2], qui tient sa puissance de sa potentialité à saisir la particularité et la complexité des situations vivantes. Freud a, pour sa part, toujours concédé aux poètes qu'ils l'avaient devancé dans sa tâche, qu'il ne faisait que redire autrement ce qu'ils avaient déjà pressenti. Personne ne saurait briguer le monopole de la vérité. A chacun de se maintenir dans son registre, de travailler à sa dignité d'homme créateur d'avenir. Et de méditer ces mots d'Aristote : « Plus je deviens solitaire et isolé, plus j'en viens à aimer les histoires. »[3]

A la science, on ne peut donc pas demander plus qu'elle ne peut apporter : on saura qu'elle procure des repères précieux mais provisoires qui sont constamment à interroger ; qu'elle ne fournit pas de certitudes, qu'elle permet seulement de mesurer notre ignorance. En effet, plus on s'aventure dans le savoir, plus nos préjugés, nos croyances se font jour et plus nous avons, selon la formule de Michel de Certeau, à « déplacer nos questions »[4].

Rencontres

Certains chercheurs proposent aujourd'hui une conception des sciences humaines, où précisément la complexité, l'incertitude sont réintroduites. La construction d'un savoir en laboratoire est une chose, l'appréhension de la réalité vivante dans sa complexité en est une autre qui, ne pouvant pas se contenter de l'habituelle méthode hypothético-déduc-

1. H. Broch, *Création littéraire et connaissance,* Paris, Gallimard, 1985, p. 250.
2. S. Todorov, Correspondance, *Lettres internationales,* n° 12, 1987, p. 79.
3. Aristote, *Fragmenta,* éd. Rose, Tenbres, 1886, fram., p. 668, cité par M. de Certeau, *L'invention du quotidien,* Paris, « 10/18 », 1980, p. 167.
4. M. de Certeau, *Ecole et culture,* Genève, Cahier de la Section des sciences de l'éducation, FPSE, 1979.

tive, en appelle à « l'art d'utiliser les informations qui surviennent dans l'action, de les intégrer, de formuler soudain des schémas d'action et d'être apte à rassembler le maximum de certitudes pour affronter l'incertain ». Ce qui, écrit Morin, revient à « essayer de comprendre la multidimensionalité, de penser avec la singularité, avec la localité, avec la temporalité, et ne jamais oublier les totalités intégratrices »[1].

Il est étonnant de constater combien certains épistémologues des sciences humaines rejoignent sur bien des points une construction du savoir telle que la psychanalyse l'a élaborée, qui lui vaut d'être rejetée pour manque de scientificité : reconnaissance de la subjectivité ; essor d'une pensée de la singularité ; prise en compte de la dimension temporelle ; éthique de l'usage du savoir reconstruit ; affirmation de la qualité fictionnelle de tout savoir ; refus d'une fragmentation réductrice. Il est étonnant aussi de constater qu'une telle construction du savoir rejoint celle qu'exige une praxis.

La démystification de la science est œuvre salutaire. Elle libère chacun, elle l'invite à partager la passion du savoir, cette quête occidentale, tout en se méfiant de la religiosité de la science, tout en se gardant de vouloir l'ériger en totalité, débarrassée de toute contradiction. La science est démocratique et doit le demeurer. Que les chercheurs ne soient pas d'accord entre eux empêche la mainmise d'une science unique et permet d'échapper à un totalitarisme d'autant plus grave qu'il se ferait au nom de la Raison. Il est donc extrêmement important pour chaque chercheur de relativiser son objet, d'en définir les limites, de n'être pas aveuglé par sa propre discipline, de chercher les articulations, de jouer avec les frontières. Henri Atlan[2] montre que psychanalyse et biologie, apparemment opposées, peuvent s'articuler ; que sujet psychique et sujet social s'affrontent et se conjuguent ; que

1. E. Morin, Le défi de la complexité, *op. cit.*, p. 7.
2. H. Atlan, *A tort et à raison*, Paris, Seuil, 1986.

l'inconscient — ombre parmi les ombres — se manifeste dans d'autres champs que celui que scrute la psychanalyse.

C'est dans une intercritique que la science du futur dépassera certainement les monolithismes actuels. Peut-être en ira-t-il ainsi de l'opposition entre psychologie et sociologie, si importante pour le champ de l'éducation et de l'enseignement où la dimension sociale et individuelle ne saurait être exclue sous peine de dérives et de centration perverses. S'il y a tant d'antagonisme entre l'une et l'autre discipline, c'est qu'elles parlent du même objet, tout en voulant être les détentrices uniques de la vérité[1]. Pour produire des connaissances, chacune est partie du postulat suivant : on explique le social par le social ; le psychisme par le psychisme[2]. Tout créateur est monomaniaque, il est obligé de se restreindre s'il veut créer. Le postulat ne fut donc pas sans bénéfice. Ces deux intégrismes ne tiennent cependant pas : partout où il y a du psychisme il y a du social ; et partout où il y a du social il y a du psychisme. Une règle n'a pas le même effet sur chacun. Les mêmes règles ont comme conséquence des attitudes totalement différentes. De même, notre psychisme est inscrit dans une réalité culturelle et historique. Ce que nous sommes ne peut se réduire à des processus psychiques individuels. Il n'y a pas de sujet solitaire dans notre société, donc l'hypothèse d'une psyché déconnectée du social est aberrante. Mais entre deux intégrismes, il y a incompatibilité totale à s'entendre parce que l'autre fait trop peur. Celui qui est en face met en danger de par son existence, il convient donc accentuer les différences. Reconnaître son existence serait admettre qu'il n'a pas totalement tort. Un chercheur sait bien la fragilité de son hypothèse. Nous sommes en présence de territoires, et donc de frontières, de franchissement, d'articu-

1. V. de Gaulejac, Irréductible social - irréductible psychique, in *Bulletin de psychologie,* n° 360, 1983.

2. D. Bertaux, Vouloir marier l'eau et le feu..., *Psychologie clinique,* n° 3, 1990.

lation ou de fermeture sur des nationalismes soucieux que rien ne se mélange. Mais pour qui ne s'enferme pas dans ses murs, ce sont alors les mots d'articulation, de complémentarité, de dialectique qui reviennent. Beaucoup[1] l'affirment depuis longtemps, il s'agira désormais de travailler les zones intermédiaires, les crises, les discontinuités ; chercher la complémentarité[2]. Sans pour autant que les territoires ne disparaissent : il y a un irréductible social et un irréductible psychique, le territoire d'en face ne peut s'annexer[3]. Pour le champ de l'éducation et de l'enseignement, cet enjeu est particulièrement critique. La psychanalyse est à même d'en tenter le pari. Freud n'écrivait-il pas : « Dans la vie psychique de l'individu pris isolément, l'Autre intervient très régulièrement en tant que modèle, soutien et adversaire, et de ce fait la psychologie individuelle est aussi, d'emblée et simultanément, une psychologie sociale en ce sens élargi mais parfaitement justifié. »[4]

2. TRANSPOSITIONS DIVERSES

Partir des connaissances acquises par les sciences humaines pour déterminer une pratique pédagogique, tel a été le premier recours, celui que l'on envisage le plus facilement, qui revient à déduire des connaissances acquises une pratique qui soit conforme à la scientificité requise. Dans ce registre on trouve diverses positions, qui vont de la simple transmission des connaissances à des praticiens (à eux

1. Voir Pierre Ansart, Eugène Enriquez, René Kaës, Vincent de Gaulejac, Max Pagès, Philippe Perrenoud, parmi les premiers.
2. R. Kaës, La catégorie de l'intermédiaire et l'articulation psychosociale, *Bulletin de psychologie*, n° 360, 1982-1983.
3. M. Pagès, L'analyse dialectique, propositions, *ibid.*
4. S. Freud, Psychologie collective et analyse du moi, *Essais de psychanalyse*, Paris, Payot, 1984, p. 123.

ensuite de se débrouiller pour en faire quelque chose) à l'élaboration de manières de faire par application des connaissances scientifiques. On a reconnu là deux procédés, toujours en vigueur dans la formation des enseignants : les cours de sciences humaines donnés par des spécialistes qui se préoccupent essentiellement de diffuser les acquis de leur discipline, et les enseignements plus spécifiques qui ont l'ambition de forger des pratiques pédagogiques à partir de ces acquis.

Des cours, mais encore ?

Nous pourrions batailler longuement sur le premier procédé qui vise l'accès du praticien aux connaissances des sciences humaines. Loin d'en dénier l'intérêt, il est, en effet, essentiel qu'il découvre ce qui se dit sur l'humain du point de vue psychologique, sociologique, ethnologique, historique, etc. Reconnaître son ignorance est le premier pas vers une attitude scientifique. Comme Gaston Bachelard le soulignait, l'humain croit toujours tout savoir de l'humain, mémoire de son espèce et cette prétention induit à être suffisant. Accepter le danger qu'on court à bousculer ses croyances, s'imposer le temps de la pensée sont des exigences difficiles, susceptibles de susciter des résistances, mais aussi de permettre de se déplacer.

Il est cependant tout aussi indispensable que l'on marque bien le statut de telles connaissances au lieu de lui faire croire, qu'acquérant ces connaissances, sa pratique en sera immédiatement améliorée et qu'il détient désormais les clefs de la relation d'éducation et d'enseignement. De telles connaissances sont au fondement de toute réflexivité, mais elles sont insuffisantes à penser une praxis. Nous créerons moins de résistance chez les praticiens si une telle précaution est prise. Malheureusement trop de spécialistes ne souscrivant pas à cette exigence, il est légitime alors que, dans l'urgence de s'y repérer, un enseignant ne comprenne pas pourquoi il lui faut apprendre des théories dont il sent bien qu'elles ne seront pas un guide immédiat d'action.

Aussi une formation, qui ne délivrerait que des savoirs extérieurs : savoirs de la psychologie, de la sociologie, de l'anthropologie, etc., fournirait probablement des morceaux d'assurance, mais pas tous les instruments pour s'y repérer. On procède parfois encore à un saupoudrage : un petit peu de ceci, puis de cela. On risque la superficialité que les formés finissent, avec raison, par rejeter après coup. A quoi cela leur a-t-il servi ? On a multiplié les apports, au point de ne plus laisser d'espace pour construire une réflexion personnelle. Une formation technicienne qui fait croire qu'on peut ainsi tout maîtriser accentue chez certains l'angoisse de n'y pas arriver et bloque la pensée propre.

Il s'agit aussi de reconnaître que si nous avons évolué — les théories de ceux qui nous ont précédés sont souvent caduques ; si on peut aisément mesurer leur erreurs, ce sont ceux qui nous succèderont qui désigneront à leur tour nos lacunes[1]. Partir de nos connaissances présentes pour imaginer des outils pédagogiques est certes nécessaire, mais, si on ne veut pas entrer dans des aberrations, il nous faut toujours prêter l'oreille à ce qu'un autre apporte de différent. Non pas le rapporter à nos théories et l'exclure s'il n'y souscrit pas, mais l'entendre quand il les déjoue.

Eloge modéré de l'intuition

Au détour d'un entretien ou lors d'une réunion de travail, un argument vient fréquemment appuyer la position de certains praticiens à l'égard de l'usage des théories : « Quand un enfant est là, devant moi, hurlant et gesticulant, en pleurs ou hilare, je n'ai guère le temps de me demander ce que diraient ou feraient Winnicott, Freud ou Piaget. Mon intuition n'est-

1. O. Mannoni, Itard et son sauvage, *Clefs pour l'imaginaire,* Paris, Seuil, 1969.

elle pas alors plus précieuse pour guider ma réponse, que toutes les théories qu'il m'aura fallu apprendre ? » Dans l'espace de sa pratique, un éducateur dit ne s'y prendre que rarement de manière logique et intellectuelle, n'avoir le temps ni de déduire ni d'appliquer. Et si, d'aventure, il le fait, c'est avec le sentiment « que ça sonne faux ». Parfois, dit-il encore, le passage par la théorie l'a distancié de son action, la chose est détruite d'avoir été trop analysée. A l'instant d'une réponse, au moment d'une décision, il ne peut pas mettre de mots sur ce qui s'est passé. « Cela m'est venu, on ne sait d'où ; cela s'est imposé sans que je sache comment : comme en dessous, inconsciemment. » Une certitude l'habite : cela s'est fait de l'intérieur sans qu'intervienne une réflexion rationnelle ou déductive. L'expérience au nom de quoi il parle l'engage dans des extrapolations aventureuses, tandis que fort de son intuition, de son instinct, sa résistance s'organise contre l'accès aux théories qualifiées d'inutiles.

Il ne sert à rien de rejeter son intuition de praticien, ni de lui laisser croire qu'elle serait le mode infaillible de la connaissance du vivant. Encore que Henri Bergson y voyait : « La sympathie par laquelle on se transporte à l'intérieur d'un objet pour coïncider avec ce qu'il a d'unique et par conséquent d'inexprimable »[1] : la seule forme de connaissance qui puisse atteindre le vivant, un vivant caractérisé par sa mobilité et par son rapport particulier au temps, par sa singularité. Cette définition souligne que l'intuition n'est pas, comme on le suppose trop vite, en opposition avec une pensée analytique, discursive et déductrice. Le passage par la philosophie donne à l'expérience d'un enseignant un statut différent, participant d'un débat d'idées : il n'est pas en retard d'une lune comme on le sous-entend parfois, pas plus qu'il ne partage avec les femmes, les enfants et les primitifs « un reste de pensée ancienne », une survivance magique qui aurait dû dispa-

1. H. Bergson, *La pensée et le mouvant,* Paris, PUF, 1975, p. 181.

raître depuis longtemps. Non. Mais si on s'en tient aux apparences, à notre intuition première en espérant qu'elle touche juste à chaque fois, qu'elle soit immédiatement en accord avec la complexité de la situation, on ne manquera pas de s'aveugler, de se confondre avec l'autre.

A s'y fier uniquement, aucune chance en effet de sortir de nos préjugés et projections imaginaires. L'intuition requise dans l'urgence n'est pas à elle seule susceptible de nous indiquer qu'on s'égare. La peur est habituellement grande de tomber dans « l'erreur », le mot tabou est prononcé. Ce que l'on cherche désespérément dans le Savoir, c'est justement de l'éviter, de trouver dans le rapport à l'autre la réponse juste du premier coup, ce qui arrive rarement. Faut-il s'en affliger ? De l'erreur reconnue naît la possibilité de parvenir à un dégagement de connaissance. N'est-ce pas de l'échec que commence le désillusionnement ? Certes, il y a des fautes professionnelles à ne pas commettre, mais il convient de découvrir que l'erreur est bénéfique et que, dans la relation intersubjective, la manière juste ne nous appartient pas en propre. En revanche, une parole non entendue, un espace qu'un autre n'a aucun gré de s'approprier, une solution dédaignée, un geste qui fait pleurer, un silence qui provoque la fermeture sont autant d'indices qui incitent à poursuivre. Comment prendre la mesure de nos erreurs ? Telle est la question. Si on s'en tient à l'intuition, alors, comme le dit Winnicott aux médecins[1], rien ne viendra désigner les « trous de votre connaissance ». La possibilité d'entendre l'erreur survient bel et bien dans le passage par la théorie : c'est le recours à ce qui a été lu qui permet de penser l'intuition première et l'impact qu'elle a entraîné ; c'est la traversée opérée dans les livres qui autorise à revenir après coup sur ce qui s'est passé, non pour expliquer, non pour intellectualiser, mais pour saisir ce qui se cache derrière une réponse, celle

1. D. W. Winnicott, Pour une étude objective de la nature humaine, *L'enfant et le monde extérieur,* Paris, Payot, 1972.

d'un autre et surtout la sienne. Les deux attitudes ne sont pas en opposition, elles se complètent.

La compréhension d'une situation complexe n'est jamais immédiate, elle se construit à force de signes de part et d'autre. Elle est le résultat d'un travail que nul ne peut faire à la place de quiconque. C'est à la solitude d'une telle reconstruction que chacun est renvoyé, la solitude de l'écrivain d'intelligence avec son art, celle du psychanalyste dans la cure. Nul savoir, nulle garantie pour venir lever la difficulté consécutive à cette solitude, si ce n'est une parole échangée, plus tard, avec ceux qui acceptent d'en être le support.

Lorsque Bergson parle de l'intuition ultime du philosophe ou du romancier, il soutient qu'elle ne surgit qu'après l'accumulation de matériel, de données, de faits, qu'elle se prépare de longue date, même si rien ne paraît filtrer. Elle n'adviendra qu'après avoir patiemment incubée, après s'être alimentée en silence des données de la connaissance. Pour Adolphe Ferrière, il était de bonne guerre que le pédagogue parte « du sain bon sens qui est une intuition mal dégrossie, sujette à l'erreur, mais qui n'en reste pas moins l'instrument le moins mauvais dont dispose l'être humain en présence de l'inconnu, dans les situations où il faut agir coûte que coûte et où l'abstention serait plus désastreuse qu'une action même empirique ». Puis, qu'il prenne la peine de « s'éclairer auprès des hommes qui savent ce que nous ne savons pas ou ce que nous savons mal », et ensuite de « digérer la science, l'assimiler en faire la chair de sa chair et le sang de son sang »[1]. Dans la construction d'une intelligence du vivant, personne ne peut faire l'économie de cette dialectique. L'intuition rejetée par le rationalisme, prônée par le subjectivisme, est l'otage de tous ceux qui n'ont pour seule perspective qu'une alternance du tout ou rien. Si on lui consacre une place entre une pensée discursive et une pensée dite irrationnelle, on s'épuisera sans doute moins à tirer à hue et à dia.

1. A. Ferrière, *L'école active,* Genève, 1922, p. 6.

Pour qu'une mise en réflexion soit envisageable, il faut accepter la perte de l'illusion scientiste tout en maintenant le désir d'une intelligibilité, et cesser d'osciller entre une détermination purement scientifique et le seul recours à l'intuition. Pour cerner l'ampleur de la difficulté, disons que la psychanalyse ne s'est pas complètement débarrassée pour elle-même du double écueil d'une dévalorisation ou d'une survalorisation de la construction théorique. Elle n'a cessé, selon les époques et les individus, tantôt d'être « réduite à une affaire de tact ou de finesse, à une sorte d'art ou de manière », tantôt d'être poussée vers un « dogmatisme et un fétichisme théorique »[1].

Aussi le métier d'éduquer et d'enseigner ne peut espérer instaurer une intelligence de son acte qui ne cède ni au rationalisme ni au subjectivisme qu'en abordant franchement son difficile rapport au savoir. C'est le formateur qui est ici sur le pont. Du rapport à son savoir, de ses compétences, de sa suffisance, dépendra le rejet ou l'acceptation, le désir de penser cette praxis ou le refus de toute réflexivité. La résistance à la formation des futurs gens du métier est légendaire. Plus on monte dans l'échelle des âges à enseigner, moins on veut apprendre : on croit savoir déjà et on méprise ce formateur de sciences humaines qui est si peu sûr de son objet ou qui parfois le transmet, il faut l'avouer, sans rien entendre du questionnement spécifique à une praxis.

Chaque formateur aurait impérativement à interroger son rapport à l'usage des savoirs : « Est-il de foi technocratique, qui croit tout résoudre avec la raison, le calcul et l'objectivité ; peut-il entrer dans l'immaîtrisé d'une pratique quotidienne, ou l'angoisse suscitée par une telle perspective le pousse-t-elle à trouver de quoi maîtriser plus encore ? » Ce sont certains formateurs qui tiennent tant à leur territoire qu'ils balisent une praxis par de simples cordeaux. Pour for-

1. P. Bercherie, *Genèse des concepts freudiens,* Paris, Navarin, 1983, p. 387.

mer à ce métier, il s'agit de s'être repéré soi-même, avoir pris distance avec son savoir, l'avoir relativisé, pouvoir le partager dans l'humour et non dans l'exclusivité sérieuse d'un credo nouvellement formulé.

Ce sont des outils pour penser la complexité de ce métier qu'il s'agit de transmettre : des boussoles pour naviguer ; des techniques pour monter et démonter la voile par tous les temps ; des savoirs sur les vents et sur ce qui est toujours imprévisible. Des techniques certes, mais aussi une éthique de la navigation : acquérir cette capacité de poser des questions même si elles sont sans réponse ; conserver une modestie quant à l'autre et des interrogations quant à soi ; préserver une humanité et le désir de rencontrer un être imprévisible autour de la médiation du savoir. Position éthique[1] qui prend en charge « ce qui résiste le plus à la scientificité » et maintient ainsi « une croyance à l'intelligibilité des choses »[2], le droit à un sens.

A chaque époque, on parle de l'évolution du métier d'enseigner. La psychanalyse y aura probablement sa part, à côté des sciences, des arts, de l'histoire, des lettres, de la poésie et de la philosophie. Une part qui ne se résume pas en trois cours sur Freud.

Vers une démarche clinique

Au fil des pages, une prière est revenue : que dans les métiers de l'humain on travaille ce qu'il advient, qu'on ne s'arrête pas à la première explication venue, qu'on construise un guide de ses actes et de ses paroles. Réflexivité, pensée de la subjectivité, repérages : des mots dont la répétition n'a volontairement pas été évitée. Je n'en ai cependant jamais

1. F. Imbert, *La question de l'éthique dans le champ éducatif,* Vigneux, Matrice, 1987 ; P. Meirieu, *Le choix d'éduquer : éthique et pédagogie,* Paris, ESF, 1991.
2. M. de Certeau, L'histoire dans une politique de la science, *Esprit,* 1981, p. 129.

donné le mode d'emploi, évoquant entre les lignes comment on pourrait s'y engager. Pas de recette miracle à attendre, ni de solution d'ensemble, ni de stratégie avérée, juste un outil précieux mais fragile qui réunit les métiers de l'humain : une démarche clinique[1].

Partir de ce qui est arrivé. S'extraire d'une situation, l'exposer, la parler, la partager sans crainte et dès lors entrevoir ce qui a été gommé ou ce qui fut trop centré. Abdiquer sa toute-puissance et laisser tomber le masque d'une idéalité. Avancer dans l'incompréhension, égrener l'angoisse et l'incertain. Désigner la limite. Observer, décrire, ne pas demeurer extérieur et mesurer sa propre dimension. Comprendre un peu, accepter la part qui reste incompréhensible. Formuler des questions. Consentir à se perdre, puis, avec le temps, construire des repères. Cultiver le désir de chercher et, du même coup, se former... La démarche clinique désigne un espace où une pratique trouve à se théoriser en partant d'une situation singulière et de l'implication de celui qui y est compris comme professionnel. Son outil classique est les études de cas ; elle fait de l'implication son mode de connaissance. Médecine, psychologie et d'autres métiers s'y réfèrent de plus en plus : sociologie, ethnologie et sciences humaines. Partir du matériau brut de la pratique n'est pas nouveau. Des montages d'observation sur le plan cognitif peuvent y ressembler. Ici, cependant, importe un travail sur soi en relation avec un autre autour d'un savoir médiateur.

Parler instaure une distance, un déplacement ; une intelligence du vivant s'installe. Au préalable, des précautions sont à prendre pour qu'une parole délivrée de ses pesanteurs institutionnelles devienne possible. On la sait fragile, avec ses hésitations et ses résistances ; il est si facile de l'empêcher dès le départ par quelque enjeu de pouvoir. Une telle démarche

1. C. Revault d'Allonnes *et al.*, *La démarche clinique en sciences humaines*, Paris, Dunod, 1989 ; F. Imbert, Groupes Balint et formation des pédagogues, *Pratique de formation (Analyses)*, n° 23, 1992.

se tient hors regard institutionnel, dans un contrat qui ressemble à celui qu'entretient le patient avec un psychanalyste. Une clause du « secret » lie les participants. Pas d'utilisation extérieure de ce qui est dit, pas de paroles colportées à l'un ou à l'autre, pas de commentaire en dehors. Ce secret qui protège est souvent bien compris. Il peut l'être mal si on pense qu'un quidam n'y souscrira pas. Dès lors, le travail ne peut se réaliser en authenticité : on essaiera constamment de se couvrir, dans l'angoisse d'un mésusage de ses propos.

Nul ne peut être contraint à ce travail. Si l'exigence est de partir, à chaque séance, de la pratique professionnelle, il n'y a pas d'impératif de la parole ; le travail peut aussi se faire en silence à partir de la situation du voisin. Cela permet à certains de prendre leur temps, tout en restant partie prenante. Cette liberté est nécessaire pour qu'une parole puisse se prendre et ne découle pas d'un impératif catégorique. Une parole s'y déroule donc, mais pas une parole qui tente de faire une synthèse, de décrire la situation dans ses menus détails, qui essaie de tout dire pour être le plus explicite. A cela on s'épuiserait, le temps manquerait, et on postulerait que construire du savoir sur une situation complexe et déduire une « bonne » solution advient seulement dans l'accumulation de tous les paramètres. Alors ? Il s'agit d'une parole qui tourne autour, qui dit l'incompréhension. Qui le dit dans l'émotion d'un trop plein, du dedans de son aveuglement. Elle n'a pas à être logique, déductive, explicative, elle dit au plus proche ce qui, à cet instant, peut être nommé. Il y a des trous, des blancs, des non-dits. Parler ainsi, accepter de partager ce qui inquiète, même dans cette si grande approximation ; n'être plus tout à fait dedans ; ne plus en faire une chose privée, et la situation se dédramatise. C'est l'un des effets du partage. Un tel travail joue avec les associations. Même si la situation présentée n'appartient qu'au registre professionnel, on procède à des recoupements. On se déplace et on reprend. Ce travail ne s'arrête pas au temps imparti de la rencontre, il se poursuit après. On part du singulier, et pourtant quelque chose est touché qui n'est plus seulement la subjectivité de chacun. On y apprend à réguler la distance, à entendre ses implications, à oser dire la difficulté, à partager ses impuissances.

Chacun écoute celui qui essaie de cerner là où il bute, de raconter la mort et l'angoisse, et chacun est renvoyé à son espace professionnel, à ses difficultés qui se relativisent. De l'énergie est retrouvée pour les affronter, alors même que tout semblait dramatique. « Je ne suis plus tout à fait seul et ce que je vis n'est pas seulement à mettre au compte de ma propre insuffisance. » Ça appartient à la difficulté du métier : « J'y suis pour quelque chose certes, mais pas pour tout. » On ne peut espérer de cette parole partagée ni une explication, ni une compréhension spécifique. Quelque chose se passe, qui déplace. Souvent l'autre de la situation se retrouve « miraculeusement » différent quelques jours après. Là où gisait le problème, cela s'est dénoué. Pas à chaque fois, bien sûr, mais parfois. On en reste pantois. Beaucoup de facteurs ont pu jouer dans l'évolution de la situation. Cette parole partagée y est peut-être pour rien. On peut vouloir faire plaisir et voir la situation avec d'autres yeux, alors que rien n'a vraiment changé. C'est possible. Pourtant, trop de déplacements adviennent pour que ce partage n'y soit pas pour quelque chose.

A plusieurs, on travaille. Michaël Balint a démontré le bénéfice de réaliser ce travail en groupe. « L'individu peut affronter plus facilement la reconnaissance de ses erreurs lorsqu'il sait que le groupe le comprend, peut identifier avec lui ces erreurs et lorsqu'il s'aperçoit qu'il n'est pas le seul à les commettre »[1], écrit-il. Ce bénéfice, on ne peut l'escompter qu'avec des praticiens ayant une expérience à laquelle ils se réfèrent, pour qui le partenaire du travail commun est également estimé. Un minimum de confiance est requis : l'autre participant n'est pas *a priori* celui dont on se méfie, devant

1. M. Balint, *Le médecin, son malade et la maladie,* Paris, PUF, 1960. p. 309.

qui on ne veut pas parler. Une telle démarche en formation initiale peut se révéler contre-indiquée si ceux qui la poursuivent ne s'estiment pas, entrent dans la rivalité et chutent dans la mise en jugement ; si de l'autre on n'accepte pas d'apprendre ; si on ne se réfère qu'à celui qui est censé posséder le savoir, dévalorisant tout autre apport.

C'est toujours du jugement dont il s'agit de se défaire, au profit de cette question : « Comment puis-je être avec celui qui est en impasse, en désarroi ; comment travailler ma parole par rapport à lui. » Souvent devant l'émotion, on se contente de lui demander par curiosité angoissée des précisions. Devant l'imbroglio, on cherche à en savoir plus, même si ces détails ne seront d'aucune utilité pour entendre. Ou on y va trop rapidement de son conseil : « Je ferais ainsi... » Pas facile de saisir quelle position prendre face à lui, pour qu'il construise ce qui lui appartient. Mais cela finit aussi par s'apprendre.

Et le savoir théorique ? Et les lois du développement, les livres et tout le savoir déjà-là des sciences humaines et de la psychanalyse ? La démarche clinique vient après que l'on ait monté des scénarios didactiques, élaboré des programmes. Le savoir déjà-là est nécessaire, même s'il n'intervient pas directement comme explication, comme illustration. A travers pareille démarche on construit un autre savoir. Il n'est souvent ni visible ni nommable. Il s'écrit dans des récits. On semble bien avoir progressé, n'être plus comme avant, avoir acquis des outils pour se débrouiller devant l'urgence. On n'est pas tellement plus assuré, tellement plus armé, mais on se confronte à l'angoisse, à la difficulté, avec non pas de l'indifférence mais à la recherche d'une juste distance. On se repère dans ce qu'on fait, et si on éprouve toujours une solitude on ne s'en plaint plus autant...

Certains penseront qu'on œuvre ainsi dans un leurre. Personne ne vérifie si ce qui est dit est juste, si la situation racontée n'est pas biaisée, si on ne ment tout simplement pas abusant le monde. Un tel travail serait alors du délire, nocif puisque sans garde-fous dans la réalité. Mieux vaudrait une observation scrupuleuse avec plusieurs observateurs pour comprendre et produire du savoir ; aller sur le terrain pour certifier que cela se passe effectivement comme on l'a dit. Ici réside la différence. Celui qui fait confiance à la parole sait qu'elle révèle ce qui ne pouvait pas se dire.

Construire du savoir sur du « si proche », est-ce sage ? Oui. La psychanalyse engage à n'y pas renoncer. Le risque ? Des perturbations. Le bénéfice ? De possibles élucidations si un travail se réalise vis-à-vis des turbulences décelées ; la production d'un savoir au creux même de subjectivité et de l'imaginaire. Ceci est précieux pour tous ceux qui viennent du terrain. Un praticien qui tente de construire un savoir à partir de sa pratique quotidienne travaille sur un objet dans lequel il est impliqué. Il ne peut en être autrement. Soit on lui reprochera toujours d'être partial, et les plaintes risquent indéfiniment de se perpétuer. Soit on fait de cette implication la base de la production de son savoir. La condition ? Prendre en compte les effets inévitables de cette implication, c'est-à-dire son transfert et contre-transfert. La démarche clinique rend envisageable un tel travail. Un chercheur le sait aussi pour lui-même, son objet de recherche n'est pas neutre et son implication crée des perturbations[1]. Par exemple, pour qu'une recherche sur le terrain ne se bloque pas définitivement, à l'instant où elle rencontre une résistance et stagne, il lui est nécessaire de s'interroger sur ce qui a été mis en jeu de son côté. Sans ce retour sur lui-même, la recherche n'aboutit pas et la construction du savoir est biaisée. Tous ces phénomènes sont connus, pourtant on préfère la plupart du temps faire comme si aucune déformation de ce type n'était à l'œuvre. Et partout on se prive d'un matériel inestimable qui, s'il était reconnu comme valide, entraînerait un cher-

1. G. Devereux, *De l'angoisse à la méthode dans les sciences du comportement*, Paris, Flammarion, 1980.

cheur, un praticien, un formateur à une constante régulation de la distance d'avec leur objet, à une modestie les poussant à relativiser la portée de ce qu'ils recherchent, sans pour autant renoncer à construire, jour après jour, le savoir de leur action.

... Toujours nous serons astreints à nommer, tracer des bords, marquer des frontières, reprendre une à une les peurs, jongler avec toutes les dimensions, penser l'instantané, et à travailler notre implication.

Bibliographie complémentaire

Ansermet F., *Clinique de l'origine. L'enfant entre la médecine et la psychanalyse,* Lausanne, Payot, 1999.

Anzieu D., *Le groupe et l'inconscient,* Paris, Dunod, 1975.

— *La dynamique des groupes restreints,* Paris, PUF, 1990.

Arendt H., *La crise de la culture,* Paris, Gallimard, 1989.

Ardoino J., *Propos actuels sur l'éducation,* Paris, Gauthier-Villars, 1963.

— *Éducation et relations,* Paris, Gauthier-Villars, 1980.

Aubry J., *L'enfance abandonnée,* Paris, Vertiges, 1987.

Aulagnier P., Condamné à investir, *Nouvelle revue de psychanalyse (Le trouble de penser),* n° 25, Paris, Gallimard, 1982.

Baietto M. L., *Le désir d'enseigner,* Paris, ESF, 1982.

Barthes R., Au séminaire : écrivains, intellectuels, professeurs, *Le bruissement de la langue,* Paris, Le Seuil, 1984.

Bergeret J., *La violence fondamentale,* Paris, Dunod, 1984.

Bettelheim B., La violence : un mode négligé de comportement, *Survivre,* Paris, Laffont, 1979.

— *Pour être des parents acceptables,* Paris, Laffont, 1988.

Blanchard Laville C., *Les enseignants. Entre plaisir et souffrance,* PUF, Paris, 2001.

— *Une séance de cours ordinaire. Mélanie tiens passe au tableau...,* Paris, L'Harmattan, 2003.

Boimare S., *L'enfant et la peur d'apprendre,* Paris, Dunod, 1999.

Bonnet G., *Le transfert dans la clinique psychanalytique,* Paris, PUF, 1992.

Brun D., *L'enfant donné pour mort. Enjeux psychiques de la guérison,* Paris, Dunod, 1989.

Canetti E., *Histoire d'une jeunesse : la langue sauvée,* Paris, Albin Michel, 1980.

Chesnais J.-C., *Histoire de la violence,* Paris, Laffont, 1981.

Cifali M., Imbert F., *Freud et la pédagogie,* Paris, PUF, 1998.
Cusson M., *Pourquoi punir ?,* Paris, Dalloz, 1987.
Cyrulnik B., *Un merveilleux malheur,* Paris, Odile Jacob, 1999.
Danon-Boileau H., *Les études et l'échec. De l'adolescence à l'âge adulte,* Paris, Payot, 1984.
Debardieux E., *La violence dans la classe,* Paris, ESF, 1990.
De Certeau M., *Histoire et psychanalyse. Entre science et fiction,* Paris, Gallimard, 1987.
D'Ortoli F., Amram M., *L'école avec Françoise Dolto : le rôle du désir dans l'éducation,* Paris, Érès, 2001.
Deligny F., *Graine de crapule,* Paris, Scarabée, 1960.
— *Les vagabonds efficaces,* Paris, Maspero, 1975.
Dolto F., *Lorsque l'enfant paraît,* Paris, Le Seuil, 1977, 1978, 1979.
— *Séminaire de psychanalyse d'enfants,* t. 1, t. 2, Paris, Le Seuil, 1982, 1985.
— *Tout est langage,* Paris, Vertiges, 1987.
Doz-Schiff C., Psycho-pédagogie de la langue écrite à l'adolescence, *Études psychothérapiques,* n° 65, Toulouse, Privat, 1986.
Duval Heraudet J., *Une difficulté si ordinaire. Les écouter pour qu'ils apprennent,* Paris, Éditions et Applications psychologiques, 2001.
Eliacheff C., *Vies privées. De l'enfant roi à l'enfant victime,* Paris, Odile Jacob, 1996.
Enriquez E., L'illusion du pouvoir fraternel, *Parents et Maîtres,* n° 5, 1969.
— L'art de gouverner, *Les trois métiers impossibles,* Paris, Les Belles Lettres, 1987.
— *Les jeux du pouvoir et du désir dans l'entreprise,* Paris, Desclée de Brouwer, 1997.
Ferry G., La relation enseignant-enseigné, *Vers l'éducation nouvelle,* n° 185, 1964.
Feyerband P., *Adieu la raison,* Paris, Le Seuil, 1989.
Filloux J., *Du contrat pédagogique,* Paris, Dunod, 1974 (rééd. L'Harmattan, 1996).
Filloux J.-C., *Champ pédagogique et psychanalyse,* Paris, PUF, 2000.
Freud S., *Trois essais sur la théorie de sexualité,* Paris, Gallimard, 1962.
— *La vie sexuelle,* Paris, PUF, 1972.
— *Essais de psychanalyse,* Paris, Payot, 1970.
— *Le mot d'esprit et ses rapports avec l'inconscient,* Paris, Gallimard, 1979.
— *Un souvenir d'enfance de Léonard de Vinci,* Paris, Gallimard, 1980.
— *Totem et tabou,* Paris, Payot, 1983.
— *Malaise dans la civilisation,* Paris, PUF, 1971.

— *Nouvelles conférences d'introduction à la Psychanalyse,* Paris, Gallimard, 1975.
— Pourquoi la guerre, *Revue française de psychanalyse,* n° 6, 1957.
— *Résultats, idées, problèmes,* t. 2, Paris, PUF, 1985.
Fromm E., *La passion de détruire,* Paris, Laffont, 1965.
— *De la désobéissance,* Paris, Laffont, 1983.
Fustier P., *Pouvoir et formation,* Paris, Épi, 1976.
— *Les corridors du quotidien,* Lyon, PUL, 1993.
— *Le travail d'équipe en institution,* Paris, Dunod, 1999.
— *Le lien d'accompagnement : entre don et contrat salarial,* Paris, Dunod, 2002.
Gaulejac de V., *La névrose de classe,* Paris, Hommes et groupes, 1987.
— *La source de la honte,* Paris, Desclée de Brouwer, 1996.
Gavarini L., Petitot F., *La fabrique de l'enfant maltraité. Un nouveau regard sur l'enfant et la famille,* Paris, Érès, 1998.
Gibello M. L., *L'enfant à l'intelligence troublée,* Paris, Paidos - Le Centurion, 1984.
Girard R., *La violence et le sacré,* Paris, Grasset, 1972.
— *Le bouc émissaire,* Paris, Grasset, 1981.
Giust-Desprairies F., *L'enfant rêvé. Signification imaginaire d'une école nouvelle,* Paris, Armand Colin, 1989.
— *La figure de l'autre dans l'école républicaine,* Paris, PUF, 2002.
— *L'imaginaire collectif,* Paris, Érès, 2003.
Goumaz G., *Enseignant-enseigné : une estime réciproque,* Perly-Genève, Éd. des Sables, 1991.
Hameline D., *Du savoir et des hommes,* Paris, Gauthier-Villars, 1971.
— *Le domestique et l'affranchi,* Paris, Éd. Ouvrières, 1977.
— *Courants et contre-courants de la pédagogie contemporaine,* Paris, ESF, 2000.
Héber-Suffin C. et M., *L'école éclatée,* Paris, Stock, 1981.
— *Appels aux intelligences : les réseaux de formation réciproque,* Vigneux, Matrice, 1988.
Hébrard J., Instruction ou éducation, *Ornicar,* n° 27, 1983.
Hugon M. A, Pain J., *Classes relais : l'école interpellée,* Paris, GRAP, 2001.
Imbert F. et le GRPI, *Médiations, institutions et lois dans la classe,* Paris, ESF, 1994.
— *L'inconscient dans la classe, transferts et contre-transferts,* Paris, ESF, 1996.
— *Vivre ensemble, un enjeu pour l'éducation,* Paris, ESF, 1998.
Imbert F., *Vers une clinique du pédagogique,* Vigneux, Matrice, 1992.
— *L'impossible métier du pédagogue,* Paris, ESF, 2000.
— *Enfants en souffrance, élèves en échec,* Paris, ESF, 2004.

Jankélévitch V., *L'ironie,* Paris, Alcan, 1936.
— *Du mensonge,* Paris, Confluences, 1942.
Jollien A., *Éloge de la faiblesse,* Paris, Cerf, 1999.
Jubin P., *L'élève tête à claques,* Paris, ESF, 1988.
— *Le chouchou ou l'élève préféré,* Paris, ESF, 1991.
Kaës R., *L'appareil psychique groupal. Constructions du groupe,* Paris, Dunod, 1976.
— Désir de toute-puissance et épreuves dans la formation, *Désir de former et formation du savoir,* Paris, Dunod, 1976.
Klein M., *Essais de psychanalyse,* Paris, Payot, 1978.
— *La psychanalyse des enfants,* Paris, PUF, 1969.
Klein M. et Rivière J., *L'amour et la haine,* Paris, Payot, 1978.
L'analyste pédagogue, *L'ordinaire du psychanalyste,* n° 12, Paris, 1978.
L'angoisse à l'école, *Cahiers pédagogiques,* n° 156, 1977.
Lacan J., *L'éthique de la psychanalyse,* Paris, Le Seuil, 1986.
Leclaire S., *Rompre les charmes,* Paris, InterÉditions, 1981.
Legendre P., *Jouir du pouvoir,* Paris, Minuit, 1976.
Levinas E., *Difficile liberté,* Paris, Albin Michel, 1976.
Levine J., Moll J., *Je est un autre. Pour un dialogue pédagogie-psychanalyse,* Paris, ESF, 2000.
Malherbe J.-F., *Le nomade polyglotte. L'excellence éthique en postmodernité,* Montréal, Bellarmin, 2000.
— *Déjouer l'interdit de penser. Essais d'éthique critique,* Montréal, Liber, 2001.
Mannoni M., *Éducation impossible,* Paris, Le Seuil, 1973.
Mannoni O., *Fictions freudiennes,* Paris, Le Seuil, 1978.
— *Le moi et l'autre,* Paris, Denoël, 1985.
Marcelli D., *La surprise. Chatouille de l'âme,* Paris, Albin Michel, 2000.
McDougall J. *et al., Le divan de Procuste : le poids des mots, le malentendu du sexe,* Paris, Denoël, 1987.
Meiricu P., *Enseigner, scénario pour un métier nouveau,* Paris, ESF, 1990.
— *Des enfants et des hommes,* Paris, ESF, 1999.
Métraux J.-C., *Deuils collectifs et création sociale,* Paris, La Dispute, 2004.
Michaud Y., *La violence,* Paris, PUF, 1986.
Miller A., *C'est pour ton bien,* Paris, Aubier Montaigne, 1984.
Moll J., *La pédagogie psychanalytique, origine et histoire,* Paris, Dunod, 1989.
Monneraye Y. de la, *La parole rééducatrice,* Toulouse, Privat, 1991.

Morin E., *Le vif du sujet,* Paris, Le Seuil, 1969.
— *Introduction à la pensée complexe,* Paris, ESF, 1991.
— *Éthique,* Paris, Le Seuil, 2004.
Myftin B., *Nietzsche et Dostoïevski éducateurs !,* Ed. Paradigme *Idéa,* Nice, 2004.
Natanson M., *Guérir de l'école. Des enfants en état d'échec,* Paris, Cerf, 1973.
Natanson J., Natanson M., *Risquer la transmission,* Paris, Desclée de Brouwer, 2004.
Pages M., *La vie affective des groupes,* Paris, Dunod, 1968.
Pain J. et Baudry P. *et al., La relation violence,* Vigneux, Matrice, 1991.
Pain J., *Écoles : violence ou pédagogie ?* Vigneux, Matrice, 1992.
Pain J., Vulbeau A., *L'invention de l'autorité,* Vigneux, Matrice, 2003.
Piquenot A., Clerc F., *Il fait moins noir quand quelqu'un parle. Psychanalyse et éducation,* CRED Bourgogne, 2002.
Pochet C., Oury F., Oury J., *L'année dernière, j'étais mort. Signé Miloud,* Vigneux, Matrice, 1987.
Pochet C., Oury F., *Qui c'est l'conseil ?,* Vigneux, Matrice, 1997.
Pontalis J.-B., *Fenêtres,* Paris, Gallimard, 1999.
— *En marge des jours,* Paris, Gallimard, 2002.
Postic M., *La relation éducative,* Paris, PUF, 1982.
Raimbault G., *L'enfant et la mort,* Toulouse, Privat, 1975.
Roquefort D., *Le rôle de l'éducateur, Éducation et psychanalyse,* Paris, L'Harmattan, 1996.
Roustang F., *Influence,* Paris, Minuit, 1990.
Rouzel J., *Le transfert dans la relation éducative : psychanalyse et travail social,* Paris, Dunod, 2002.
— *Le travail d'éducateur spécialisé. Éthique et pratique,* Paris, Dunod, 1999.
Rusziewski M., *Le groupe de parole à l'hôpital,* Paris, Dunod, 1999.
Schneider M., *Voleur de mots,* Paris, Gallimard, 1985.
Selosse J., *Adolescence. Violences et déviances,* Vigneux, Matrice, 1997.
Sibony D., *L'amour inconscient,* Paris, Grasset, 1983.
— *Entre-deux,* Paris, Le Seuil, 1991.
Sigg B. W., *Les murs de la psychanalyse,* Paris, Messidor, 1990.
Social/psychique : articulations, *Psychologie clinique,* n° 3, 1990.
Stern D., *Le moment présent en psychothérapie. Un monde dans un grain de sable,* Paris, Odile Jacob, 2003.
Strauss-Raffy C., *Le saisissement de l'écriture,* Paris, L'Harmattan, 2004.
Thébaudin F, Oury F. (Préface de J. Oury), *Pédagogie institutionnelle,* Vigneux, Matrice, 1995.

Tomkiewicz S. (dir.), *Aimer mal, châtier bien : enquêtes sur les violences dans les institutions pour enfants et adolescents*, Paris, Le Seuil, 1991.
Vaillant M., *La réparation : de la délinquance à la découverte de la responsabilité*, Paris, Gallimard, 1999.
Vasquez A., Oury F., *De la classe coopérative à la pédagogie institutionnelle*, Paris, ESF, 1982.
— *Vers une pédagogie institutionnelle*, Vigneux, Matrice, 1993.
Winnicott D. W., *L'enfant et le monde extérieur*, Paris, PBP, 1972.
— *L'enfant et sa famille*, Paris, PBP, 1973.
— *Processus de maturation chez l'enfant*, Paris, Payot, 1974.
— *De la pédiatrie à la psychanalyse*, Paris, Payot, 1976.
— *Conversations ordinaires*, Paris, Gallimard, 1988.
Yanni E., *Comprendre et aider les élèves en échec. L'instant d'apprendre*, Paris, ESF, 2001.
Zweig S., *Confusion de sentiments*, Paris, Stock, 1980.
Zulliger H., *L'angoisse de nos enfants*, Salvator-Mulhouse, 1972.
— *Chapardeurs et jeunes voleurs*, Paris, Blond et Gay, 1969.

Certains articles publiés de Mireille Cifali ont été repris partiellement dans cet ouvrage. Ils ont tous été retravaillés :

Adresse à Michel de Certeau ; Histoires, *Le Bloc-notes de la psychanalyse*, n° 7, Genève, 1987.
L'infini éducatif : mise en perspectives, *Les trois métiers impossibles*, Paris, Les Belles Lettres, 1987.
Du savoir et des hommes, *La formation des enseignants en Suisse romande*, Fribourg, Delval, 1988.
De l'hypnose à l'écoute, *Quelques pas sur le chemin de F. Dolto*, Paris, Le Seuil, 1989.
(Avec Hofstetter R.), Une démarche clinique pour des enseignants ? Enjeux et réalité, *Journal de l'enseignement primaire*, n° 33, Genève, 1991.
Territoires : où il pourrait bien s'agir de frontières et d'antagonisme, mais également d'articulation et de dialectique, *Pratique des mots*, n° 77, Paris, 1991.
L'accès au savoir et ses vicissitudes, *Revista del Servicio di sostegno pedagogico della Scuola media*, n° 7, Lugano, 1991.
La dignité d'un métier, *Pratiques de formation (Analyses)*, n° 23, Paris, 1992.
Les enseignants et la psychanalyse : une histoire en question, *Cahiers de l'Association française des CMPP*, 1994.
Sur la carte de nos ignorances, *Genos*, n° 3, Lausanne, 1994.

ÉDUCATION ET FORMATION

L'ÉDUCATEUR

collection dirigée par Gaston Mialaret

Martine ABDALLAH-PRETCEILLE, Louis PORCHER	Éducation et communication interculturelle (2e éd.)
Georges-Louis BARON, Éric BRUILLARD	L'informatique et ses usagers dans l'éducation
Alain BAUDRIT	Apprendre à deux
Alain BAUDRIT	Tuteur, une place, des fonctions, un métier
Yves BERTRAND, Paul VALOIS, France JUTRAS	L'écologie à l'école
Patrick BOUMARD	Le conseil de classe
Hervé CELLIER, Claudette LAVALLÉE	Difficultés de lecture : enseigner ou soigner ?
Annie CERVONI, Catherine CHARBIT	La pédagogie dans les institutions thérapeutiques
Jean-Charles CHABANNE, Dominique BUCHETON	Parler et écrire pour penser, apprendre et se construire
Françoise CHAPRON	Les CDI des lycées et collèges (2e éd. corrigée)
Jacky CHARPENTIER	Apprentissage, lecture et développement de la pensée logique
Mireille CIFALI	Le lien éducatif, contre-jour psychanalytique (5e éd. corrigée)
Rachel COHEN	Quand l'ordinateur parle
Suzy COHEN	Sa vie, c'est le jeu
Frédéric DAJEZ	Les origines de l'école maternelle
Brigitte DANCEL	Enseigner l'histoire à l'école primaire de la IIIe République
Jacques DAVID, Sylvie PLANE	L'apprentissage de l'écriture de l'école au collège

Régine DELAMOTTE-LEGRAND, Fabienne GIPPET-CALAME, Anne JORRO, Marie-Claude PENLOUP	Passages à l'écriture. Un défi pour les apprenants et les formateurs
Jean-Louis DEROUET (sous la dir. de)	Le collège unique en questions
Marc DURAND	L'enseignement en milieu scolaire (3e éd.)
Paul DURNING	Éducation familiale (2e éd.)
Marie DURU-BELLAT, Alain MINGAT	Pour une approche analytique du fonctionnement du système éducatif
Michel FABRE	Penser la formation
Michel FABRE	Bachelard éducateur
Georges FELOUZIS	Le collège au quotidien
Raymond FONVIEILLE	Face à la violence, participation et créativité
Madeleine FREINET (édité par)	Élise et Célestin Freinet, correspondances 21 mars 1940 - 28 octobre 1941
André GAGNEUX	Évaluer autrement les élèves
Bernard-André GAILLOT	Arts plastiques. Éléments d'une didactique critique (3e éd.)
Jean-François GARCIA	L'école unique en France
Pascale GARNIER	Les assistantes sociales à l'école
Dominique GLASMAN	L'accompagnement scolaire. Sociologie d'une marge de l'école
Alain GUILLOTTE	Violence et éducation
Charles HADJI	Évaluation des actions éducatives
Hubert HANNOUN	Anthologie des penseurs de l'éducation
Hubert HANNOUN	Les paris de l'éducation
Françoise HATCHUEL	Apprendre à aimer les mathématiques
Rémi HESS, Michel AUTHIER	L'analyse institutionnelle (2e éd.)
Renaud HÉTIER	Contes et violence. Enfants et adultes face aux valeurs sous-jacentes du conte
Françoise HURSTEL	La déchirure paternelle (3e éd.)
Anne JORRO	Le lecteur interprète
Michel LAINÉ	Les constructions scolaires en France

Jean LE CAMUS	Le père éducateur du jeune enfant
Anne LE ROUX	Enseigner la géographie au collège
Louis LEGRAND	Enseigner la morale aujourd'hui ?
Sylvie LOISEAU	Les pouvoirs du conte
Louis MARMOZ	Gaston Mialaret. L'éducateur, le pédagogue, le chercheur
Marie-Claire MARTIN, Serge MARTIN	Les poésies, l'école
Jean-Pierre MIALARET	Explorations musicales, instrumentales chez le jeune enfant
Antonio MONACO	L'alternance école-production
Christian ORANGE	Problèmes et modélisation en biologie
Louis PORCHER, Martine ABDALLAH-PRETCEILLE	Éthique de la diversité en éducation
André RAUCH	Le souci du corps
Patrick RAYOU	La grande école. Approches sociologiques des compétences enfantines
Olivier REBOUL	Qu'est-ce qu'apprendre ? Pour une philosophie de l'enseignement (9e éd.)
Olivier REBOUL	L'endoctrinement
Olivier REBOUL	Le langage de l'éducation
Régis REMY, Pierre SERAZIN, Christian VITALI	Les conseillers principaux d'éducation (2e éd.)
Jacquotte RIBIÈRE-RAVERLAT	Développer les capacités d'écoute à l'école
Jean-Yves ROCHEX	Le sens de l'expérience scolaire (2e éd.)
Charles RONCIN	Bien vivre la classe
Gérard SENSEVY	Institutions didactiques
Georges SNYDERS	Pédagogie progressiste. Éducation traditionnelle et éducation nouvelle (3e éd.)
Georges TOHMÉ, Henriette TOHMÉ	Éducation et protection de l'environnement
Frédéric TUPIN	Démocratiser l'école au quotidien ?

Anna VASQUEZ-BRONSFMAN, Isabel MARTINEZ	La socialisation à l'école
Pierre VAYER, Charles RONCIN	L'enfant et le groupe
Pierre VAYER, Armand DUVAL, Charles RONCIN	Une écologie de l'école
Michèle VERDELHAN-BOURGADE	Le français de scolarisation. Pour une didactique réaliste
Marc WEISSER	Pour une pédagogie de l'ouverture
Antoine ZAPATA	Connaître l'Éducation nationale

Imprimé en France
par Vendôme Impressions
Groupe Landais
73, avenue Ronsard, 41100 Vendôme
Août 2005 — N° 52 261